Xpert.press

Die Reihe **Xpert.press** vermittelt Professionals in den Bereichen Softwareentwicklung, Internettechnologie und IT-Management aktuell und kompetent relevantes Fachwissen über Technologien und Produkte zur Entwicklung und Anwendung moderner Informationstechnologien.

Dirk Matthes

Enterprise Architecture Frameworks Kompendium

Über 50 Rahmenwerke für das IT-Management

Springer

Dirk Matthes
Schwaara 10
07554 Schwaara
Deutschland
mail@DirkMatthes.com

ISSN 1439-5428
ISBN 978-3-642-12954-4 e-ISBN 978-3-642-12955-1
DOI 10.1007/978-3-642-12955-1
Springer Heidelberg Dordrecht London New York

Die Deutsche Nationalbibliothek verzeichnet diese Publikation in der Deutschen Nationalbibliografie; detaillierte bibliografische Daten sind im Internet über http://dnb.d-nb.de abrufbar.

Einbandentwurf: KuenkelLopka GmbH, Heidelberg

Gedruckt auf säurefreiem Papier

Springer ist Teil der Fachverlagsgruppe Springer Science+Business Media (www.springer.com)

Autoreninformation

Dirk Matthes ist seit 2001 selbstständig im Bereich der IuK-Administration tätig. Parallel zu dieser Selbstständigkeit und dem damit verbundenen Tages- und Projektgeschäft absolvierte er von 2002–2006 sein Studium zum Diplom-Informatiker (FH) in der Studienrichtung Ingenieursinformatik. 2009 wurde ihm der Hochschulgrad Master of Science im Studiengang Informatik verliehen.

Seit 2007 beschäftigt er sich mit Enterprise Architecture Frameworks. So bildeten auch autarke und gleichzeitig unternehmensbezogene Frameworks den Inhalt seiner Master Thesis.

Während seiner Studienzeit realisierte und leitete er verschiedene Softwareprojekte und engagierte sich in der akademischen Selbstverwaltung. Dirk Matthes war im Hochschulsenat und der Kommission Wissenstransfer und Forschung ehrenamtlich tätig.

Dieses Buch wird von **www.EAF-Book.de** begleitet. Auf dieser Internetseite werden über den Inhalt des Buches hinausgehende Informationen angeboten. Registrierten Nutzern stehen verschiedene Dienste zur Verfügung: ein EAF-Auswahlassistent, ein Repository von EAF-Beschreibungen, Übungs- und Vortragsmaterialien und The Framework Map als farbige Druckvorlage.

Anfragen oder auch Verbesserungsvorschläge sind als E-Mail an mail@DirkMatthes.com herzlich willkommen.

Inhaltsverzeichnis

1 Einleitung 1
1.1 Gegenstand, Problematik, Motivation 5
1.1.1 Gegenstand 5
1.1.2 Problematik 5
1.1.3 Motivation 6
1.2 Aufbau des Buches 7

2 Einführung eines grundlegenden Begriffsverständnisses 9
2.1 Definition des Architekturbegriffes 9
2.2 Informationssystemarchitektur und Enterprise Architecture . . . 11
2.2.1 Extended Enterprise 14
2.2.2 Virtual Enterprise 14
2.2.3 Real-Time Enterprise 15
2.2.4 Dynamic Enterprise 16
2.3 Das Informationsmanagement 16
2.4 Definition des Rahmenwerkbegriffes 17
2.5 Das Für und Wider der Verwendung von Rahmenwerken 21
2.6 Merkmale von Rahmenwerken 27
2.6.1 Merkmale im allgemeinen Interesse 28
2.6.2 Merkmale im speziellen Interesse 30
2.6.3 Merkmale im Interesse des Informationsmanagers . . . 32
2.6.4 Merkmale im Interesse der Umsetzung 35

3 Am Markt verfügbare Enterprise Architecture Frameworks 37
3.1 Auflistung verfügbarer Rahmenwerke 37
3.2 Gruppierung der Rahmenwerke gemäß ihrer Intention 39
3.2.1 Government and Agency Frameworks 40
3.2.2 Management Frameworks 43
3.2.3 Military Frameworks 47
3.2.4 Manufacturing-Specific Frameworks 48
3.2.5 Technically Oriented Frameworks 49
3.2.6 Interoperability Frameworks 50
3.2.7 Add-On Frameworks 51

3.3 Nutzen von Rahmenwerken am Beispiel eines IT-Rahmenplans 54
3.4 Beziehungen zwischen den Rahmenwerken 56

4 Detaillierte Beschreibung ausgewählter Rahmenwerke 59
4.1 Rahmenwerke von A bis Z en détail 59
4.1.1 ADS – Architecture Description Standard von IBM . . . 59
4.1.2 AGATE – Atelier de Gestion de l'Architecture 64
4.1.3 ArchiMate von The Open Group 68
4.1.4 ARIS – Architektur integrierter Informationssysteme . . 72
4.1.5 C4ISR Architecture Framework 78
4.1.6 CIMOSA – CIM Open System Architecture 82
4.1.7 CLEAR Framework 86
4.1.8 DoD TRM – Technical Reference Model 90
4.1.9 DoDAF – Department of Defense AF 94
4.1.10 E2AF – Extended Enterprise Architecture Framework . 100
4.1.11 EAAF – OMB EA Assessment Framework 104
4.1.12 EAF – Enterprise Architecture Framework 110
4.1.13 EAMMF – GAO EA Management Maturity Framework 112
4.1.14 EAP Framework – Spewak's EA Planning 120
4.1.15 EIF – European Interoperability Framework 124
4.1.16 FEAF – Federal Enterprise Architecture Framework . . 128
4.1.17 GERAM – Generalised Enterprise Reference A. and M. 132
4.1.18 GIM – GRAI Integrated Methodology 136
4.1.19 HIF – Healthcare IF (DIN V ENV 12443) 140
4.1.20 IAF – Integrated Architecture Framework von Capgemini 150
4.1.21 IFW – Information Frame Work 154
4.1.22 ISO/IEC 42010 (IEEE Std 1471-2000) 158
4.1.23 JTA – DoD Joint Technical Architecture 161
4.1.24 MoDAF – UK Ministry of Defence AF 164
4.1.25 NIH Enterprise Architecture Framework 169
4.1.26 PERA – Purdue Enterprise Reference Architecture . . . 174
4.1.27 POSIX OSE RM (ISO/IEC/IEEE 9945) 178
4.1.28 TAFIM – Technical AF for Information Management . . 182
4.1.29 TEAF – Treasury Enterprise Architecture Framework . . 184
4.1.30 TISAF – Treasury Information System AF 186
4.1.31 TOGAF – The Open Group Architecture Framework . . 188
4.1.32 VERAM – Virtual Enterprise Reference A. and M. . . . 200
4.1.33 XAF – eXtreme Enterprise Architecture 206
4.1.34 Zachman EA Framework 210
4.2 Tabellarische Gegenüberstellung einzelner Rahmenwerke 213
4.3 Framework Selection Guide 218

5 Exemplarische Umsetzung einzelner Rahmenwerke 221
5.1 Ausgangssituation 221
5.2 Umsetzung Mithilfe von Rahmenwerken 222

Literaturverzeichnis 229

Sachverzeichnis 235

Abkürzungsverzeichnis

AB	Architekturbeschreibung
CEO	Chief Executive Officer
CIM	Computer Integrated Manufacturing
CIO	Chief Information Officer
DoD	(United States) Department of Defense
DV	Datenverarbeitung
E2	Extended Enterprise
E2A	Extended Enterprise Architecture
EA	Enterprise Architecture
EAF	Enterprise Architecture Framework
EDV	Elektronische Datenverarbeitung
EPK	Ereignisgesteuerte Prozessketten
IM	Informationsmanagement
IS	Informationssystem
IS-Architektur	Informationssystemarchitektur
IT	Informationstechnik
IuK	Informations- und Kommunikationssystem-System
RM	Reference Model
RTE	Real-Time Enterprise
SOA	Serviceorientierte Architekturen
UML	Unified Modeling Language
VE	Virtual Enterprise

Kapitel 1
Einleitung

Doute méthodique: Methodischer Zweifel. [EISLER 1904 S. 232] Oder auch: „*Zweifeln muss zum methodischen Prinzip werden*"[1] – wie es im Sozialkundeunterricht der elften Klasse gelehrt wurde und wie es in der Scientific Community als gemeinsamer Grundtenor behandelt wird, um der „Wahrheit" nicht blind zu vertrauen, sondern sie ständig zu hinterfragen. Und so sehr man auch an der angepriesenen Allheilmethode[2] „Enterprise Architecture Framework (EAF)" – im Folgenden auch nur „Rahmenwerk"[3] genannt – zweifeln mag, bleibt doch eines einvernehmlich anerkannt: Heutzutage müssen sich die Unternehmen und Organisationen einer ständigen politischen, wirtschaftlichen und gesellschaftlichen Dynamik unterwerfen [BÄRWOLFF et al. 2006 S. 1], um am schnelllebigen Markt existieren und vor allem expandieren zu können. Hierfür sind sowohl innerbetriebliche Gründe (Fusionen, Privatisierungen, Joint Ventures, Neuausrichtungen usw.) als auch von außen auf das Unternehmen einwirkende Faktoren (Globalisierung, Marktliberalisierung, steigende Energiekosten, staatliche Einflüsse wie bspw. Klimaschutzabkommen, Handelsbeschränkungen oder Gesundheitsmodernisierungsgesetz) verantwortlich. Diese problematische Situation, in der sich Unternehmen permanent behaupten müssen, soll im Folgenden mit Blick auf das Gesundheitswesen beispielhaft und auszugsweise dargestellt werden.

Auf dem Gesundheitssektor entwickelt sich sowohl national als auch international ein unaufhaltsamer Kostendruck. [ZDROWOMYSLAW et al. 1997 S. 150] Das Statistische Bundesamt berichtet regelmäßig über gestiegene Krankenhauskosten.

[1] Verfahren wurde 1641 von René Descartes in „Meditationen über die Erste Philosophie" begründet.

[2] Der Entwickler des Zachman EA Frameworks sagte: Enterprise Architectures zu beherrschen ist „*[...] the determining factor, the factor that separates the winners from the losers [...].*" [ZACHMAN 1997 S. 2]

[3] Ein Rahmenwerk stellt bspw. die Ständerbauweise beim Hausbau dar (Fachwerk). Es existiert ein Rahmenwerk zur Einführung von Leistungspunktesystemen oder auch ein Rahmenwerk für die Qualitätsprüfung. Der Begriff Rahmenwerk wird ganz allgemein und unabhängig von einer Branche verwendet. In diesem Buch wird der Begriff „Rahmenwerk" synonym zum Begriff „Enterprise Architecture Framework" verwendet.

D. Matthes, *Enterprise Architecture Frameworks Kompendium*, Xpert.press,
DOI 10.1007/978-3-642-12955-1_1, © Springer-Verlag Berlin Heidelberg 2011

Allein 2008 stiegen die Krankenhauskosten um 5 % gegenüber dem Vorjahr.[4] *Darauf muss man reagieren.*

Als In-house-Gründe für die Haushaltsproblematik der etwa 2.080 deutschen Krankenhäuser können unter anderem die 2006 und 2008 erfolgten Tarifabschlüsse angeführt werden: Bessere Bezahlung und Arbeitsbedingungen für Ärzte, dynamische Zulagen für nichtärztliches Personal und verbesserte Bezahlung sowie Bewertung des Bereitschaftsdienstes[5] sind kein Fall für die Portokasse. Allein die 2006 errungenen Abschlüsse für den Ärztlichen Dienst schlugen mit Mehrkosten von 1,5 Milliarden Euro zu Buche. [DKI 2007 S. 70] *Darauf muss man reagieren.*

Neben steigenden Personalausgaben belasten Legacy-Systeme die Haushalte und Strukturen der IT-Architektur. Immer kürzer werdende Innovationszyklen machen einen permanenten technischen Wandel erforderlich. Serverlandschaften in den Kellern der Unternehmen werden sukzessive dezimiert. Einzug hält dagegen Virtualisierung zur verbesserten Ressourcenverteilung und Administrierung. Software as a Service (SaaS) als Software-Distributions-Prinzip ermöglicht „pay per use". Das Auslagern von Risiko (Hardwareausfälle) und Fixkosten (Datensicherung, Ersatzhardware, Stromkosten), Serviceorientierte Architekturen (SOA) und Cloud Computing sind nur einige der zukunftsweisenden und strukturändernden Entwicklungen. Dabei ist nicht der Fortschritt im Bereich der IT das Problem. Die IT für sich zu beherrschen und die Fähigkeit sie auszunutzen, darin liegt die Lösung für das allgegenwärtige Architekturdilemma. *Darauf muss man reagieren.*

Abgesehen vom innerbetrieblichen Kostendruck müssen Unternehmen auch den enormen außerbetrieblichen Kostendruck stemmen.

Auf nationaler Ebene haben insbesondere die legislativen Veränderungen sowie Rechtsprechungen im Interesse einer zielkonformen Gesundheitspolitik[6] zu finanziellen Mehrbelastungen geführt. Ein außergewöhnlicher Investitionsbedarf ergab sich 2004 mit der verpflichtenden Einführung des DRG-Systems[7] zur fallpauschalen Abrechnung aller vollstationären Krankenhausbehandlungen (Ausnahmen bilden Psychiatrie und Psychosomatik). [BUSCHER 2006 S. 7] Die Einführung der Krankenhausstatistik-Verordnung (KHStatV) von 1990, die Gewährleistung der Dokumentations- und Aufbewahrungspflicht von 10–30 und mehr Jahren,

---

[4]Statistisches Bundesamt in der Pressemitteilung Nr. 063 vom 16.02.2005: Die bereinigten Kosten für einen stationären Behandlungsfall betrugen 2003 rechnerisch 3.214 Euro – eine Zunahme von 2,4 % gegenüber 2002. Laut Pressemitteilung Nr. 429 vom 12.11.2009 betrugen 2008 die Behandlungskosten im Bundesdurchschnitt 3.610 Euro.

[5]Tarifabschlüsse: 09.06.10 Die Gehälter der Ärztinnen und Ärzte werden rückwirkend zum 1. Mai 2010 um 2 % erhöht (Marburger Bund/VKA). 08.04.08 Ärztinnen und Ärzte an kommunalen Krankenhäusern (Marburger Bund/VKA) – Einkommenssteigerung von etwa 8 %; 17.01.07 Helios Kliniken GmbH – Einkommenssteigerung von bis zu 18 %; 17.08.06 Ärzte an kommunalen Krankenhäusern (Marburger Bund/VKA) und 01.08.06 kommunale Krankenhäuser (ver.di/dbb tarifunion/VKA) – Einkommenssteigerung von bis zu 13 %.

[6]Drei Ziele: Beitragsstabilität (SGB V § 71), ausreichende zweckmäßige und wirtschaftliche Versorgung sowie angemessene Honorierung der Leistungserbringer (SGB V § 72).

[7]DRG: Diagnosis Related Groups (Diagnosebezogene Fallgruppen).

der Aufbau einer Telematik-Architektur[8] inkl. der Einführung der elektronischen Gesundheitskarte (eGK),[9] dem damit implizierten elektronischen Heilberufsausweis (HBA)[10] sowie dem elektronischen Rezept stellen nur einige der strukturändernden und kostentreibenden Entscheidungen der Bundesregierung dar. *Darauf muss man reagieren.*

Aber auch international betrachtet müssen sich die Einrichtungen in Deutschland „warm anziehen". Wer für wenige Euro nach Mallorca zum Wellness am Ballermann jettet und sich Medikamente übern Onlineversand aus Holland liefern lässt, steht auf der Sonnenseite der Globalisierung.[11] Der Behandlungstourismus ist in vollem Gange: Den Zahnersatz gibt es in Polen, Erholungskuren in Tschechien, Schönheitsoperationen in Brasilien und Augenoperationen in Ungarn. So bedeutet Globalisierung insbesondere für die betriebswirtschaftliche Lage der im Gesundheitswesen agierenden Unternehmen und Einrichtungen eine Verschärfung des Wettbewerbs. [KRÜGER et al. 2003 S. 19; ZDROWOMYSLAW et al. 1997 S. 152] *Darauf muss man reagieren.*

Summa summarum zeigt sich das traurige Bild, dass von etwa 1.000 befragten DRG-Krankenhäusern 500 negative Bilanzen verzeichnen. [BUSCHER 2008 S. 27] Andererseits spricht das Krankenhausmanagement von einer positiven Tendenz bzgl. der Zukunftseinschätzung.[12] [BUSCHER 2008 S. 29] Eine Ansicht, die vom Krankenhaus-Barometer 2008[13] nicht geteilt wird. Einig sind sich [BUSCHER 2008] und [DKI 2008], *dass man reagiert hat!*

---

[8]Gesetz zur Organisationsstruktur der Telematik im Gesundheitswesen (GesTeleOrgStrG) vom 22. Juni 2005 führt Änderungen am Fünften Buches Sozialgesetzbuch an. Absatz 7 des SGB V §291a wird wie folgt gefasst: *„Der Spitzenverband Bund der Krankenkassen, die Kassenärztliche Bundesvereinigung, die Kassenzahnärztliche Bundesvereinigung, die Bundesärztekammer, die Bundeszahnärztekammer, die Deutsche Krankenhausgesellschaft sowie die für die Wahrnehmung der wirtschaftlichen Interessen gebildete maßgebliche Spitzenorganisation der Apotheker auf Bundesebene schaffen die für die Einführung und Anwendung der elektronischen Gesundheitskarte, insbesondere des elektronischen Rezeptes und der elektronischen Patientenakte, erforderliche interoperable und kompatible Informations-, Kommunikations- und Sicherheitsinfrastruktur (Telematikinfrastruktur). [...]"*

[9]SGB V § 291a Abs. 1: *„Die Krankenversichertenkarte nach § 291 Abs. 1 wird bis spätestens zum 1. Januar 2006 zur Verbesserung von Wirtschaftlichkeit, Qualität und Transparenz der Behandlung [...] zu einer elektronischen Gesundheitskarte erweitert."*

[10]SGB V § 291a Abs. 5: *„[...] Der Zugriff auf Daten [...] mittels der elektronischen Gesundheitskarte darf nur in Verbindung mit einem elektronischen Heilberufsausweis [...] erfolgen, die jeweils über eine qualifizierte elektronische Signatur verfügen [...]."*

[11]In Anlehnung an das Zitat vom Bundesminister der Finanzen a. D. Peer Steinbrück: *„Wir wollen alle mit 19 Euro nach Malle fliegen. Wir wollen einen DVD-Player haben für 39,95. – Das muss man sehen. Das sind die Vorteile dieser Globalisierung."*

[12]1.084 DRG-Krankenhäuser wurden 2007 befragt: In den alten Bundesländern befanden sich 71 % für die Zukunft hinreichend gerüstet; in den neuen Bundesländern 81 %. [BUSCHER 2008 S. 29]

[13]Das Krankenhaus-Barometer ist eine turnusmäßig durchgeführte repräsentative Erhebung des Deutschen Krankenhausinstituts (DKI). *„Im Jahr 2007 erzielte gut die Hälfte der zugelassenen*

Kompensierungsbestrebungen, um den Kostendruck zu entspannen, werden innerbetrieblich vorwiegend durch Optimierungen des klinischen Leistungsprozesses angestrebt. Dort wo die innerbetriebliche Personalpolitik mit der zunehmenden Teilzeitbeschäftigung im Gesundheitswesen[14] nicht den gewünschten wirtschaftlichen Spielraum mit sich bringt, bleiben organisatorische und/oder strukturelle Maßnahmen (Veränderung der Fachabteilungsstruktur, In- und Outsourcing usw.) nicht aus. [DKI 2007 S. 5] Unter den betriebsübergreifenden Maßnahmen steht insbesondere die Privatisierung von Einrichtungen hoch im Kurs: 1991 befanden sich 14,8 % der Krankenhäuser in privater Trägerschaft. 2008 waren es bereits 30,6 %. [StBA 2010 S. 13] Gleichfalls sollen privatrechtliche Gesellschaftsformen (bspw. als GmbH oder gGmbH) der öffentlichen Einrichtungen,[15] Kooperationen (z. B. durch vertragliche Vereinbarungen und Holdingstrukturen)[16] oder Fusionen[17] zusätzliche Wirtschaftsreserven erschließen.

Fazit: Infolge der zunehmenden Dynamik hinsichtlich der betriebswirtschaftlichen Operationen auf Betriebe gleich welcher Branche und der sich daraus ergebenden Änderungen in der innerbetrieblichen IT-Landschaft ist es von besonderem strategischen Interesse, die Geschäftsprozesse mit entsprechenden Hard- und Softwareressourcen zu kanalisieren und so Arbeitsabläufe optimal zu unterstützen, Zeit- und damit Finanzreserven zu erschließen und auf zukünftige Einwirkungen flexibler und damit entspannter reagieren zu können. Eine Reaktion, die aber gerade mit Blick auf die historisch gewachsenen, heterogenen und extrem komplexen Architekturstrukturen in den Betrieben nur mit einem durchdachten Architekturmanagement möglich ist. Die Idee des Rahmenwerkes ist geboren! Und unabhängig von den Zweifeln, ob hinsichtlich der Komplexität von Technologie und Informationen im Unternehmen ein Rahmenwerk vonnöten ist, oder ob eine Anforderungsspezifikation zur Bewältigung des Dilemmas ausreicht, ist Nichtstun keine Lösung.

Allgemeinkrankenhäuser ab 50 Betten einen Jahresüberschuss. Knapp 30 % der Häuser schrieben Verluste. 17,4 % wiesen ein ausgeglichenes Ergebnis auf. Für das Jahr 2008 erwarten die Krankenhäuser eine merkliche Verschlechterung ihrer Jahresergebnisse." [DKI 2008 S. 62]

[14]2008 standen 14,8 % der Ärzte und 44,0 % der Beschäftigten im nichtärztlichen Dienst in einem Teilzeit- oder geringfügigen Beschäftigungsverhältnis. [StBA 2010 S. 13]

[15]*„Im Jahr 2008 wurden 57,7 % der öffentlichen Krankenhäuser in privatrechtlicher Form (z. B. GmbH) geführt; 2002 waren es nur halb so viele (28,3 %). Demgegenüber sank der Anteil öffentlicher Krankenhäuser, die als rechtlich unselbstständige Einrichtungen (z. B. Eigenbetriebe, Regiebetriebe) betrieben werden, auf 20,6 %; im Jahr 2002 hatte ihr Anteil an allen öffentlichen Krankenhäusern noch 56,9 % betragen."* [StBA 2010 S. 13]

[16]48 % der Krankenhäuser haben seit DRG-Einführung eine Kooperation mit anderen Häusern vereinbart. [DKI 2007 S. 29]

[17]Seit 2004 haben 9 % der Krankenhäuser Fusionen mit einem oder mehreren Krankenhäusern vollzogen. 6 % sind noch in der Fusionsplanung. [DKI 2007 S. 31]

1.1 Gegenstand, Problematik, Motivation

1.1.1 Gegenstand

Wie in den einleitenden Gedanken angeführt sehen sich Unternehmen und Organisationen gleich welcher Branche einer Vielzahl von Problemen und damit Aufgaben gegenübergestellt. Aufgaben, die aufgrund ihrer Komplexität nur durch konzeptuelles Handeln und Vorgehen gelöst werden können. Auf diesem „steinigen" und oftmals seitens der Verantwortlichen unerfahrenen Lösungsweg unterstützen Rahmenwerke auf vielfältigste Art und Weise. So bilden Rahmenwerke mit ihrem allgemeinen Nutzen und in ihrer speziellen Unterstützung des Informationsmanagements den Gegenstand dieses Buches.

Das Buch beschäftigt sich zwar mit Rahmenwerken, geht aber nicht der Frage nach, wie sie explizit umgesetzt werden und somit zur Lösung eines konkreten Architekturdilemmas beitragen können. Dass sie zur Lösung beitragen können, wird vorausgesetzt. Vielmehr erfüllt dieses Buch die „Sehnsüchte" jener Leser, die auf der einen Seite bereits das Potenzial von Rahmenwerken erkannt haben, aber auf der anderen Seite etwas Ordnung im Wirrwarr der Konzepte und somit einen generellen Überblick von am Markt verfügbaren Werken suchen.

1.1.2 Problematik

Dass Rahmenwerke als Handwerkzeug für den Informationsmanager dienen können, ist unbestritten. Die Matrix des Zachman EA Frameworks zur Betrachtung einer Enterprise Architecture und die Entwicklungsmethodik der TOGAF ADM sind in der Regel „einschlägig bekannt".[18] Aber was ist mit den über fünfzig weiteren Rahmenwerken? Deren offerierter Nutzen ist häufig genauso unbekannt wie ihre Existenz überhaupt. In der Fachliteratur werden oftmals nur die etwa zehn populärsten Konzepte berücksichtigt.[19] Die darin vorgenommenen Beschreibungen stellen oft nur inhaltliche Wiedergaben der originalen Konzeptbeschreibungen dar. Eine konkrete Gegenüberstellung der Rahmenwerke unter einheitlichen Merkmalen erfolgt nicht. Entsprechend trägt dieses Buch zur Lösung folgender Probleme bei:

---

[18] In der von [FEURER 2007 S. 6] durchgeführten Umfrage bewerteten 33 % der Befragten das TOGAF als relevantes Rahmenwerk. Mit 22 % sicherte sich das Zachman Framework den zweiten Platz dieses Rankings.

[19] [BERNUS et al. 1996] berücksichtigt die drei Manufacturing-Specific Frameworks CIMOSA, GIM und PERA. [GOIKOETXEA 2007] berücksichtigt die sechs Rahmenwerke FEAF, EAF, TAFIM, C4ISR, TOGAF und das OMA Reference Model. [MINOLI 2008] berücksichtigt die neun Rahmenwerke FEA, FEAF, EAP TOGAF, E2AF, DoDAF, TEAF, Zachman Framework und ISO 14252.

Problem 1: Kenntnis über die Existenz von Rahmenwerken

Wollte sich jemand bisher einen Überblick über die am Markt verfügbaren Rahmenwerke verschaffen, sah er sich mit einer zeitaufwendigen Recherchearbeit konfrontiert. Überblicke oder zentrale Informationsquellen, welche möglichst viele der verfügbaren Rahmenwerke benennen, existierten bis dato nicht.

Problem 2: Erfassen der Inhalte von Rahmenwerken

Originalbeschreibungen von Rahmenwerken sind teilweise nur durch Inanspruchnahme von Dienstleistungen diverser Beratungsunternehmen einsehbar. Darüber hinaus sind einige der originalen Konzeptbeschreibungen der Enterprise Architecture Frameworks bereits auf dem Büchermarkt vergriffen. Andere wiederum sind inhaltlich wenig detailliert ausgeführt. Die sich daraus ergebende unterschiedliche Dokumentationsquantität und -qualität der einzelnen Rahmenwerke erschwert das Bemühen um eine gegenüberstellende Analyse.[20]

Problem 3: Auswählen von Rahmenwerken

Durch die Lösung von Problem 1 sind dem Informationsmanager die am Markt verfügbaren Rahmenwerke bekannt. Zur Lösung des Problems 2 werden in diesem Buch die Rahmenwerke einheitlich beschrieben. Diese Beschreibung und damit Gegenüberstellung der Rahmenwerke unterstützt den Informationsmanager bei der Auswahl eines geeigneten Konzeptes.

1.1.3 Motivation

Der Begriff *Motivation* leitet sich vom lateinischen *motus* ab und steht für *Bewegung* und *Antrieb* – den Trieb nach Wissen, nach dem kleinen aber entscheidenden Informationsvorsprung. *Wissen ist Macht*[21] – und genau dieser Grundsatz ist es, der den Menschen einerseits infolge der Informationsflut stöhnen lässt und andererseits die Sehnsucht nach einer ganz konkreten Publikation entfacht, mit der er sein Problem „erschlagen" kann. Dieser Mensch wird auch IT-Architekt genannt und hat zur Aufgabe, seine zu verantwortende Architektur an bestimmten Erfordernissen auszurichten. So strebte auch Goethes Architekt Dr. Faust mithilfe der Natur und den Büchern zur Klärung der Frage, „was die Welt im Innersten zusammenhält".[22] Auch wenn gegenwärtig die Probleme nicht so fundamental erscheinen mögen, sind sie nicht weniger trivial. Von der Software- über die System- bis hin zur Enterprise

[20] Der Dokumentationsumfang der originalen Konzeptbeschreibungen variiert von wenigen zweistelligen Seitenzahlen bis zu 2.800 Seiten für die Konzeptbeschreibung der ARIS.

[21] Francis Bacon verweist mit seinem Zitat auf das Ziel der Wissenschaft, die Natur im Interesse des Fortschritts zu beherrschen. (1597)

[22] Johann Wolfgang von Goethe mit „Faust. Der Tragödie erster Teil". (1808)

Architecture gilt es mithilfe des Werkzeugs „Rahmenwerk“ Ihrem individuellen Anliegen der Wertschöpfung (Softwareentwicklung, Systemintegration, Prozessoptimierung, Systemmodellierung usw.) gerecht zu werden. Es existieren mehr als fünfzig, teils branchenspezifische und teils branchenübergreifende Konzepte. Je nach Popularität des Frameworks kann es zu einem ganzen Konvolut an Einzelpublikationen oder auch nur zu spärlichen Informationsbrocken kommen, welche das Rahmenwerk beschreiben. Unterschiedliche Auffassungen und damit unterschiedliche Definitionen (Wie definieren sich „Enterprise“, „Systemarchitektur“ oder auch „Informationssystem“?) in der Fachliteratur und in den Rahmenwerkkonzepten tragen ihr Übriges zum Informationsdilemma bei.

Der Dr. Faust wusste nur noch einen Ausweg: Er suchte sich einen externen Berater und ging mit ihm einen Pakt ein, für den er seine Seele verkaufte. Damit sich aber kein „Informationshungriger“ einem teuflisch gesinnten Berater blind unterwerfen muss und womöglich noch die Seele seines Unternehmens aufs Spiel setzt, soll dieses Buch über den Nutzen möglichst aller am Markt verfügbaren Rahmenwerke informieren und darüber hinaus eine Gegenüberstellung ausgewählter Rahmenwerke anhand ihrer Merkmale anführen. Somit stellt dieses Buch ein Kompendium dar, das für den IT-Architekten etwas Ordnung in das Wirrwarr der Rahmenwerke bringt und auch als Basis für weiterreichende Studienbestrebungen dienen kann.

Eine kompakte Gegenüberstellung der Rahmenwerke ist nicht nur aus Sicht der Praxis ein längst überfälliges „must-have“, auch seitens der Lehre und Forschung besteht großes Interesse. Den Studierenden wie auch Entscheidungsträgern aus der Wirtschaft soll es somit ermöglicht werden, einen schnellen Überblick über am Markt verfügbare Rahmenwerke zu erhalten.

1.2 Aufbau des Buches

Im Anschluss an das erste Kapitel mit den einleitenden Gedanken werden vier Kapitel angeführt. Diese sollen Ordnung in das Thema der Enterprise Architecture Frameworks bringen.

So erfolgt im zweiten Kapitel die Einführung eines grundlegenden Begriffsverständnisses. Da das gesamte „Leben und Wirken“ der Rahmenwerke auf Architekturen beruht, stellt die allgemeine Definition des Begriffes „Architektur“ den Ausgangspunkt dieses Kapitels dar. Darauf aufbauend werden Faktoren genannt, welche verantwortlich für die Existenz verschiedener Architekturausprägungen sind. Die in diesem Buch untersuchten Rahmenwerke werden in der Literatur oftmals als „Enterprise Architecture Frameworks“ überschrieben. Entsprechend folgt die Klärung des Begriffes „Enterprise“ inkl. möglicher Ausprägungen (Extended, Virtual, Real-Time und Dynamic Enterprise). Das Buch dient wie die Rahmenwerke selbst der Unterstützung des Informationsmanagers, sodass dargelegt wird, dass Enterprise Architecture Frameworks als Rahmenwerke für Enterprise Architectures und IS-Architekturen gleichermaßen fungieren. Aus verschiedenen Blickwinkeln wird der Begriff „Rahmenwerk“ definiert; Vor- und Nachteile einer Verwendung von Frameworks werden genannt. Als Grundlage für eine einheitliche Beschreibung der Rahmenwerke werden über dreißig Merkmale definiert.

Das dritte Kapitel beschreibt die Ordnung der am Markt verfügbaren Rahmenwerke in sieben Gruppen. Die Gruppen selbst spiegeln die Intentionen der Rahmenwerke wider. Der Nutzen eines jeden Rahmenwerks wird kurz und prägnant beschrieben. Ein Anwendungsbeispiel fasst dieses Kapitel zusammen. Darin werden Unterstützungsmöglichkeiten durch Rahmenwerke bei der Bearbeitung eines IT-Rahmenplans genannt.

Nach der Kurzbeschreibung folgt im vierten Kapitel die ausführliche Beschreibung von über dreißig Rahmenwerken entsprechend den definierten Merkmalen aus Abschn. 2.6. Den Abschluss dieses Kapitels bilden eine tabellarische Gegenüberstellung der hier detailliert beschriebenen Rahmenwerke sowie die Beschreibung einer möglichen Herangehensweise zur Auswahl des jeweils passenden Frameworks.

Kapitel 5 dient der Zusammenfassung. Die gewonnenen Kenntnisse der vorherigen Kapitel fließen in ein fiktives Anwendungsszenario ein. Ansatzweise werden in diesem „Praxisbeispiel" Rahmenwerke umgesetzt, was in gebündelter Form die Unterstützungsvielfalt und damit das Potenzial, welches von Rahmenwerken ausgeht, verdeutlichen soll.

Kapitel 2
Einführung eines grundlegenden Begriffsverständnisses

2.1 Definition des Architekturbegriffes

> **Definition 2.1:** *Ar•chi•tek'tur, „die; -,-en 1.)Wissenschaft von der Baukunst 2.) Richtung der Baukunst, Baustil 3.) Gesamtheit der Bauwerke einer Epoche oder Kultur"*
>
> [Langenscheidt Fremdwörterbuch]

Wie diese Definition aus dem Langenscheidt Fremdwörterbuch zeigt, findet die Architektur ihre Wurzeln ganz klar in der Bauwelt. Dabei stammt der Begriff *architectura* aus dem griechischen und lateinischen Sprachraum und bedeutet *Baukunst*; eine Kunst, die sowohl die fachliche Arbeit als auch die Bauwerke beschreibt. Und auch beides – die Arbeit sowie die Bauwerke – begründen sich auf diversen Elementen wie Techniken und Materialien, Bauplänen und Skizzen, Hämmer und Schaufeln, Ausrichtungen und Charakteristiken. Genau wie in der Baukunst besteht auch die Architektur in der Informatik aus einer Vielzahl von Elementen, die zueinander in Beziehung stehen. Verallgemeinert und damit unabhängig von einem Fachgebiet kann man sagen,

> **Definition 2.2:** *die Architektur „beschreibt den Gesamtzusammenhang der erkenntnisrelevanten Objekte, ihre Funktionen, Schnittstellen und Beziehungen."*
>
> [HILDEBRAND 2001 S. 169]

Ergänzend hierzu sieht die Definition des ISO/IEC-Standards auch Richtlinien für den Entwurf und die kontinuierliche Weiterentwicklung von Systemkomponenten als Architekturbestandteil:

D. Matthes, *Enterprise Architecture Frameworks Kompendium*, Xpert.press,
DOI 10.1007/978-3-642-12955-1_2, © Springer-Verlag Berlin Heidelberg 2011

Definitionen 2.3: *Architecture: "The fundamental organization of a system embodied in its components, their relationships to each other, and to the environment, and the principles guiding its design and evolution." Architect: "The person, team, or organization responsible for system architecture."*

Architecting: "The activities of defining, documenting, maintaining, improving, and certifying proper implementation of an architecture."

Architectural Description: "A collection of products to document an architecture."

[ISO/IEC 42010:2007 S. 3]

In der Literatur erfolgt die Ordnung der erkenntnisrelevanten Objekte sehr unterschiedlich. Eine Ordnung und damit die Darstellung bzw. Bildung von Architekturausprägungen ist durch folgende Aspekte gekennzeichnet:

(a) Eine Zuordnung oder Ordnung hin zu Schichten, Hierarchien oder Modulen kann durch Berücksichtigung des Objekttyps (Daten, Technologien usw.) erfolgen.
(b) Architekturausprägungen können nebeneinander, aufbauend oder auch unabhängig zueinander angeordnet werden. Dies ergibt sich durch den kontextspezifischen Zusammenhang der erkenntnisrelevanten Objekte (Schlagwörter: lose oder starre Kopplung, Interaktion, Schnittstellen, Bidirektionalität usw.). Horizontale Gliederungen beschreiben dabei meist technische Abhängigkeiten. Vertikale Beziehungen beschreiben die Beeinflussung von geordneten Objekten auf einer Ebene. So sind bspw. Prozess- und Organisationsarchitektur nach [KRCMAR 1990 S. 399] auf einer Schicht nebeneinander angeordnet, was verdeutlicht, dass diese Architekturen sich gegenseitig bedingen.
(c) Die Ordnung der erkenntnisrelevanten Objekte kann einer bestimmten Betrachtungsintention (Zielsetzung des Betrachters) entsprechen. Im Interesse eines Betrachters werden wesentliche Aspekte hervorgehoben und minder wichtige verkürzt bzw. sogar ausgeblendet.

Es ist somit nachvollziehbar, dass unter Berücksichtigung der drei genannten Faktoren die Ordnung der Objekte und damit die Definition von Architekturausprägungen je nach Architekt und Autor unterschiedlich erfolgt. Die Fachliteratur wie auch die Rahmenwerke mit ihren Vorstellungen zur Ordnung der Objekte setzen gemäß deren Intentionen bestimmte Schwerpunkte und führen unterschiedliche Detaillierungsgrade an. In einem sind sich jedoch alle einig: Es ist grundlegend, die Unterscheidung bzw. Ordnung gemäß einer klassischen Dreiteilung von fachlicher, logischer und physischer Schicht anzuführen.

[KRÜGER et al. 2003] führt in der Abb. 2.1 mögliche Anordnungen von Architekturausprägungen beispielhaft an. Bauen Architekturausprägungen aufeinander

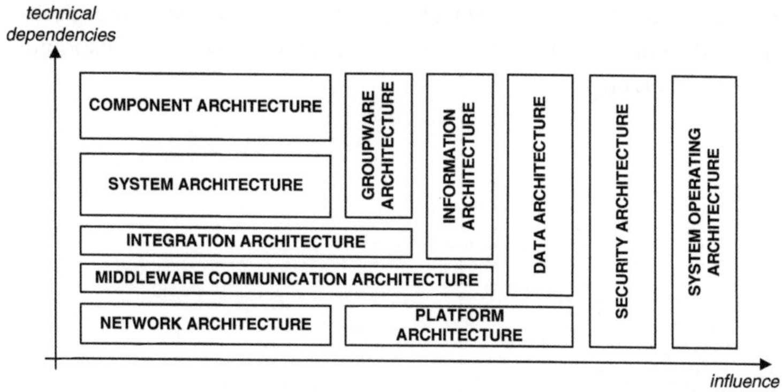

Abb. 2.1 Hierarchie der Architekturausprägungen [Übersetzung von KRÜGER et al. 2003 S. 28]

auf, so liegen meist technische Abhängigkeiten zwischen den Schichten vor. So wird die physische Architektur unter der logischen Architektur angeordnet, da die Objekte der physischen Architektur zur Umsetzung der logischen Architektur erforderlich sind. Vertikal angeordnete Architekturausprägungen beeinflussen mehrere Schichten. Als Beispiel kann die Sicherheitsarchitektur genannt werden, die sowohl für die unterste Schicht als auch für die oberste Architekturausprägung relevant ist.

2.2 Informationssystemarchitektur und Enterprise Architecture

Unter den verschiedenen Architekturausprägungen wird der Informationssystemarchitektur (IS-Architektur) bzw. Informationsarchitektur eine besondere Rolle zugesprochen. [HEINRICH et al. 2005 S. 52] Nachdem der Begriff Architektur bereits definiert wurde, ist die Definition des Begriffes „Informationssystem“ für das weitere Verständnis von Bedeutung:

> **Definition 2.4:** *Informationssystem (IS) bzw. Informations- und Kommunikationssystem-System (IuK) ist das sozio-technische Subsystem eines Unternehmens, welches „alle informationsverarbeitenden (und -speichernden) Prozesse und die an ihnen beteiligten menschlichen und maschinellen Handlungsträger in ihrer informationsverarbeitenden Rolle umfasst.“*
>
> [WINTER et al. 2004 S. 552]

[KRCMAR 1990] unterstreicht gemäß seinem Verständnis einer IS-Architektur ihre notwendige ganzheitliche Betrachtung – ein Aspekt, der seiner Meinung nach mit der Matrixdarstellung einer IS-Architektur nach [ZACHMAN 1987] nicht berücksichtigt wird. Die Darstellung und damit Anordnung einzelner Architekturausprägungen zu einer ganzheitlichen IS-Architektur sieht [KRCMAR 1990] in Form eines ausgewogenen Kreisels gut repräsentiert. Wie aus Abb. 2.2 ersichtlich, würde eine einseitige Betrachtung einzelner Architekturausprägungen ein Ungleichgewicht erzeugen.

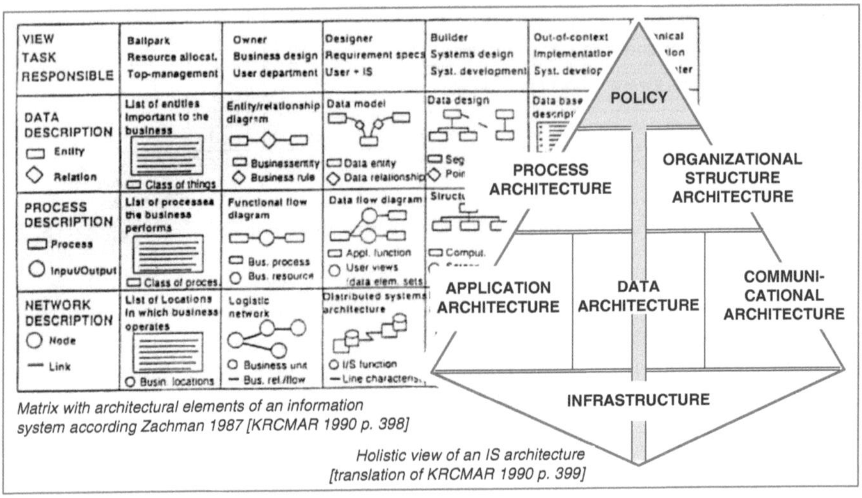

Abb. 2.2 Betrachtung einer IS-Architektur nach [ZACHMAN 1987] und [KRCMAR 1990]

Der Begriff „Enterprise“ ist im ursprünglichen Sinne als eine Aktivität zur Erfüllung wohl definierter Ziele zu verstehen. [MASAK 2005 S. 5; GAO 2003 S. 1] Niederlassungen oder Fabriken, die als unabhängige Geschäftseinheiten betrachtet wurden, bezeichnete man ebenfalls als Enterprise. [BERNUS et al. 1996 S. 1] Heutzutage versteht man darunter ein oder eine Menge von Unternehmen, Institutionen bzw. Einrichtungen, welche an einem gemeinsamen Ziel bzw. einem gemeinsamen Produkt arbeiten. [SCHEKKERMAN 2003 S. 22] Zu dieser Zielerfüllung dient der Unternehmung insbesondere das IuK-System.

> **Definition 2.5:** *“Enterprise: any collection of organisations that has a common set of goals and/or a single bottom line.”*
>
> [LANKHORST 2009 S. 3]

Die strukturierte Beschreibung dieser Aktivitäten wird als Enterprise Architecture bezeichnet. [GAO 2003 S. 1]

Definition 2.6: *"An Enterprise Architecture (EA) is a set of business and engineering artifacts, including text and graphical documentation, that describes and guides the operation of an enterprise-wide system, including instructions for its life cycle operation, management, evolution, and maintenance. [...]"*

[GOIKOETXEA 2007 S. 2]

Das von John A. Zachman definierte Zachman EA Framework versteht sich als Rahmenwerk für Enterprise Architectures. Elementarer Bestandteil dieses Rahmenwerkes ist die Zachman Matrix, welche er u. a. in [SOWA et al. 1992] publiziert hat und die Basis für Abb. 2.3 und den damit verbundenen Gedankengang bilden soll: Die gestrichelten Linien sollen den Umfang einer Enterprise Architecture verdeutlichen. So berücksichtigt eine Enterprise Architecture bspw. auch jene Aspekte, die für Softwareentwicklungen oder Systemintegrationen von Interesse sind. Es wird aber auch deutlich, dass sich die erkenntnisrelevanten Objekte einer IS-Architektur (gemäß den zuvor ausgeführten Definitionen) genau in den Aspekten der Zachman Matrix widerspiegeln. Dies lässt den Gleichheitsschluss zu, dass Enterprise Architecture Frameworks mindestens auch als Rahmenwerke für IS-Architekturen betrachtet werden können und somit nicht nur für den EA-Architekten, sondern im Speziellen auch für den Informationsmanager als Handwerkzeug dienen.

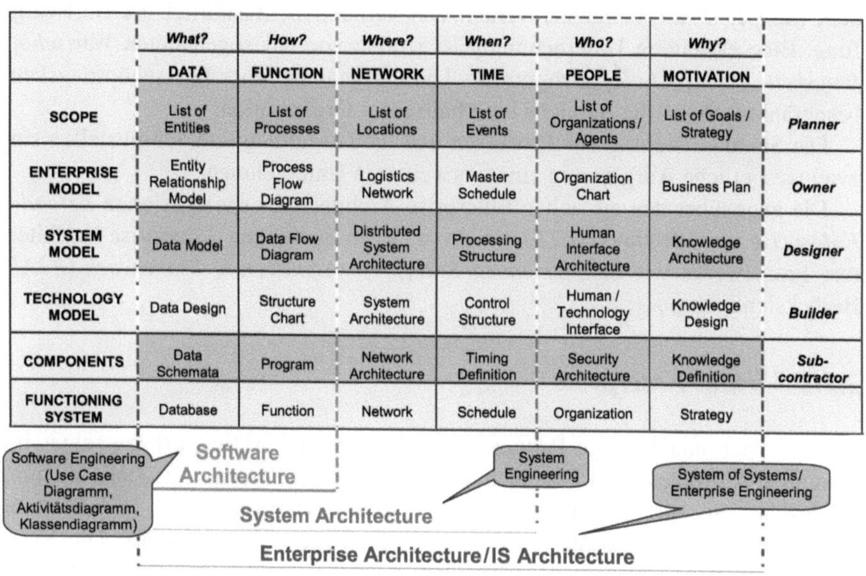

Abb. 2.3 Umfang einer Enterprise Architecture [Eigene Darstellung auf Basis von SOWA et al. 1992]

Die von Zachman beschriebene Enterprise Architecture stellt eine Normalform dar. Heutzutage haben sich jedoch besondere Unternehmensformen entwickelt, welche auch besondere Anforderungen an den Architekten bzw. den Informationsmanager stellen. Die Rede ist von Extended Enterprises, Virtual Enterprises, Real-Time Enterprises und Dynamic Enterprises.

2.2.1 Extended Enterprise

Extended Enterprises (E2) beschreiben einen logischen Zusammenschluss von innerbetrieblichen Geschäftseinheiten mit Partnern, Lieferanten und sogar Kunden. [MINOLI 2008 S. 34]

Als Beispiel für derartige lose gekoppelte und selbst organisierende Netzwerke könnte eine Fast-Food-Kette genannt werden. Die „Fast Food Corporation" besteht bspw. aus folgenden Partnern: Der Bauer, der mithilfe von Ackerbau und Viehzucht die Ausgangsprodukte herstellt, der Lebensmittelindustrielle, der die Verarbeitung und Portionierung realisiert, der Transportunternehmer, der die Logistik von Lebensmitteln, Werbematerialien usw. tätigt, der Industrieküchenbauer, welcher das Küchenequipment liefert und wartet, der EDV-Beauftragte, welcher den Service der Kassensysteme und die Vernetzung der Standorte und Partner absichert, und schließlich der Franchisenehmer, der das Vor-Ort-Management realisiert. Ziel ist die Kombination der jeweiligen Kernkompetenzen, um ein gemeinsames Produkt bzw. eine Dienstleistung anbieten zu können.

Das Netzwerk der vor- und nachgelagerten Verbindungen kann auch als *Lieferkette* (*Supply Chain*) betrachtet werden. Der Verbund dient natürlich der Wertschöpfung. Eine erweiterte Unternehmung ist jedoch von der sogenannten *Wertschöpfungskette* (*Value Chain*) abzugrenzen. Die Betrachtung einer Wertschöpfungskette beschränkt sich auf die Bereiche innerhalb einer Organisation.

Die Standardisierung von Prozessen und die Gestaltung von Schnittstellen sind zwei wesentliche Aufgaben in einem erweiterten Unternehmen.

Die gegenüber den einfachen Enterprise Architectures spezialisierten *Extended Enterprise Architectures* (*E2A*) finden u. a. in speziellen Enterprise Architecture Frameworks wie dem *Extended Enterprise Architecture Framework* (*E2AF*) Berücksichtigung.

2.2.2 Virtual Enterprise

Vereinen sich unabhängige Partner zur Erfüllung einer Aktivität (bspw. eines bestimmten Auftrages) und löst sich diese Partnerschaft nach der Zielerreichung wieder auf, so spricht man von einem Virtual Enterprise (VE). [KAZI et al. 2001 S. 132] Vorteil dieser Art des temporären Zusammenarbeitens: Die Kernkompetenzen der einzelnen Partner können entsprechend koordiniert und in die Allianz zur Zielerfüllung eingebracht werden. Die Partner sind gleichgestellt. Ihre Kompetenzen ergänzen sich oder sind komplementär ausgerichtet.

Beispiele für Virtual Enterprises lassen sich insbesondere im Bereich großer Bauprojekte finden. Obwohl das Bauunternehmen EUROVIA die Brücke errichtet und STRABAG den Asphalt aufträgt, präsentieren sich die beiden Firmen nach außen und damit auch für den Auftraggeber als eine Arbeitsgemeinschaft und eigentlich sogar als ein neues eigenständiges Unternehmen. Damit bspw. die angelieferte Ladung Sand auf die richtige Baustelle gebucht wird und der Schriftverkehr aus den ursprünglich konkurrierenden Büros fortan unter einem gemeinsamen Logo erfolgt, werden besondere Lösungen und Anforderungen an die Architektur des temporären Unternehmens gestellt. Anforderungen, die bspw. explizit vom Rahmenwerk *Virtual Enterprise Reference Architecture and Methodology* (*VERAM*) berücksichtigt werden.

2.2.3 Real-Time Enterprise

Der Begriff Real-Time Enterprises (RTE) bezeichnet Unternehmen, welche alle prozessrelevanten Informationen in Echtzeit zur Verfügung stellen können. Dies ermöglicht den Wettbewerbsfaktor Zeit auszunutzen. So weist das Beratungsunternehmen Gartner (Entwickler des *Enterprise Architecture Framework*) auf die Notwendigkeit hin, Unternehmen entsprechend auszurichten (u. a. intern und extern online vernetzen), um damit den entscheidenden Informations- und Zeitvorsprung gegenüber der Konkurrenz vorweisen zu können. Voraussetzung ist der extensive Einsatz von Informations- und Kommunikationstechnologien.

Prinzipiell werden mit Real-Time Enterprise Architectures zwei Ziele verfolgt:

(1) Effektive Gestaltung der Prozessketten ohne Medienbrüche. Medien wie bspw. ein Blatt Papier oder ein elektronisches Formular dienen als Informationsträger innerhalb der Wertschöpfungskette. Versendet der Kunde seine Bestellung via Post, muss der Auftrag durch den Empfänger ins Warenwirtschaftsprogramm aufgenommen werden, was den Informationsbeschaffungs- bzw. Informationsverarbeitungsprozess ineffektiv gestaltet. Besser macht es bspw. der Computerhersteller DELL, welcher für seine Real-Time Enterprise Architecture-Ausrichtung bekannt ist. Hier können Zulieferer mittels Online-Echtzeit-Zugriff Auftragsinformationen abfragen und entsprechend agieren. Neben DELL ist das Textileinzelhandelsunternehmen H&M bekannt für seine Real-Time Enterprise Architecture im Bereich der Produktion und Qualitätssicherung. So kann H&M wesentlich schneller als die Konkurrenz Pullover, Hosen und Co listen, in die Filialen verteilen und verkaufen. [MASAK 2005 S. 6]

(2) Nutzung von Real-Time Informationen als Basis für Geschäftsentscheidungen. Ein einfaches und nachvollziehbares Beispiel für die Relevanz von Real-Time-Informationen stellt der Aktienhandel dar. Einige Depot- und Internetanbieter liegen mit ihren angezeigten Kursen und Charts gut und gerne 15 Minuten

hinter dem tatsächlich aktuellen Wert. Die Echtzeitabfrage erfolgt in der Regel nur beim Orderprozess und nicht beim Monitoring.

2.2.4 Dynamic Enterprise

Der Begriff Dynamic Enterprises bezeichnet Unternehmen, welche in ihrer Architektur flexibel sind. Dies stellt besondere Anforderungen an die Sicherheit und die Prozessgestaltung. Hierarchische Abhängigkeiten sind für dynamische Unternehmungen kontraproduktiv.

Im Gegensatz zu konventionellen Unternehmensstrukturen sollten Tätigkeiten innerhalb des Leistungsprozesses nicht mit festen Personen verknüpft sein. Der Ausfall einer Person durch Urlaub oder Erkältung ist für den laufenden Betrieb für Dynamic Enterprises unbedeutend. Mitarbeiter erhalten Technik, welche die Integration ins Firmennetzwerk unabhängig ihres Standortes ermöglicht. Abfrage der Mitarbeiterkompetenzen und die Verteilung von Aufgaben und Informationen erfolgt durch das System.

Das *Dynamic Communications Framework* des französischen Konzerns Alcatel-Lucent nennt technische Voraussetzungen (IP-Kommunikation, Kommunikations-Center mit Rufweiterleitung, virtuelle Ressourcen wie Postablage, Faxgerät usw.) von Dynamic Enterprise.

2.3 Das Informationsmanagement

Rahmenwerke dienen insbesondere der Arbeit des Informationsmanagements in einer Unternehmung. Es bezeichnet zum einen das Leitungshandeln bzgl. Information und Kommunikation (IuK) in einem Unternehmen und zum anderen die Informationsfunktion, welche alle Führungsaufgaben beinhaltet, die sich mit IuK beschäftigen. [HEINRICH et al. 2004 S. 7]

Das Informationsmanagement wird durch folgende Elemente gekennzeichnet:

(a) Das *Leistungspotenzial* (*Performance potential*) gibt an, welchen Beitrag die IuK-Technik und damit die *Informationsfunktion* zum Unternehmenserfolg leistet.
(b) Das *Erfolgspotenzial* (*Success potential*) beschreibt die Fähigkeit der IuK-Infrastruktur, das *Leistungspotenzial* umzusetzen.
(c) Der *Stellenwert* des Informationsmanagements resultiert aus dem *Leistungspotenzial* der *Informationsfunktion* und dem *Erfolgspotenzial.*

Abhängig vom individuellen Stellenwert des Informationsmanagements im Unternehmen ergeben sich für dieses explizite Ziele und Aufgaben. Generelles Ziel des Informationsmanagements ist die Unterstützung des Leistungspotenzials der Informationsfunktion bei der Erreichung der strategisch gesetzten Ziele im Unternehmen durch das Informationssystem. [HEINRICH et al. 2004 S. 20]

2.4 Definition des Rahmenwerkbegriffes

Die Entwicklung der Rahmenwerke ist eng mit der zunehmenden Bedeutung von Enterprise Architectures verbunden. Das Konzept, mithilfe einer Architektur eine Enterprise bzw. ein Informationssystem zu beschreiben, ist Mitte der 1980er aufgekommen. Als einer der Vorreiter auf dem Gebiet der Enterprise Architecture Frameworks erkannte John Zachman frühzeitig den Bedarf an logischen Strukturen (in diesem Fall in Form einer Architektur), um die Integration von Komponenten in ein System richtig zu definieren und zu kontrollieren. [ZACHMAN 1987 S. 276] Entsprechend veröffentlichte er 1987 seinen Artikel *„A Framework for Information Systems Architecture"*. In dieser Abhandlung zieht er Parallelen von einem Informationssystem zur klassischen Architektur und zum Flugzeugbau und erkennt, dass die verschiedenen Arbeitsmittel (Bauzeichnungen, Bestellungen, Lieferscheine) verschiedene Blickwinkel auf den Hausbau bzw. die Flugzeugkonstruktion bieten. Zachman erkannte, dass die verschiedenen Beteiligten individuelle Anforderungen an die Art der Arbeitsmittel stellen, um so das Vorhaben effektiv zu unterstützen. Sprich: Er führte das Prinzip der unterschiedlichen Sichtweisen auf ein System ein.

Nach Zachman wurden viele weitere Rahmenwerke mit den unterschiedlichsten Intentionen und Zielgruppen entwickelt und publiziert. Einige Rahmenwerke wurden nicht explizit entwickelt, sondern entstanden auf Basis der Erfahrungen realisierter Projekte. Federführend in der Entwicklung – sicher auch aufgrund des Bewusstseins über die Vorteile von Rahmenwerken – zeigten sich stets das Militär und die USA mit ihren Bundesbehörden. 1996 erließ das Weiße Haus das Clinger-Cohen Act und unterstrich damit die Notwendigkeit von bundesbehördlichen Rahmenwerken und Richtlinien. Dieses Gesetz wies die Chief Information Officers (CIO) der Regierungseinrichtungen an, Architekturen zur Unterstützung der Integration von Geschäftsprozessen und damit zur Erreichung von behördlichen Zielen mittels IT zu fördern, zu entwickeln, zu implementieren und zu warten. [MINOLI 2008 S. 142] Ein Schritt, der mit dem E-Government Act von 2002 erneut bekräftigt wurde. [GAO 2003 S. 4]

Modellcharakter von Rahmenwerken

Macht man sich auf, um eine Definition für den Begriff *Rahmenwerk* zu recherchieren, stellt man schnell fest: Es gibt mindestens so viele Definitionsansätze und Ansichten zum Umfang eines Rahmenwerkes, wie Rahmenwerke selbst auf dem Markt existieren. Oftmals ist die Auffassung und das Verständnis des Begriffs „Rahmenwerk" einleitender Bestandteil der Konzeptbeschreibungen. Bei genauerer Analyse der Definitionen lassen sich grundsätzliche Übereinstimmungen erkennen; so ist gerade der Modellcharakter eines Rahmenwerkes von zentraler Bedeutung.

Definition 2.7: *Ein Modell ist ein System, „welches durch eine zweckorientierte, abstrakte Abbildung eines anderen Systems entstanden ist."*

[KRALLMANN et al. 2002 S. 32]

Rahmenwerke erfüllen entsprechend ihrem Modellcharakter die drei charakteristischen Merkmale für Modelle:

(a) *Abbildungsmerkmal:* Rahmenwerke sind abstrakte Abbildungen der Originale. Dabei weisen sie eine gewisse Ähnlichkeit zu den Urbildern auf. Übertragen auf die Rahmenwerk-Praxis: Die „Originale" und „Urbilder" sind die (IT-)Systeme der Unternehmen, Organisationen und Einrichtungen.

(b) *Verkürzungsmerkmal:* Infolge des selektiven Bewusstseinsprozesses werden relevante Eigenschaften des Systems unterstrichen und unwesentliche Aspekte vernachlässigt. [KRALLMANN et al. 2002 S. 33] Rahmenwerke erfüllen dieses Verkürzungsmerkmal bspw. durch die Bereitstellung von Sichtweisen (Viewpoints),[1] mit deren Hilfe bestimmte Sichten (Views)[2] auf relevante Aspekte einer Architekturbetrachtung offeriert werden.

(c) *Pragmatisches Merkmal* (Sinn für das Nützliche): Die Fragen aus der Modelltheorie zur Charakteristik des *pragmatischen Merkmals* eines Modells können im Bezug auf Rahmenwerke folgendermaßen formuliert werden: *Welches Problem wird durch das Rahmenwerk gelöst? Für wen ist das Rahmenwerk?/Wer ist der Nutzer des Rahmenwerkes? Was ist der Zweck des Rahmenwerkes?*

Strukturierung durch Rahmenwerke

Rahmenwerke geben bei den komplexen Architekturbeschreibungen[3] von Informationssystemen Orientierungshilfe. Mithilfe von Rahmenwerken und den von ihnen angeführten Sichtweisen kann die Architekturbetrachtung nach unterschiedlichen Aspekten erfolgen. So unterscheidet das ARIS-Konzept nach Organisations-, Daten-, Steuerungs-, Funktions- und Leistungssicht. [IDS 2008 S. 6] Neben verschiedenen Sichtweisen teilen Rahmenwerke eine Architektur in Schichten. Bei dieser Ebenentrennung erfolgt mindestens die Unterscheidung von fachlicher,

---

[1] Eine Sichtweise (Viewpoint) beschreibt, mit welchen Mitteln eine Sicht erfolgen kann. Infolge der Definition von Zielen und Zielgruppen sowie Techniken für die Erzeugung und Analyse von Sichten ergeben sich Pattern und Templates für die zu entwickelnden individuellen Sichten. [ISO/IEC 42010:2007 S. 4]

[2] Eine Sicht (View) stellt eine nach inhaltlichen Schwerpunkten ausgerichtete Repräsentation des Gesamtsystems dar – sie beschreibt, was man sieht. [ISO/IEC 42010:2007 S. 3]

[3] Eine Architekturbeschreibung versteht sich als Repräsentation eines definierten Bereiches mit dessen Komponenten und Teilen zu einem gegenwärtigen oder zukünftigen Zeitpunkt. Dabei ist zu beschreiben, wie und unter welchen Bedingungen die Komponenten funktionieren und in Verbindung zueinander oder der Umwelt stehen. [DoDAF 2007 S. 1–6]

logischer und physischer Ebene. Beides – Sichten und Ebenen – werden im jeweiligen Metamodell des Rahmenwerks spezifiziert und bilden das Architektur-Referenzmodell des Rahmenwerkes.

Als kleines und primitives Beispiel kann die Betrachtung eines Pflegebettes angeführt werden: Auf physischer Ebene ist es ein Betriebsmittel mit Rädern und Liegefläche, welches eine Ressource für den auf fachlicher Ebene modellierten Geschäftsprozess darstellt. Aus funktioneller Sicht dient das Bett der Erfüllung bestimmter Aufgaben wie bspw. dem Patiententransport. Aus organisatorischer Sicht ist die Zuordnung des Pflegebettes zu bestimmten Stationen, eine Liste der belegten und freien Betten bzw. die Liste mit den zu wartenden und zu prüfenden Betten von Interesse. Aus betriebswirtschaftlicher Sicht sind insbesondere die folgenden Daten interessant: Anschaffungsjahr, Anschaffungskosten, Bettauslastung usw.

Entsprechend dieser Grundabsicht zur Strukturierung definiert [FEAF 1999 S. C-6] den Begriff Rahmenwerk als Hilfsmittel, um die komplexe Informationslandschaft zu klassifizieren und zu organisieren. Damit weist diese Definition gleichzeitig auf den Anspruch der Rahmenwerke hin, Komplexitäten zu reduzieren.

Definition 2.8: *"Framework is a logical structure for classifying and organizing complex information"*

[FEAF 1999 S. C-6]

Methodisches Vorgehen durch Rahmenwerke

Rahmenwerke stellen Methodiken und Werkzeuge bereit, welche beginnend bei der Analysearbeit über den Entwurf bis hin zur Implementierung und dem kontinuierlichen Change Management die fortwährende Architekturentwicklung unterstützen. Mit ihren Vorgehens- und Architektur-Referenzmodellen bieten sie Techniken zur Herstellung von Integration und führen Vorgehensweisen für Projekte im Informationsmanagement an. Zu sprichwörtlich mächtigen Werkzeugen können sich Rahmenwerke in Kombination mit anderen Standards oder Werken entwickeln. Unterstützung bei der Modellierung der Informationssysteme finden die Rahmenwerke in den Modellierungsmethoden bzw. -sprachen (Ereignisgesteuerte Prozessketten – EPK, Unified Modeling Language – UML usw.).

Definitionen 2.9: *A framework "provides the guidance and rules for developing, representing, and understanding architectures."*

[DoDAF 2007 S. ES-1]

(Enterprise) Framework "is a business and engineering recipe (i.e., a blueprint, a set of instructions, a specification) for the construction of an (enterprise) architecture."

[GOIKOETXEA 2007 S. 3]

Intention/Zielgruppe eines Rahmenwerkes

Je nach Ausrichtung der Rahmenwerke werden bestimmte Anwendungs- und Problembereiche bedient.

> **Definition 2.10:** *FEAF "is intended to provide federal agencies with a common construct for their respective architectures, thereby facilitating the coordination of common business processes, technology insertion, information flows, and system investments among federal agencies."*
>
> [GAO 2003 S. 2]

Die Schwerpunkte der Rahmenwerke reichen von der Unterstützung von *Computer Integrated Manufacturing* (*CIM*) über Anleitungen zur Bewertung des EA-Entwicklungsfortschrittes bis hin zur Unterstützung militärischer Fähigkeiten infolge rahmenwerkskonformer Integration von Waffensystemen. Die Spanne der Orientierungen der Rahmenwerke ist sehr umfangreich und deckt nicht nur den großen und vorantreibenden Verwaltungs- und Militärbereich ab, sondern auch die E-Government-Bestrebungen einzelner Länder oder die Bemühungen von Herstellervereinigungen für einheitliche Produktspezifikationen und -schnittstellen. Entsprechend diesen ursprünglichen Intentionen, welche mit der Entwicklung eines Rahmenwerkes verbunden waren, ordnet [FEURER 2007 S. 4] – wenn auch sehr unvollständig – die Rahmenwerke in:

(a) *Government and Authoritative Frameworks* – Rahmenwerke, die zur Unterstützung öffentlicher Einrichtungen und des Militärwesens entwickelt wurden. Ursprüngliche Idee der militärischen Rahmenwerke war die Schaffung einer Standardarchitektur zur Unterstützung von Integration und Interoperation. Mithilfe derartiger Rahmenwerke und dem damit geschaffenen Standard sollten multinationale Militäroperationen ermöglicht werden.

(b) *Vendor-Specific Frameworks* – Rahmenwerke, die maßgeblich von (Software-) Herstellern entwickelt wurden. So spiegeln diese Rahmenwerke die Erfahrungen der Unternehmen bei großen Projekten wider (u. a. in Form von Vorgehens-Referenzmodellen), oder sie offerieren Standardansätze für Produkte, um so herstellerübergreifend einen gewissen Grad an Konformität zu erzielen.

(c) *Miscellaneous Frameworks* – alle anderen Rahmenwerke, mit deren Hilfe bspw. bestimmte Aufgaben der Industrie unterstützt werden.

Unter Berücksichtigung aller am Markt publizierten Rahmenwerke und deren Intentionen reicht diese Dreiteilung nicht aus. So bedarf es mindestens der Ergänzung um die von mir definierte Gruppe der Add-on Frameworks. Diese Gruppe würde alle Rahmenwerke mit ergänzendem bzw. unterstützendem Charakter gegenüber den „klassischen" Rahmenwerken wie Zachman EAF, TOGAF und anderen zur Entwicklung einer Architekturbeschreibung beinhalten.

Eine umfassende Definition für den Begriff Rahmenwerk, die alle genannten Aspekte integriert, wird von The Open Group[4] angeführt:

Definition 2.11: *A Framework "is a tool which can be used for developing a broad range of different architectures. It describes a method for designing an information system in terms of a set of building blocks, and for showing how the building blocks fit together. It contains a set of tools and provides a common vocabulary. It also includes a list of recommended standards and compliant products that can be used to implement the building blocks."*

[VAN HAREN 2007 S. 5]

2.5 Das Für und Wider der Verwendung von Rahmenwerken

Unterstützung des Geschäftszwecks

Wie *The Open Group* anführt, beabsichtigen alle Rahmenwerke zur Architektur-Entwicklung, das Unternehmen bzw. die Einrichtungen bei der Erreichung von definierten Zielen zu unterstützen: *„The primary reason for developing an Enterprise Architecture is to support the business [...]"* [VAN HAREN 2007 S. 5] Jedes Unternehmen, welches auf IT angewiesen ist, kann durch Rahmenwerke Unterstützung erfahren. Je nach Intention des Rahmenwerks erfolgt dies auf unterschiedlichste Art und Weise.

Komplexitäten beherrschen

Eine Unternehmung zu beherrschen, bedeutet Komplexitäten zu beherrschen – auch und insbesondere infolge des Übergangs von zentral orientierten Unternehmen zu dezentralen Strukturen. Klare Definition der Verantwortlichkeiten, entsprechend der Zielgruppen aufbereitete Arbeitsmittel (bspw. in Form von Sichtweisen gemäß dem Zachman EA Framework), transparente und überschaubare Strukturen, Empfehlungen von Modellierungstechniken (wie es etwa vom *ARIS-Konzept* ausgeführt wird) und ein effizientes, an den Geschäftszielen orientiertes Projektmanagement (bspw. bemessen und eingeordnet gemäß dem Rahmenwerk *EAMMF*) sind nur einige der Komplexität reduzierenden Ansätze von Rahmenwerken.

[4] The Open Group ist ein von Herstellern und Technologien unabhängiges Konsortium, um neue Industriestandards zu entwickeln. So wurde auch das marktstarke Rahmenwerk *TOGAF* von *The Open Group Architecture Forum* entwickelt.

Flexibilität und Versatilität

Aus dem Lateinischen übersetzt, bedeutet *flexi* in etwa *biegen, wenden, richten* [STOWASSER et al. 2007 S. 212] und beschreibt damit das Änderungsvermögen und -potenzial eines Systems. Zum einen wird Flexibilität durch extern wirkende Ereignisse vom Unternehmen gefordert und zum anderen zeigt sich das Unternehmen selbst versatil, wenn es Chancen der Innovation wahrnimmt. Die verkürzte Lebenserwartung einer Applikation[5] ist nur ein Beispiel, auf das mithilfe von Rahmenwerken reagiert werden muss und kann.

Entscheidungshilfe leisten

Zur Unterstützung diverser Bestrebungen bieten Rahmenwerke verschiedenste Methoden und Werkzeuge. Dies reicht je nach Rahmenwerk von der Systemanalyse über den Systementwurf bis zur Bewertung des Entwicklungsfortschrittes einer EA-Bestrebung. So schätzen 16 von 100 EA-Nutzern die Unterstützung bei Entscheidungsfragen mittels EA. [SCHEKKERMAN 2005 S. 6] Für diese und andere Aufgabenbereiche empfehlen Rahmenwerke Vorgehensweisen (wie bspw. die *TOGAF ADM*) und führen Entwicklungs- und Modellierungsmethoden an. Die Vereinheitlichung des Methodeneinsatzes ermöglicht eine ganzheitliche Geschäftsprozessmodellierung. Infolgedessen sind zusammenhängende Betrachtungen und damit auch neue Erkenntnisse möglich, was die Grundlage für Entscheidungen darstellt. [IDS 2008 S. 2] Darüber hinaus unterstützen Rahmenwerke, Abhängigkeiten zwischen den verschiedenen Betrachtungsweisen abzubilden, sodass Auswirkungen von Aktivitäten einer Ebene (bspw. der fachlichen) auf andere (bspw. der logischen) erkennbar werden.

Standardisierung gewährleisten

Für den Begriff *Standard* führt das Langenscheidt Fremdwörterbuch *Richtwert, Eichmaß, Normung, Durchschnittsbeschaffenheit, Allgemeinwert, Mittelwert eines häufig auftretenden Merkmals* als Beschreibung an. Zusammenfassend kann man sagen, dass eine Standardisierung eine Vereinheitlichung darstellt, um – wie in unserem Fall – Kompatibilitätsproblemen zwischen IS vorzubeugen. Rahmenwerke haben auch einen Standard gebenden Charakter. So sollen für Partner verbindliche Rahmenwerke (im Sinne von standardisierten Technologien und Nomenklaturen) die Interoperabilität und Integration ihrer IS sicherstellen. Eine Forderung, die insbesondere seitens des Militärs erfolgt, wie die Intention des aus militärischer Hand stammenden *C4ISR* beweist.

---

[5] Ging man Mitte der 1970er Jahre von einer Lebenserwartung von 10–15 Jahren für eine große Applikation (bspw. ein Buchhaltungssystem) aus, so ist die Lebenserwartung mittlerweile auf 5 Jahre geschrumpft. [MASAK 2005 S. 11]

Integration unterstützen

Die Zeiten, als IS noch Insellösungen darstellten, sind lange vorbei. Um mit Informationen effektiv wirtschaften zu können, bedarf es eines regen Austauschs. Sprich: IS sind zu integrieren – auf gleicher Ebene und auch hierarchieübergreifend Verbindungen zu schaffen, um einen durchgängigen Informationsfluss zu erreichen. [HILDEBRAND 2001 S. 23] Unter Integration versteht man den Zusammenschluss von Teilen zu einem qualitativ verbesserten Ganzen. Rahmenwerke bieten Techniken zur Schaffung von bspw. Daten-, Funktions-, Präsentations- und Kontextintegration.

Interoperabilität

Die Forderung nach Effizienz und Interoperabilität autonomer Systeme wird auch mithilfe von Rahmenwerken erfüllt. So kann bspw. mithilfe der *Technical View* des *C4ISR* die minimale Menge von veränderbaren Regeln und Standards dargestellt werden, um Interoperabilität und damit die Zusammenarbeit zwischen den Systemen verschiedener Hersteller zu gewährleisten. [AWG 1997 S. 2–3]

Ganzheitlichkeit

Nur eine ganzheitliche Sicht auf die Ereignisse im Unternehmen ermöglicht, die Zusammenhänge und damit auch Abhängigkeiten oder Redundanzen zu erkennen und entsprechend Optimierungen vorzunehmen. [IDS 2008 S. 1]

Strukturierung

Infolge der allgegenwärtigen Schnelllebigkeit ist die Schaffung möglichst flexibler Strukturen und die Ausrichtung der betrieblichen Abläufe an diese Strukturen eine existenzielle Forderung an Unternehmen. [IDS 2008 S. 1] Eine Herausforderung, welche mithilfe von Rahmenwerken erfüllt werden kann: ist doch *Strukturierung* eng mit *Architektur* verbunden und der Architekturansatz ständiger Grundtenor der Rahmenwerke. Eine Strukturierung auf unterschiedliche Sichtweisen fördert deren Verständnis, reduziert Komplexitäten und unterstützt Aspekte wie Outsourcing, Modularisierung, Wiederverwendbarkeit und Wartung.

Datenmanagement unterstützen

Ein vollständig in den gesamten Geschäftsprozess integrierter Informationsfluss geht mit einem permanenten Zugriff auf relevante Daten und Dokumente einher, über Abteilungen und Standorte hinweg. [BULLINGER et al. 2003 S. 854] Entsprechend ist ein ausgeklügeltes Datenmanagement erforderlich, das bspw. durch die Datensicht des ARIS-Hauses unterstützt wird. [IDS 2008 S. 6]

Geschäftsprozesse mit der IT-Infrastruktur verbinden

So sind bspw. mithilfe des OBASHI Frameworks Aussagen zu zwingend erforderlichen Hardwareressourcen möglich.

Geschäftsprozesse optimieren

Infolge der Verfügbarkeit dezentraler IS und deren Möglichkeit zur Vernetzung mit integrierten Systemlandschaften reduzierte sich das Optimierungspotenzial bzgl. Systemgestaltung und -integration auf natürliche Weise; so widmet man sich heutzutage eher den Einsparpotenzialen im organisatorischen Bereich von Unternehmen und den damit verbundenen fachlichen Fragen. Eine Aufgabe, für die sich gerade *ARIS* erkoren sieht. [IDS 2008 S. 1]

Sicherheit erhöhen

Aspekte der Sicherheitsarchitektur erstrecken sich über alle Ebenen der EA. Ein kurzer Blick zurück auf die Abb. 2.1 verdeutlicht dies. Rahmenwerke wie bspw. *SABSA* unterstützen bei der Entwicklung einer Sicherheitsarchitektur: Sicherheitsprozesse sowie technische Sicherheitslösungen und Anweisungen an die Personen und Organisationseinheiten im Unternehmen sind darin formuliert.

Heutzutage wird online gearbeitet. So ist nicht nur bei besonderen Unternehmensformen wie Extended und Virtual Enterprises eine Öffnung der informationsverarbeitenden und -lagernden Systeme erforderlich: Effiziente E-Commerce- und E-Government-Lösungen basieren auf Schnittstellen zwischen den Partnern und Dynamic Enterprises auf mobilen Endgeräten. Unter Berücksichtigung der Informationssicherheit sind folgende Punkte bei der Öffnung zu beachten:

- *Vertraulichkeit* bspw. durch Benutzer-Autorisierung
- *Integrität* (Schutz vor Datenverlust und vorsätzlicher Veränderung der Daten) bspw. durch die Verwendung von Prüfsummenverfahren bei Datenübermittlung und -speicherung
- *Verfügbarkeit* bspw. durch Vorbeugung von Systemausfällen

Bei einer Unterbrechung der Datenverbindung wird die Datenbankkonsistenz systematisch gewährleistet. Der Mensch hingegen stellt ein unberechenbares

Sicherheitsrisiko dar. Wird dem Minister das Notebook aus dem Dienstwagen gestohlen, gibt es kein Rollback zur Wiederbeschaffung. Um auch in solchen peinlichen Fällen den Schaden gering zu halten, sind entsprechende Konzepte in der Sicherheitsarchitektur zu berücksichtigen.

Unterstützung bei der Mitarbeiterausbildung

Rahmenwerke unterstützen bei der Modellierung und damit bei der Dokumentation der Aktivitäten. Mithilfe der richtigen Repräsentationsmittel können bspw. die entwickelten Enterprise Architectures zur Ausbildung der Mitarbeiter verwendet werden. [MASAK 2005 S. 10]

Investitionsaufwand

Die Einführung und Entwicklung einer Enterprise Architecture stellt eine hohe Investitionsleistung dar. Dabei sind oftmals die eigentlichen Anschaffungskosten für die Konzeptbeschreibung der Frameworks gegenüber den Lizenzkosten für Softwaretools und externes Know-how verschwindend gering.

Treibende Kräfte erforderlich

Die Nutzung eines Rahmenwerkes kann – wie bei vielen großen Projekten allgegenwärtig – nicht von einer einzigen Person gestemmt werden. Auch sind es nicht nur die Helfer auf technischer Ebene, die oftmals mit der eigentlichen Projektumsetzung betraut werden. Ein solches Vorhaben, wie bspw. die kontinuierliche Entwicklung einer Enterprise Architecture, muss die volle Unterstützung der Geschäftsleitung und damit der Entscheidungsträger erfahren.

Erfolgsfaktor: Erfahrung

Das Thema Rahmenwerke ist sehr komplex, entsprechend schwierig gestaltet sich auch die tatsächliche Praxisanwendung. Erfahrungen auf diesem Gebiet ermöglichen ein effizienteres Arbeiten und reduzieren die Projektrisiken. [MASAK 2005 S. 10] Der Einkauf externer Kompetenzen sollte auf jeden Fall überprüft werden.

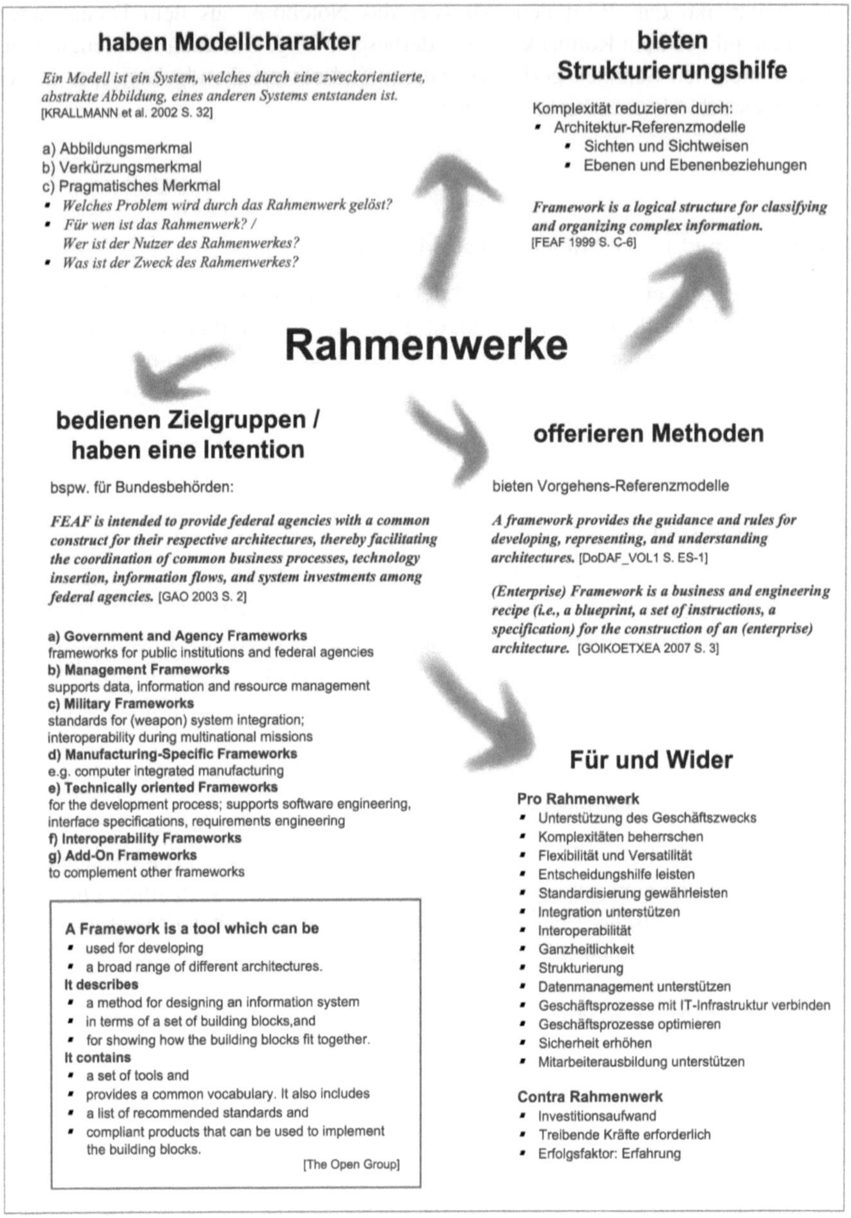

Abb. 2.4 Konspekt zum Grundlagenkapitel Rahmenwerke

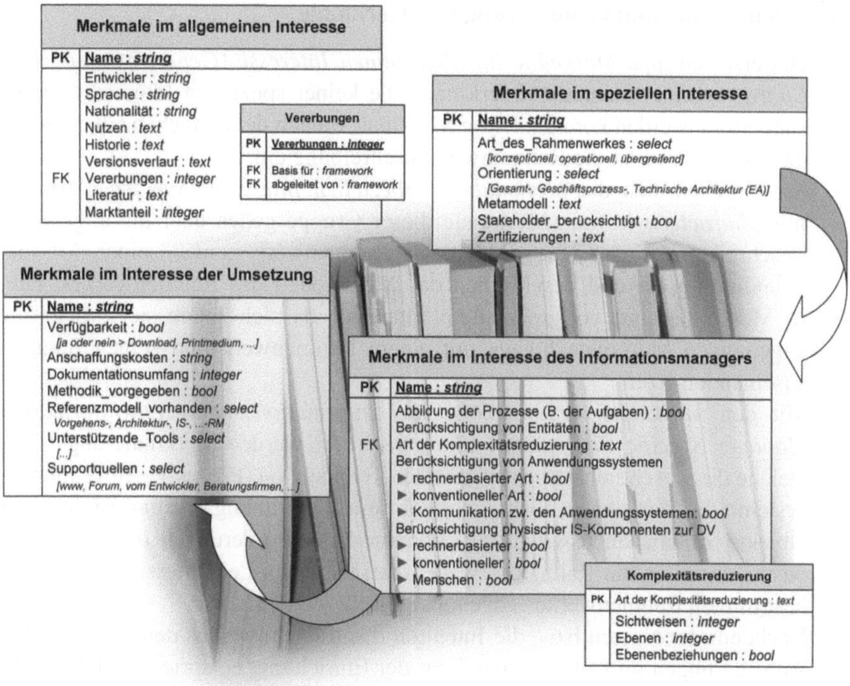

Abb. 2.5 Merkmale im Überblick

2.6 Merkmale von Rahmenwerken

Um Rahmenwerke einheitlich zu beschreiben und somit gegenüberzustellen, ist die Definition von verbindlichen Merkmalen erforderlich. Eine detaillierte Beschreibung einzelner Rahmenwerke anhand der Merkmale erfolgt im vierten Kapitel.

Neben den folgend angeführten Merkmalen können individuelle Merkmale für das jeweilige Unternehmen genannt werden. Derartige Merkmale sind bspw. Wirtschaftlichkeit, Kosten für die Umsetzung und Durchsetzbarkeit.

Das Merkmal „Grad der Praxis-Übertragbarkeit“ eines Rahmenwerkes könnte anhand einer „Norm-Architektur“ überprüft werden. Eine solche „Norm-Architektur“ ist dann aber mit Blick auf die Individualität und das unterschiedliche Branchenspezifikum nicht mehr allgemeingültig. Bzw. wäre das Merkmal infolge der Allgemeingültigkeit wenig aussagefähig. Darüber hinaus entsprangen die Rahmenwerke einer bestimmten Intention (E-Government, Softwareentwicklung, Militär usw.), sodass sie zumindest ihrem ursprünglichen Umfeld entsprechen und diesem genügen. Es liegt jedem Architekten frei, zusätzliche Merkmale wie bspw. „Grad der Praxis-Übertragbarkeit“ für sich zu definieren.

Systematisierung und Gruppierung der Merkmale

(1) Die erste Gruppe *Merkmale im allgemeinen Interesse* (*General Comparison Characteristics*) beinhaltet Merkmale, die keiner speziellen Interessengruppe zugeordnet werden können. Diese Merkmale dienen der einfachen Charakteristik und leiten somit die Rahmenwerkbeschreibung ein.

(2) Es schließen sich die *Merkmale im speziellen Interesse* (*Specific Comparison Characteristics*) an. Merkmale dieser Gruppe gehen über die allgemeine Beschreibung hinaus. Sie ordnen das Rahmenwerk gemäß seiner Art und Orientierung ein und beschreiben das Metamodell des Rahmenwerkes. Diese Merkmale sind von speziellem Interesse, da sich Interessierte über die allgemeinen Merkmale hinaus mit einem Rahmenwerk und seinen Inhalten auseinandersetzen.

(3) Mit den *Merkmalen im Interesse des Informationsmanagers* (*Information Manager Specific Comparison Characteristics*) werden Merkmale angeführt, welche die wesentlichsten Aspekte eines IS darstellen (Prozesse, Anwendungssysteme, Informationen, Sichtweisen auf ein IS, Ordnung erkenntnisrelevanter Objekte zu Ebenen usw.). Damit können die Anforderungen des Informationsmanagers an ein Rahmenwerk dem tatsächlichen Leistungsspektrum eines bestimmten Rahmenwerkes gegenübergestellt werden.

(4) Nachdem der Nutzen bzw. die Intention des Rahmenwerkes den individuellen Anforderungen im Unternehmen bzw. der Einrichtung entspricht und das Rahmenwerk auch allen Anforderungen seitens des Informationsmanagers genügt, kann es bspw. zur Entwicklung der eigenen Architekturbeschreibung verwendet werden. Hierfür lassen sich *Merkmale im Interesse der Umsetzung* (*Builder Specific Comparison Characteristics*) anführen, welche bspw. die Frage nach Supportmöglichkeiten berücksichtigt.

2.6.1 Merkmale im allgemeinen Interesse

Name eines Rahmenwerkes

Die Rahmenwerke werden meistens mit einer Abkürzung benannt. Wie diese Abkürzung ausgeschrieben lautet und wie das Rahmenwerk ggf. umgangssprachlich bezeichnet wird, dokumentiert dieses Merkmal.

Entwickler des Rahmenwerkes

Gerade im Bezug auf Abhängigkeiten und Einflüsse, die bei der Entwicklung eines Rahmenwerkes gewirkt haben, aber auch mit Blick auf das Recht des geistigen Eigentums bzw. als Grundlage für weitere Recherchen und ggf. persönliche Nachfragen ist es von Interesse, wer das Rahmenwerk „aus der Taufe gehoben“ hat bzw. es momentan weiter vorantreibt.

Sprache der Rahmenwerkbeschreibung

In einer Zeit, in der die englische Sprache als allgemein verständlich angesehen wird, erscheint die Angabe der Muttersprache des Rahmenwerkes eigentlich überflüssig. Aber nicht ganz, gibt es doch auch Rahmenwerke, die nicht in englischer Sprache dokumentiert sind.

Nationalität

Bei der Nationalität wird das Herkunftsland des Rahmenwerkes angegeben. Dies ist ein Merkmal, dessen Notwendigkeit im Merkmalsraster auf den ersten Blick fraglich scheint. Allerdings erfüllt dieses Merkmal nicht nur den Anspruch der Vollständigkeit einer Rahmenwerkbeschreibung. Vielmehr lässt sich daraus, bspw. durch Gegenüberstellung mit anderen Rahmenwerken und deren Ursprungsländern, auch die interessante Erkenntnis ziehen, dass die USA die Hochburg der Enterprise Architecture Frameworks sind.

Nutzen

Unter diesem Merkmal werden der Nutzen und damit die grundlegende Intention des Rahmenwerkes kurz beschrieben. Damit ist eine schnelle und grundlegende Einordnung des Rahmenwerkes hinsichtlich Ihrer persönlichen Anforderungen möglich.

Historie

Welche Ambitionen verfolgten die Entwickler und unter welchen Umständen entstand die erste Version? Diese und andere Fragen soll dieses Merkmal berücksichtigen und damit den historischen Werdegang des vorgestellten Rahmenwerkes widerspiegeln.

Versionsverlauf

Dieses Merkmal gibt Hinweise auf die Versionsentwicklung, die Release-Abstände und schließlich die aktuell verfügbare Version. Dies offenbart Interpretationsspielraum bzgl. der Aktualität eines Konzeptes oder des Engagements hinter einem Rahmenwerk. Gegebenenfalls wird auf die Einstellung der Weiterentwicklung des Rahmenwerkes hingewiesen.

Vererbung

Dieses Merkmal gibt an, ob ein Rahmenwerk als *Basis* für andere Rahmenwerke fungiert bzw. ob es diverse Eigenschaften von anderen Rahmenwerken *ableitete*. Unter diesem Merkmal wird bspw. auch angegeben, wenn ein Rahmenwerk von einem anderen ersetzt wurde.

Literatur

An dieser Stelle der Beschreibung werden verschiedene Literaturquellen in Form von Buch- oder Internetreferenzen angegeben, die sich über die eigentliche Konzeptbeschreibung hinaus explizit mit dem Rahmenwerk auseinandersetzen und somit für eine weiterführende Analyse für Interessenten hilfreich sein könnten.

Marktanteil

Als Marktanteil eines Rahmenwerkes wird der prozentuale Anteil am gesamten Anwendermarkt bezeichnet. Der Marktanteil spiegelt die Akzeptanz des Rahmenwerkes wider. Als Quelle werden zwei Studienergebnisse angeführt.

Zum einen wird das Studienergebnis von [FEURER 2007] verwendet. Diese Studie basiert auf 108 Probanden, die im Rahmen zweier Konferenzen in Las Vegas und Amsterdam 2006 befragt wurden. Neben dieser geringen Beteiligung und der Abbrecherquote während der Erfassung[6] kann als weiteres Defizit die mit lediglich zwölf zur Auswahl stehenden Rahmenwerken plus „Andere (bitte angeben)“ unzureichend formulierte Fragestellung nach relevanten Rahmenwerken gesehen werden. Die Befragten stammten zu 28 % aus Nordamerika, 21 % Europa, 18 % Asien, 14 % Lateinamerika, 10 % aus dem Mittleren Osten und 9 % aus Afrika.

Weiterhin wird auf das Studienergebnis von [SCHEKKERMAN 2005] zurückgegriffen. Er erhob im Zeitraum von September 2004 bis September 2005 die Daten von 79 Rahmenwerknutzern. Auf die Frage „What kind of Enterprise Architecture Framework does your organization use?“ gaben 22 % der Befragten an, dass sie eine unternehmenseigene Rahmenwerkvariante verwenden. [SCHEKKERMAN 2005 S.28]

2.6.2 *Merkmale im speziellen Interesse*

Art des Rahmenwerkes

Dieses Merkmal soll die inhaltliche Ausrichtung des zu beschreibenden Rahmenwerkes widerspiegeln. Im Allgemeinen unterscheidet man *konzeptuelle* und *operationelle* Konzepte. [MASAK 2005 S. 19] Dabei sind *konzeptuelle* Rahmenwerke jene, die als inhaltlichen Schwerpunkt Komplexitätsreduktion infolge einer Klassifizierung oder Einordnung des Realen in das theoretische Metamodell des Rahmenwerkes beinhalten. Konzeptuelle Rahmenwerke sind aber auch jene, die

[6] Insgesamt haben 139 Personen an der Studie teilgenommen. Jedoch arbeiteten sich nur 108 bis zur Frage nach relevanten Rahmenwerken durch oder übersprangen diese. Die Auswertung der Studie basiert demnach auf unterschiedlichen Grunddaten. Rückschlüsse durch Vergleich einzelner Erhebungspunkte – bspw. zwischen Herkunft und Branche der Befragten und der Benennung relevanter Rahmenwerke – sind nicht fehlerfrei möglich.

ergänzende Hinweise (bspw. Angaben über notwendige Inhalte einer Architekturbeschreibung) tätigen. Charakteristisch, aber nicht notwendig für konzeptuelle Rahmenwerke, sind Architektur-Referenzmodelle, welche durch die Rahmenwerke angeführt werden. *Operationelle* Werke führen dagegen maßgeblich die Anwendung, einen bestimmten Lösungsweg, eine Umsetzung – eben eine Methode – an. Typisch, aber nicht notwendig für operationelle Rahmenwerke, sind Vorgehens-Referenzmodelle, die in den Rahmenwerken beschrieben sind. Für beide Arten von Architekturen haben sich Rahmenwerke prädestiniert. In der folgenden Beschreibung wird ein Rahmenwerk als *konzeptuell* (ein sehr guter Vertreter ist das Zachman EA Framework), *operationell* (ein sehr guter Vertreter ist die TOGAF ADM) oder als *übergreifend* deklariert. Letzteres kennzeichnet Rahmenwerke, die in ihrem Konzept sowohl konzeptuelle als auch operationelle Ausführungen beinhalten.

Orientierung

Dieses Merkmal gibt an, für welche Architekturausprägung das Rahmenwerk primär Unterstützung leistet. Dabei wird in *Geschäftsprozessarchitektur* bei der vorrangigen Berücksichtigung der fachlichen Ebene mit Abbildung und Unterstützung des unternehmerischen Leistungsprozesses, in *Technische Architektur* bei vorrangiger Berücksichtigung technischer Aspekte oder in *Gesamtarchitektur* bei Berücksichtigung der Betrachtung von Geschäftsprozessen und technischen Belangen gleichermaßen unterschieden.

Metamodell

Ein Rahmenwerk dient unter anderem der Komplexitätsreduzierung. Um dies zu erfüllen, nimmt das Rahmenwerk eine Abstraktion der Realität vor. Die Art und Weise der Systematisierung sowie des Zusammenwirkens der einzelnen Komponenten werden im rahmenwerkspezifischen Metamodell beschrieben. Mit Betrachtung dieses Merkmals wächst das Verständnis über das vom Rahmenwerk angebotene Leistungsspektrum: Wozu dient das Rahmenwerk? Welche Ansätze liegen dem Rahmenwerk zugrunde und sind diese mit meinen individuellen Anforderungen vor Ort vereinbar? Kann ich bestimmte Ansätze des Rahmenwerkes eventuell adaptieren? Diese und weitere Fragen kann der Leser für sich erst nach diesem detaillierten Blick auf das rahmenwerkspezifische Metamodell beantworten.

Berücksichtigung der Stakeholder und treibenden Kräfte

Ein Stakeholder ist eine natürliche oder juristische (bspw. eine Institution) Person, die am Verlauf oder dem Ergebnis des Projektes interessiert sind. Im Gegensatz zu den Stakeholdern haben die „treibenden Kräfte" nicht nur ein Interesse am Projekt, sondern entscheiden auch über Anschaffungen von Produkten und Lösungen. Wie bei Projekten generell stellt die richtige Einbeziehung aller Beteiligten einen wesentlichen Erfolgsfaktor für die gesamte Bestrebung dar. Der Projektfaktor Mensch ist damit ein Erfolgsfaktor von elementarer Bedeutung. Soll bspw. im Rahmen einer

IT-Planung der aktuelle und zukünftige Stand einer Architektur beschrieben werden, sind u. a. das Engagement und die Zustimmung einer Vielzahl von beteiligten Personen erforderlich.

Im Rahmen dieser Beschreibung soll die Berücksichtigung dieses Projektfaktors untersucht werden. Das Merkmal beantwortet die Frage, ob seitens der Rahmenwerke diese Notwendigkeit erkannt wurde und so bspw. in der Konzeptbeschreibung auf einzubeziehende Stakeholder hingewiesen wird.

Zertifizierung

Sich an Standards auszurichten bedeutet Investitionssicherheit zu erzielen. So soll dieses Merkmal dokumentieren,

(a) wenn sich das Rahmenwerk in irgendeiner Form nach bestimmten Standards richtet (bspw. sämtliche Inhalte der Architekturbeschreibung den Anforderungen von ISO/IEC 42010 entsprechen),
(b) wenn das Rahmenwerk selbst ein offizieller Standard bzw. ein inoffizieller Quasi-Standard ist,
(c) wenn Möglichkeiten der Zertifizierung rund um das Rahmenwerk existieren. So etwa die Zertifizierung des IT-Architekten nach der Teilnahme an Schulungen oder Verfügbarkeit von zertifizierten Tools, welche bei der Nutzung des Rahmenwerkes unterstützen.

2.6.3 Merkmale im Interesse des Informationsmanagers

Abbildung der Geschäftsprozesse und damit Berücksichtigung der betrieblichen Funktionen

Jede Einrichtung und jedes Unternehmen realisiert einen Leistungsprozess zur Erfüllung von bestimmten betrieblichen Aufgaben und dem Erreichen von definierten Unternehmenszielen. Das IS als Ganzes kann als notwendige Ressource zur Unterstützung des Geschäfts- bzw. Leistungsprozesses verstanden werden. Dementsprechend muss die IS-Architektur der Anforderung der Geschäftsleitung genügen und optimal auf die Prozesse ausgerichtet sein. Dies bedeutet, dass

(a) durch das IS alle notwendigen Ressourcen zur Verfügung stehen müssen und
(b) gemäß der Forderung nach einer optimalen Auslastung das IS nicht überdimensioniert sein darf, sondern dem tatsächlich gegebenen Bedarf entsprechen muss – natürlich unter Berücksichtigung von Flexibilität und Versatilität.

Damit ist ersichtlich, dass die Berücksichtigung der Geschäftsprozesse seitens der Rahmenwerke eine grundlegende Anforderung darstellt. Dies ist Voraussetzung, um die zu entwickelnde Architektur optimal auf die Prozesse auszurichten und diese zu unterstützen.

Art der Komplexitätsreduktion

Ein einzelner Mensch ist oftmals nicht in der Lage, das Gesamtsystem mit allen Abhängigkeiten und Details zu erfassen. Mithilfe von Rahmenwerken und deren IS-Architekturverständnis können die komplexen IS-Architekturkonstrukte handhabbar gemacht werden. Dieses Merkmal gibt die Art der Komplexität reduzierenden Mittel an: Berücksichtigung verschiedener Sichtweisen auf das IS und hierarchische Trennung der IS-Architektur bzgl. entsprechender Ebenen.

Die Ebenentrennung ergibt sich aus der Ordnung der erkenntnisrelevanten Objekte. Die Berücksichtigung von Entitäten (Informationsobjekten) stellt eine zentrale Anforderung an Rahmenwerke dar. Entitäten repräsentieren Personen, Standorte, Konzepte, Gegenstände oder Ereignisse, die bspw. im Kontext eines Unternehmens eine Bedeutung (Information) haben und über Daten gespeichert werden können. [SPEWAK et al.1993 S. 169]

(a) Die ***Sichtweisen*** (*Viewpoints*) offerieren bestimmte Sichten (*Views*) auf ein IS und dessen Architektur. Je nach Intention des Betrachters werden weniger wichtige Aspekte ausgeblendet und wichtige hervorgehoben. So ist zum Beispiel für den Datenmanager die vom Zachman EA Framework offerierte Datensicht von besonderem Interesse. Insgesamt werden im Zachman EA Framework sieben Sichtweisen berücksichtigt. ARIS führt sechs Sichtweisen an, wieder andere nur vier (bspw. CIMOSA und E2AF) oder drei (bspw. ArchiMate) und einige sogar nur eine einzige Sichtweise (bspw. AGATE) auf eine Architektur. Diese Sichtweisen auf die IS-Architektur erfolgen immer über alle definierten Ebenen hinweg.

(b) Das IS-Architekturverständnis eines Rahmenwerkes ist durch hierarchische ***Ebenentrennung*** gekennzeichnet. Die Ebenenbildung ist das Ergebnis einer funktionellen Ordnung der IS-Komponenten. Klassischerweise sollte durch ein Rahmenwerk mindestens zwischen fachlicher, logischer und physischer Ebene unterschieden werden.

(c) Wie bereits in Abschn. 2.5 „Das Für und Wider der Verwendung von Rahmenwerken" erwähnt, verbinden Rahmenwerke die Geschäftsprozesse der Unternehmung mit der IT-Infrastruktur. Entsprechend bedarf es der Berücksichtigung von Verbindungen (***Ebenenbeziehungen***) zwischen den soeben unterschiedenen Ebenen durch Rahmenwerke. Eine Forderung, die vom OBASHI Framework sehr gut erfüllt wird. Entsprechend den Wechselwirkungen zwischen den Ebenen sind Rückschlüsse bei der Betrachtung einer Architekturbeschreibung möglich. So kann etwa zwischen der fachlichen und der logischen Ebene die folgende Frage beantwortet werden: Welche Anwendungssysteme sind zur Realisierung der Aufgabe „Abrechnung" notwendig? Oder im Umkehrschluss: Welche Anwendungssysteme sollten am Monatsende, wenn die innerbetriebliche Gesamtabrechnung ansteht, möglichst nicht ausfallen? Die Ebenenbeziehungen zwischen der logischen und physischen Ebene drücken aus, welche physischen Komponenten für den Betrieb der Anwendungssysteme erforderlich sind. Zum Beispiel kann folgende Frage beantwortet werden:

Welche Komponenten der Telekommunikationsanlage müssen betriebsbereit sein, damit die Anruferkennungssoftware funktioniert? Natürlich sind somit auch Rückschlüsse über mehrere Ebenen hinweg möglich: Welcher Datenbankserver hinter welchem Switch muss angeschaltet sein, damit Sekretärin Müller die Arbeitspläne genieren kann? Diese Frage ist mit dem OBASHI Framework einfach zu beantworten.

Gemäß dem Sprichwort „Aller Anfang ist schwer" bieten Rahmenwerke mit ihren Vorgehens-Referenzmodellen einen roten Faden, der bei Projekten, Architekturbeschreibungen usw. anleitet. Obwohl diese Vorgehensbeschreibungen ein typisches Komplexität reduzierendes Mittel darstellen, erfolgt ihre Betrachtung unter einem gesonderten Merkmal.

Berücksichtigung von Anwendungssystemen

Anwendungssysteme (auch als Anwendungskomponente bezeichnet) sind innerhalb von IS eigenständige Aufgabenträger zur Datenverarbeitung. [HAAS 2005 S. 35] Dabei stellen sie Subsysteme des IS dar. Die Anwendungssysteme sind auf den IS-Komponenten installiert. Sie können sowohl rechnerbasierter als auch konventioneller Art sein. Das auf einem Server installierte Buchhaltungsprogramm ist ein Beispiel für ein rechnerbasiertes Anwendungssystem.

Ein Archivsystem kann als konventionelles Anwendungssystem betrachtet werden. Die verfasste Archivordnung wird von den Archivmitarbeitern eingehalten. Das Regalsystem stellt die physische Ressource dar, auf der die Archivordnung „installiert" ist. Dokumente werden dem Archiv zugeführt, registriert und geordnet abgelegt, sodass bei Bedarf der Zugriff auf das Dokument erfolgen kann.

Der Organisationsplan am Schwarzen Brett ist genauso wichtig wie das Softwaremodul zur Warenerfassung. Dabei kann der ausgedruckte Organisationsplan als konventionelle (papierbasierte) IS-Komponente bezeichnet werden.

Rahmenwerke sollten auch die Verknüpfung der Komponenten untereinander (component interfaces) und der Komponenten zum Nutzer (user interfaces) berücksichtigen.

Durch Abbildung der Kommunikationspfade und Abhängigkeiten werden die Zusammenarbeit der Anwendungssysteme und damit die Verarbeitung, der Transport und die Speicherung von Daten für den Informationsmanager nachvollziehbar.

Berücksichtigung physischer IS-Komponenten

Ohne Rechentechnik geht heutzutage natürlich nichts mehr und somit ist die Berücksichtigung von rechnerbasierten IS-Komponenten unentbehrlich für ein Rahmenwerk. Jedoch dürfen konventionelle Arbeitsmittel nicht vergessen werden. Bei der Betrachtung eines Leistungsprozesses im Unternehmen wird deutlich, dass nicht alles rechnerbasiert erfolgt, sondern auch einmal zu Stift und Zettel gegriffen wird.

Im Zuge der Ebenentrennung wurde die physische Ebene erwähnt. Serverhardware und Netzwerktechnik sind Beispiele für ***rechnerbasierte physische IS-Komponenten***. Akten, Schreibmaschinen, Diktiergeräte, Telefon, Fax, Kopierer, das Auto zum Transport sind ***konventionelle physische IS-Komponenten***.

Auf der physischen Ebene bedarf es aber auch der „Ressource" ***Mensch***. Auch die Sekretärin erfüllt als Komponente des IS die ihr übertragenen Aufgaben, verarbeitet Informationen und sollte somit von einem Rahmenwerk berücksichtigt werden.

Die Geschäftsprozesse der fachlichen Ebene werden durch die Anwendungssysteme der logischen Ebene umgesetzt. Die Anwendungssysteme sind auf den physischen IS-Komponenten der physischen Ebene installiert. Rahmenwerke ermöglichen die Abbildung der Interebenenbeziehungen. Dadurch kann der Informationsmanager Abhängigkeiten darstellen.

2.6.4 Merkmale im Interesse der Umsetzung

Verfügbarkeit

Dieses Merkmal informiert über die Zugriffsmöglichkeiten auf das Rahmenwerkkonzept, d.h. ob das Konzept zum Download, als Buchpublikation oder nur in Verbindung mit einem Beratungsvertrag zur Verfügung steht bzw. auf die Konzeptbeschreibung eventuell gar nicht mehr zugegriffen werden kann.

Anschaffungskosten

Beim Merkmal Anschaffungskosten werden jene finanziellen Aufwendungen angeführt, die für den Einblick in die Konzeptbeschreibung aufgewendet werden müssen.

Dokumentationsumfang

Dieses Merkmal gibt den Umfang der originalen Konzeptbeschreibung durch zahlenmäßige Angabe in A4-Seiten an.

Methodik vorgegeben

Die rein konzeptuellen Rahmenwerke beschränken sich oftmals auf die Abstraktion einer Architektur und deren Komplexitätszerlegung. Die Handhabung, schlichtweg die Vorgehensweise bei der Umsetzung des Konzeptes, wird häufig dem Nutzer selbst überlassen, der dann mehr oder weniger gut, meist intuitiv die Konzeptumsetzung realisiert. [VAN HAREN 2007 S. 13] So stellt es ein Qualitätsmerkmal eines Rahmenwerkes dar, eine Methodik zur Anwendung des Rahmenwerkes bzw. zur Umsetzung des Metamodells vorzuschlagen.

Referenzmodelle vorhanden

Nach dem allgemeinen und nachvollziehbaren Verständnis ist ein Referenzmodell ein Modell, das für den Entwurf eines anderen Modells herangezogen werden kann. Soll bspw. ein bestimmter Leistungsprozess im Unternehmen (die Prüfung und Dokumentation eines Build-to-Order PC-Systems) oder eine Integrationsaufgabe (die Einbindung des Versandsystems des neuen Logistikpartners ins eigene IS) modelliert werden, können Referenzmodelle als Vorlagen dienen. Je nach dem zu modellierenden Sachverhalt lassen sich verschiedene Referenzmodelle typisieren. Ein ***Architektur-Referenzmodell*** kann bei der Modellierung des Istzustandes des Leistungsprozesses „Prüf- und Dokumentationspflicht" verwendet werden. Entweder wird das Architektur-Referenzmodell angepasst oder sogar unverändert übernommen. Bei dem Integrationsprojekt – der Einbindung des Versandsystems – kann neben der Darstellung des Ist- und Sollzustand auch ein Vorgehens-Referenzmodell herangezogen werden.

Gerade bei Rahmenwerken operationeller Art kann die im Konzept geschilderte Methodik als ***Vorgehens-Referenzmodell*** betrachtet werden. Mithilfe des Vorgehens-Referenzmodells kann bspw. ein Projekt Schritt für Schritt durchgeführt werden.

Unterstützende Tools

Auf dem Markt existiert eine Reihe von meist kommerziellen Softwarelösungen bzw. Konzepten, die sich als Hilfsmittel bei der Architekturentwicklung gemäß einem bestimmten Rahmenwerk verstehen. Durch die Hersteller dieser Tools werden die unterstützten Rahmenwerke genannt. Oftmals werden auch von den Rahmenwerkentwicklern selbst Tools zur Umsetzung des Metamodells empfohlen.

Supportquellen

Ohne die Supportquellen explizit zu benennen wird darauf verwiesen, welche Art von Support bzgl. des Rahmenwerkes zur Verfügung steht.

Kapitel 3
Am Markt verfügbare Enterprise Architecture Frameworks

3.1 Auflistung verfügbarer Rahmenwerke

Eine Recherche am Markt verfügbarer Rahmenwerke liefert über siebzig Konzepte. So breit wie die Definitionsmöglichkeit des Begriffes Rahmenwerk ist, so sehr kann man sich darüber streiten, ob ein Konzept den Titel Rahmenwerk tragen darf oder nicht. Nachfolgend sind jene Konzepte berücksichtigt, die durch Autoren diverser Enterprise Architecture-Publikationen bzw. durch die Konzeptentwickler selbst als Rahmenwerk betitelt werden und sich in den angeführten Rahmenwerksdefinitionen wiederfinden. Durch den Vergleich der jeweiligen Konzeptbeschreibungen mit den im Grundlagenkapitel angeführten Rahmenwerkdefinitionen können über fünfzig Konzepte als Rahmenwerk für Informationssystemarchitekturen deklariert werden.

Das Leistungsspektrum dieser Rahmenwerke variiert dabei extrem: Gemäß ihrer ursprünglichen Intention (Methodiken für Architekturentwicklung oder Fortschrittsbemessung anführen, Architekturen für militärisch, durch E-Government oder CIM geprägte IS-Architekturen spezifizieren, inhaltliche Forderungen oder Hinweise an Architekturbeschreibungen aufstellen usw.) erfüllen die Rahmenwerke einen von den Rahmenwerkentwicklern definierten Nutzen. Dabei sind einige Rahmenwerke – zumindest punktuell – in ihren Inhalten redundant zueinander. Gerade im militärischen Bereich (C4ISR AF und DoDAF bspw. als Grundlage für das MoDAF) und im zivilen Managementbereich (bspw. Zachman EA Framework als Grundlage für das Casewise Framework) lassen sich so einige imitative Rahmenwerke benennen. Andererseits existieren viele in ihrem Nutzen spezialisierte Rahmenwerke, welche oftmals ergänzend zur Spezialisierung zu anderen Rahmenwerken hinzugezogen werden können (Add-On Frameworks).

D. Matthes, *Enterprise Architecture Frameworks Kompendium*, Xpert.press,
DOI 10.1007/978-3-642-12955-1_3,

1. ADS – Architecture Description Standard von IBM
2. AGATE – Atelier de Gestion de l'Architecture
3. ArchiMate von The Open Group
4. ARIS – Architektur integrierter Informationssysteme
5. AusDAF – Australian Defence Architecture Framework
6. C4IF – Connection, Communication, Consolidation, Collaboration Interoperability Framework
7. C4ISR Architecture Framework
8. Casewise Framework
9. CIMOSA – CIM Open System Architecture
10. CLEAR Framework – Comprehensive, Landscaped, Enterprise Architecture Representation Framework
11. DNDAF – Department of National Defence and the Canadian Forces Architecture Framework
12. DoD TRM – Technical Reference Model
13. DoDAF – Department of Defense Architecture Framework
14. E2AF – Extended Enterprise Architecture Framework
15. EAAF – OMB Enterprise Architecture Assessment Framework
16. EAF – Enterprise Architecture Framework von Gartner
17. EAMMF – GAO Enterprise Architecture Management Maturity Framework
18. EAP Framework – Spewak's Enterprise Architecture Planning
19. e-GIF – UK e-Government Interoperability Framework
20. EIF – European Interoperability Framework des IDABC-Programms
21. FEA – Federal Enterprise Architecture
22. FEAF – Federal Enterprise Architecture Framework
23. GERAM – Generalised Enterprise Reference Architecture and Methodology
24. GIM – GRAI Integrated Methodology
25. HIF – Healthcare Information Framework (DIN V ENV 12443)
26. IAF – Integrated Architecture Framework von Capgemini
27. IFW – Information FrameWork
28. ISO/IEC 42010 (IEEE Std 1471-2000) – Recommended Practice for Architectural Description
29. IT City Planning Architecture Framework von Gartner
30. JTA – DoD Joint Technical Architecture
31. MIKE2.0 – Method for an Integrated Knowledge Environment
32. MoDAF – UK Ministry of Defence Architectural Framework
33. NAF – NATO Architectural Framework
34. NIH (U.S. National Institutes of Health) Enterprise Architecture Framework
35. NIST (U.S. National Institute of Standards and Technology) Enterprise Architecture
36. OBASHI Framework
37. OMG-Standards zur Architekturentwicklung (OMA, CORBA, MDA-Guide)
38. PERA – Purdue Enterprise Reference Architecture
39. POSIX OSE RM (ISO/IEC TR 14252, IEEE Std 1003.0 & ISO/IEC 9945)
40. QGEAF – Queensland Government Enterprise Architecture Framework
41. RM-ODP – Reference Model for Open Distributed Processing (ISO/IEC 10746-1 bis 4)
42. SABSA – Sherwood Applied Business Security Architecture
43. SAGA – Standards and Architectures for eGovernment Applications
44. SAP Enterprise Architecture Framework
45. TAFIM – Technical Architectural Framework for Information Management
46. TEAF – Treasury Enterprise Architecture Framework
47. t-eam – toolbox for enterprise architecture management
48. TISAF – Treasury Information Architecture Framework
49. TOGAF – The Open Group Architecture Framework
50. TRAK – The Rail Architecture Framework
51. VERAM – Virtual Enterprise Reference Architecture and Methodology
52. xAF – Extensible Architecture Framework
53. XAF – eXtreme Enterprise Architecture
54. Zachman EA Framework

3.2 Gruppierung der Rahmenwerke gemäß ihrer Intention

Um Rahmenwerke anhand einheitlicher Merkmale zu beschreiben und anschließend gegenüberzustellen, muss ihre Vergleichbarkeit der Rahmenwerke sichergestellt werden. Diesem Schritt geht die Ordnung der verfügbaren Rahmenwerke voraus. Entsprechend der ursprünglichen Intention der Rahmenwerkentwickler und damit entsprechend dem Nutzen der Rahmenwerke werden sie den folgenden Gruppen zugeordnet. Die Grundidee einer solchen Ordnung stammt von [FEURER 2007 S. 4]. Seine grobe Dreiteilung wird in diesem Buch durch die Ordnung der Rahmenwerke in insgesamt sieben Gruppen erweitert:

1. *Government and Agency Frameworks* sind eigenständige und damit vollständige Enterprise Architecture Frameworks, die seitens der Regierungen und deren behördlichen Einrichtungen zur Architekturentwicklung genutzt werden können.
2. *Management Frameworks* sind eigenständige Rahmenwerke, welche das Management von Unternehmen bei seinen Bestrebungen unterstützen und sich somit auf Prämissen des Managements (Informations-, Daten-, Ressourcenmanagement usw.) konzentrieren.
3. *Military Frameworks* sind eigenständige Rahmenwerke mit ursprünglich militärischer Intention. Maßgebende Ziele derartiger Rahmenwerke sind die (Waffen-) Systemintegration und Schaffung von Interoperabilität zur Unterstützung von multinationalen Operationen mithilfe einer standardisierten, verbindlichen Architektur.
4. *Manufacturing-Specific Frameworks* sind Rahmenwerke, die sich auf die Unterstützung von Produktionsprozessen konzentrieren.
5. *Technically oriented Frameworks* geben genau wie die anderen Rahmenwerke Empfehlungen (bspw. in Form von Standards) oder Anleitungen für ein systematisches IS-Management. Gemäß der Intention der Technically oriented Frameworks finden unternehmensorientierte Managementmethoden und Managementwerkzeuge (bspw. BPML[1]) keine Berücksichtigung. Vielmehr sind derartige Rahmenwerke für Entwicklungsarbeiten (bspw. zur Unterstützung der Softwareentwicklung bei der Schnittstellenspezifikation, beim Requirements-Engineering, bei der Modularisierung usw.) von großem Nutzen.
6. *Interoperability Frameworks* beschreiben, worüber sich Partner einigen sollten, um interagieren zu können, und welche Standards hierfür genutzt werden müssen. [IDABC 2008 S. 5] Dabei bedeutet Interoperabilität nicht nur die Verknüpfung von Computern zu Netzwerken, sondern auch die Berücksichtigung von organisatorischen Aspekten, zum Beispiel die Koordinierung von

[1]Business Process Modeling Language (BPML) ist eine XML-basierte plattformunabhängige Metasprache zur Beschreibung von Geschäftsprozessmodellen.

Prozessen über die Grenzen einer Organisation hinaus. [SCHWARE 2005 S. 85] Oftmals sind diese Rahmenwerke im Sinne des öffentlichen Bereichs entwickelt wurden – bspw. zur Lösung von E-Government-Aufgaben. Aufgrund des Schwerpunktes „Interoperabilität" von E-Government-Rahmenwerken sind derartige Frameworks dieser Klasse und nicht den Government and Agency Frameworks zugeordnet.

7. *Add-On Frameworks* sind Rahmenwerke, die einen ergänzenden Charakter gegenüber anderen, meist eigenständigen Rahmenwerken aufweisen oder Unterstützung für die EA-Projektarbeit selbst bieten.

Mehrfachzuordnungen eines Rahmenwerkes in zwei oder mehr Gruppen sind generell möglich. Beispielsweise ist ein Rahmenwerk einerseits für Bundesbehörden der USA entwickelt worden, andererseits ist es auch für privatwirtschaftliche Einrichtungen und deren EA-Bestrebungen praktikabel. Die Abbildung 3.1 unternimmt den Versuch einer möglichst einfachen Ordnung der Rahmenwerke entsprechend deren maßgebender Intention. Sie repräsentiert eine nach dem Herkunftsland der Rahmenwerkentwickler geordnete Zusammenfassung.

Eine aktuelle und farbige Druckversion dieser Framework Map steht auf der Internetseite www.EAF-Book.de zur Verfügung.

3.2.1 Government and Agency Frameworks

- *FEAF – Federal Enterprise Architecture Framework* – wurde speziell für Verwaltungs- und Regierungsstrukturen entwickelt. Die Stärke des FEAF ist das definierte Vorgehens-Referenzmodell für die Entwicklung und Wartung einer EA. Hierfür nimmt es auch Bezug zum *Enterprise Architecture Planning* (*EAP*) von Spewak sowie zum Zachman EA Framework. Das eher operationelle *FEAF* berücksichtigt die oberen fünf Zeilen der Spalten *What* (*Data Architecture*), *How* (*Applications Architecture*) und *Where* (*Technology Architecture*) der Matrix des Zachman EA Frameworks. Zusätzlich wird ein weniger detailliertes Architektur-Referenzmodell (Unterteilung in *Business, Data, Applications* und *Technology Architecture*) beschrieben. [FEAF 1999 S. 13]
- *NIH* (*National Institutes of Health*) *Enterprise Architecture Framework* reduziert die Komplexität einer Architekturbetrachtung durch die Aufteilung in drei Architekturgebiete (*Business*, *Information* und *Technology Architecture*) inkl. entsprechender Unterpunkte. Die *Business Architecture Modeling Methodology* des Rahmenwerkes beschreibt den NIH-Modellierungsansatz für die *Business Architecture*.
- *NIST* (*U.S. National Institute of Standards and Technology*) *Enterprise Architecture Model* von 1989 definiert ein Architektur-Referenzmodell bestehend aus fünf Ebenen: (1) *business architecture*, (2) *information architecture*, (3) *information systems architecture*, (4) *data architecture*, (5) *data delivery systems*.

Abb. 3.1 The framework map

Abb. 3.1 (Fortsetzung)

- *QGEAF – Queensland Government Enterprise Architecture Framework* – strukturiert das Informationsmanagement und die IS-Politik des australischen Bundesstaates Queensland (Investitionsplan, aktueller und zukünftiger Stand des IS und dessen Komponenten usw.). Den Kern des Konzepts bildet die Wechselwirkung zwischen den Schlüsselelementen *Context, Artefacts* und *Portfolios. Context* beinhaltet das Architektur-Referenzmodell zur Erfassung der IS-Bestandteile (Geschäftsprozesse, Informationen, Anwendungen, Hardware usw.). Dieses Schlüsselelement nutzt die *Artefacts* bzw. richtet sich nach *Portfolios. Artefacts* sind Mechanismen und Tools, die bei der Entwicklung und beim Betrieb der IS-Bestandteile unterstützen (Methoden, Standards, Richtlinien usw.). Die Ausrichtung erfolgt gemäß dem dritten Schlüsselelement *Portfolios* für die gesamte Regierung, behördenübergreifend oder für eine Behörde sowie entsprechend aktuellen Ressourcen, einer Initiative oder einem zukünftigen Stand. [QGEAF 2009 S. 6]
- *TEAF – Treasury Enterprise Architecture Framework* – ist eine Überarbeitung des 1997 publizierten *Treasury Information System Architecture Framework (TISAF*). TEAF unterstützt die Entwicklung und Überarbeitung von Geschäftsprozessen. Hierfür erfolgt die Bereitstellung einer Anleitung für Entwicklung und Management der Geschäftsarchitektur des Finanzministeriums, eines einheitlichen Konzeptes sowie gemeinsamer Prinzipien, Technologien und Standards für die IS-Architektur und einer Vorlage für die Entwicklung von Geschäftsarchitekturen. [CIOC 2001 S. 28] Die Konzeptbeschreibung besteht so aus drei Hauptkomponenten: (1) Definition des Rahmenwerkes, (2) eine Reihe von Aktivitäten, die bei der Architekturplanung und -implementierung anleiten, (3) eine Reihe von Anleitungen für die strategische Planung, das Management und die Implementierung von Geschäftsarchitekturen. [MINOLI 2008 S. 69]
- *TISAF – Treasury Information System Architecture Framework* – stellt den Ursprung des *TEAF* dar.
- *TRAK – The Rail Architecture Framework* – wurde vom U.K. Department for Transport für den Transport- und Bahnsektor entwickelt. Es versteht sich als Vereinfachung des MoDAF 1.2. Es dient der Beschreibung der „Schienen-Architektur" mit deren Fahrzeugen, Kontroll- und Signaltechnik als Objekte.

3.2.2 Management Frameworks

- *ADS – Architecture Description Standard* – beinhaltet Konventionen für Notationen, Terminologie und Semantik, mit deren Hilfe Komponenten und somit Architekturen von IT-Systemen beschrieben werden können. [KAHAN et al. 1998 S. 5]
- *ArchiMate* von The Open Group führt eine Terminologie zur Beschreibung von Geschäftsprozessen, Organisationsstrukturen, Informationsflüssen und der technischen Infrastruktur an. Dabei konzentriert sich ArchiMate auf die laienhaft verständliche Beschreibung der allgemeinen Struktur (Darstellung der

Hauptelemente und deren Abhängigkeiten) innerhalb einer Domain (Prozess-, Informations-, Technologie-, Produkt- und Anwendungsarchitektur) und insbesondere der Beziehungen zwischen den Domains. [LANKHORST et al. 2004 S. 2]

- *ARIS – Architektur integrierter Informationssysteme* – stellt ein Rahmenkonzept und eine Methodologie zur Abbildung und Optimierung von Geschäftsprozessen dar. Dabei führt es eine Strukturierung in fünf Sichtweisen an und unterstützt bzgl. jeder Sichtweise die durchgängige Beschreibung beginnend bei der betriebswirtschaftlichen Problemstellung bis zur DV-Implementierung.
- *CLEAR Framework* definiert Taxonomie und Ontologie zur Beschreibung einer Enterprise Architecture. Darüber hinaus beinhaltet es ein ans Zachman EA Framework angelehntes Architektur-Referenzmodell und ein an die TOGAF ADM angelehntes Vorgehens-Referenzmodell. Der Fokus der vom CLEAR Framework angeführten Methode zur EA-Entwicklung liegt eher auf Niveau der Geschäftsebene als auf Niveau der technischen Ebene. Manko: Das Konzept ist nicht öffentlich dokumentiert.
- *E2AF – Extended Enterprise Architecture Framework* – dient mit seinem Vorgehens-Referenzmodell (4-Schritt-Verfahren) der Erweiterung einer Geschäftsarchitektur zur Extended Enterprise Architecture (E2A).
- *EAF – Enterprise Architecture Framework* – vom Beratungsunternehmen Gartner Inc. versteht sich als Top-Down-Entwicklungsmethode für den Gesamtarchitektur-Einsatz. Als Ergebnis dieser Methode soll eine optimale Konstellation von Geschäfts-, Informations- und Technologie-Aspekten (diese Aspekte spiegeln die im EAF angeführten Sichtweisen auf eine EA wider) zur Unterstützung der Geschäftsstrategie entstehen. [LAPKIN 2005 S. 2]
- *EAP – Enterprise Architecture Planning* – von Spewak versteht sich als Ergänzung zum konzeptuellen Zachman EA Framework. Hierfür bietet es eine Methodik zur Umsetzung der beiden oberen Zeilen der Matrix des Zachman EA Frameworks (*Scope/Planner* und *Enterprise Model/Owner*): beginnend bei der Projektinitiierung bis zur Implementierung. [SCHEKKERMAN 2003 S. 101] Entsprechend dieser Intention müsste es als *Add-On Framework* deklariert werden. EAP definiert ein Vorgehens-Referenzmodell zur Entwicklung einer (1) Geschäftsarchitektur, (2) Datenarchitektur, (3) Anwendungsarchitektur und (4) Technologiearchitektur. [SPEWAK und HILL 1993 S. 14] Damit werden Inhalte berücksichtigt, welche über die beiden oberen Zeilen des Zachman EA Frameworks hinausgehen, womit das *EAP* den Status eines autarken Rahmenwerkes in der Klasse der *Management Framework*s verdient.
- *GERAM – Generalised Enterprise Reference Architecture and Methodology* – hat die Ambition eines Metaframeworks und damit den Anspruch, möglichst allgemeingültig aufzutreten, um alle Informations- und Kommunikationssysteme sowie alle für Entwurf, Einsatz und Wartung von Unternehmensprozessen notwendigen Tätigkeiten eines Unternehmens abzubilden. Entsprechend der

generalisierten Charakteristik bildet das vom GERAM definierte Vorgehens-Referenzmodell eine ideale Abfolge für sämtliche IT-Projekte wie auch speziell für *Enterprise Engineering and Integration Projects*. [GERAM 1999 S. 18]

- *IAF – Integrated Architecture Framework* – vom IT-Beratungsunternehmen Capgemini beinhaltet ein Architektur-Referenzmodell, beschreibt die Inhalte der Architekturelemente und spezifiziert einen Weg, die einzelnen Architekturelemente miteinander zu verbinden. [CAPGEMINI 2007 S. 13] Dabei dient das Architektur-Referenzmodell eher als Selbstzweck, um die vom IAF bereitgestellten Tools und Techniken entsprechend den Architekturelementen zu ordnen und anzuwenden. So werden im IAF-Hilfsmittel zur Verfügung gestellt, die gut als Ergänzung zur Arbeit mit Vorgehens-Referenzmodellen anderer Rahmenwerke (bspw. der TOGAF ADM) genutzt werden können.
- *IFW – Information FrameWork* – dient dem Informationsmanagement. Aus drei Sichtweisen werden insgesamt zehn Arten von Informationen (*Strategy, Structure, Skills, Data, Function, Workflow, Solution, Interface, Network* und *Platform*) unterschieden. Diese bilden die Spalten der IFW-Matrix. Drei Abstraktionsebenen führen insgesamt fünf Zeilen an. In der Summe stellt das IFW ein Werkzeug zur Analyse und Strukturierung von Informationen dar.
- *IT City Planning* des IT-Beratungsunternehmens Gartner definiert ein Architektur-Referenzmodell (Unterscheidung zwischen *business, functional, application* und *technical layer*), um bei der Prozessbeschreibung, bei der Bildung einer funktionellen Übersicht sowie bei der Erfassung der Anwendungen und Infrastrukturelemente zu unterstützen. Defizit: Die Konzeptbeschreibung ist nicht öffentlich einsehbar.
- *OBASHI Framework* beschreibt ein Architektur-Referenzmodell mit den Ebenen *Ownership, Business Process, Application, System, Hardware* und *Infrastructure*. Elemente werden auf diesen Ebenen angeordnet und entsprechend den Relationen zueinander über die Ebenen hinweg verbunden, sodass die Beziehungen, Abhängigkeiten und Datenflüsse zwischen den Prozessen, den Anwendungen, der Hardware usw. dargestellt werden. Beispiel: Ownership: Sachbearbeiter Finanzen ↔ Business Process: Rechnungslegung ↔ Application: Abrechnungssoftware ↔ System: Windows Betriebssystem ↔ Hardware: HP Computersystem ↔ Infrastructure: Serverraum, Switch XY.
- *SABSA – Sherwood Applied Business Security Architecture* – ist ein Rahmenwerk mit Architektur-Referenzmodell für Enterprise Security Architectures, also für Enterprise Architecture mit Fokussierung auf sicherheitsrelevante Aspekte. Die SABSA-Matrix ist an die Matrix des Zachman EA Frameworks angelehnt, spezialisiert jedoch die Inhalte und damit die Zellen der Matrix entsprechend dem Sicherheitsgedanken. Beispiele für derartige Zellen: Definition der Geschäftsrisiken in einem „Business Risk Model", Spezifikation von „Security Services" usw. [BROTBY 2009 S. 51]

- *t-eam – toolbox for Enterprise Architecture management* – der deutschen act! consulting GmbH definiert u. a. ein Architektur-Referenzmodell und beantwortet damit ähnliche Fragen wie das Zachman EA Framework: *Wo* (*Anwendungslandschaft*), *Was und Wer* (*Geschäftsarchitektur*), *Wie* (*Anwendungsarchitektur*), *Warum* (*Anforderungsspezifikation*), *Womit* (*Systemarchitektur*) und *Wann*.

- *TOGAF – The Open Group Architecture Framework* – ist ein werkzeugunabhängiges Rahmenwerk, um technische Architekturen zu entwickeln. [MASAK 2005 S. 20] Neben dem Vorgehens-Referenzmodell TOGAF ADM als Schwerpunkt des Konzeptes ist auch das TOGAF TRM als Architektur-Referenzmodell klar mit der Prämisse Umsetzung und Methodik zu verstehen und weniger als konzeptuelle Darstellung einer Architektur.

- *VERAM – Virtual Enterprise Reference Architecture and Methodology* – ist ein Ergebnis des *GLOBEMEN*-Projektes (*Global Engineering and Manufacturing in Enterprise Networks*). *Dies war* wiederum Teil des *IMS*-Programms (*Intelligent Manufacturing Systems*). [KAZI et al. 2001 S. 129] Das vom GLOBEMEN-Konsortium (bestehend aus Hochschulen und Unternehmen) entwickelte Rahmenwerk VERAM ordnet Elemente nach deren Unterstützung, Beschreibung, Konfiguration und Management von *Virtual Enterprises* (*VE*) sowie deren zugrunde liegender IT ein. Hierfür sind sechs Gruppen definiert: (1) *VE ontology* beschreibt mithilfe des *VE concepts* und der *VE reference architecture* ein konzeptuelles Informationsmodell mit den existierenden Elementen (Konzepte, Eigenschaften, Regeln, Relationen usw.). (2) *Technologies, Standards, Guides* beinhaltet Standards für VE, Implementierungsmethoden, Tools und Technologien. (3) Die verschiedenen Elemente der Klasse *Modelling* ermöglichen die Analyse und Überarbeitung der Geschäftsprozesse eines VE. (4) Die Klasse *Applications and Infrastructures* beschreibt jene IS-Komponenten, die die Geschäftsprozesse umsetzen. Sie liefern die technologische Realisierung der Geschäftsprozesse. (5) *Methodology* beinhaltet Implementierungsanleitungen und Erfahrungsberichte für die Elemente der anderen Klassen. (6) *VE Implementation* versteht sich als Teilebene zur Umsetzung, Ableitung, für den Betrieb, zur Konfiguration und ggf. Stilllegung eines Teils des VEs. [KAZI et al. 2001 S. 136]

- XAF – eXtreme Enterprise Architecture – ist insbesondere fürs Reverse Engineering interessant. Punkte einer umfassenden Unternehmensbetrachtung wie Unternehmenskultur und –strategien werden dabei nicht berücksichtigt. XAF konzentriert sich auf Aktivitäten und Softwareanwendungen im Unternehmen. Diese werden anhand von 19 Architekturelementen beschrieben.

- *Zachman EA Framework* definiert verschiedene Sichtweisen auf ein IS und teilt die IS-Architektur in bestimmte Ebenen. So wird ein IS durch eine 6×6-Matrix repräsentiert.

3.2.3 Military Frameworks

- *AGATE – Atelier de Gestion de l'Architecture* – wurde zwar von der französischen technischen Wehrbehörde entwickelt, kann aber auch als Rahmenwerk für Architekturen von Informations- und Kommunikationssystemen in anders ambitionierten Einrichtungen eingesetzt werden. In Abhängigkeit von Stakeholder-Anforderungen wird die IS-Architektur in vier Sichtweisen (*Business, Service, Logical, Technical Architecture Viewpoint*) untergliedert. Die Inhalte dieser Sichtweisen werden durch bestimmte Modelle dargestellt.
- *AusDAF – Australian Defence Architecture Framework* – ist das australische Pendant zum amerikanischen DoDAF.
- *C4ISR Architecture Framework* führt Sichtweisen, Modelle und eine sechsstufige Schrittfolge zur Beschreibung von militärisch geprägten IS-Architekturen an.
- *DNDAF – Department of National Defence and the Canadian Forces Architecture Framework* – ist das kanadische Gegenstück zum amerikanischen DoDAF.
- *DoDAF – Department of Defense Architecture Framework* – versteht sich als Erneuerung des C4ISR AF. Es führt verschiedene *Framework Products* an, um eine Architekturbeschreibung wiederzugeben und daran eine Architektur zu entwickeln. [DoDAF 2007 S. 1–7] Diesen Framework Products sind vier Sichtweisen zugeordnet. Sie umspannen verschiedene Beschreibungen – bspw. vom Aktivitätsdiagramm über die Definition der Datenanforderungen mithilfe eines logischen Datenmodells bis hin zur Funktionalitätsbeschreibung von Diensten und Systemen. [DoDAF 2007 S. 1–10]
- *MoDAF – UK Ministry of Defence Architectural Framework* – spricht nicht von zu unterstützenden unternehmerischen Aufgaben, sondern von zu unterstützenden „militärischen Fähigkeiten". Entsprechend orientiert unterstützt es die Beschreibung, Analyse und Spezifikation von Kapazitäten, Systemen sowie Subsystemen, Organisationsstrukturen und Geschäftsprozessen. Es ist die britische Spezialisierung des DoDAF. MoDAF stellt ein Architektur-Referenzmodell dar und beschreibt sieben Sichtweisen auf dieses. Weiterhin beschreibt das MoDAF ein Vorgehens-Referenzmodell zur Entwicklung einer Architektur. [CROWN 2008 S. 42]
- *NAF – NATO Architectural Framework* – definiert Architekturen als Richtlinien zur Beschreibung und Entwicklung der Informations- und Kommunikationssysteme in der NATO. Die *Overarching Architecture* offeriert mit ihren drei Sichtweisen (*operational, system, technical*) einen Überblick zu den verbundenen NATO-Systemen. Die *NATO Reference Architecture* spezifiziert ein NATO-System über ein Zeitfenster von fünf Jahren und verwendet mehrere *Target Architectures*, welche im Wesentlichen ein Implementierungsabbild über einen

Zeitraum von zwei Jahren darstellen. Dabei sind diese insbesondere dem *technical view* entsprechend detailliert. Weiterhin bietet das NAF Vorlagen, Standards, Konfigurationen usw.

- *TAFIM – Technical Architectural Framework for Information Management* –unterstützte mit einem Architektur-Referenzmodell und einer Entwicklungsmethode (TOGAF ADM-Vorläufer) die Beschreibung und Entwicklung von technischen Architekturen: (a) Das TAFIM Technical Reference Model (TRM) berücksichtigte als Architektur-Referenzmodell Dienste und Dienstschnittstellen eines IS. (b) Der DoD SBA Planning Guide beinhaltete als Vorgehens-Referenzmodell eine auf Standards basierende Architektur-Planungsmethode, die bei für die Entwicklung von IS mit den Schwerpunkten Missions-, Funktions- und Anwendungsgebiet-Anforderungen ausgelegt war. Die Methode unterstützte die Überführung der funktionalen Anforderungen auf ausgewählte Dienste, Standards, Komponenten, Konfigurationen usw. für deren Implementierung. [TAFIM 1996 S. 2–3] Das Rahmenwerk wurde durch verschiedene andere Rahmenwerke ersetzt.

3.2.4 Manufacturing-Specific Frameworks

Enterprise ist in diesem Kontext als komplexe Menge von Geschäftsprozessen zu verstehen, mit deren Hilfe bestimmte Ziele erreicht werden sollen. Enterprise Integration – auch Agile Manufacturing, Business Process Reengineering bzw. Computer Integrated Manufacturing (CIM) genannt – wird durch das Enterprise Management realisiert. Dieses Management koordiniert sämtliche Aktivitäten mit den Unternehmenskomponenten (Mensch, Maschine, Anwendung). Die bekanntesten Rahmenwerke für Enterprise Integration sind die folgenden:

- Das *CIMOSA* (*Computer Integrated Manufacturing Open System Architecture*) *Modelling Framework* versteht sich als Anleitung zum Entwickeln einer Unternehmensstruktur mit dazugehörigem CIM-System.
- *GIM – GRAI Integrated Methodology* – unterstützt bei der Analyse und Spezifikation von CIM-Systemen, woran sich Eigenentwicklungen oder Akquirierungen einzelner Komponenten anschließen können. Hierfür stellt der *GIM Structured Approach* eine zentrale Komponente des Konzepts dar. Dieser Ansatz beschreibt als Vorgehens-Referenzmodell die Entwicklungsschritte (*Initialization, Analysis, User-oriented Design, Technical-oriented Design* und *Implementation*). *User-oriented Design* erlaubt die Modellierung von Nutzeranforderungen an das Produktionssystem. Die daraus entstehenden Modelle drücken vier Sichtweisen aus: *Functional* (beschreibt die Funktionen des Systems), *Decisional, Physical* und *Information Model*. [CHEN et al. 1996 S. 120]
- *PERA – Purdue Enterprise Reference Architecture* – ist ein Rahmenwerk zur Analyse, zum Entwurf und zur Entwicklung eines Enterprise-Integration-Projektes. Ziel ist die Integration von EDV-Technik in den Produktionsprozess – Stichwort: *Computer Integrated Manufacturing* (*CIM*). Hierfür führt PERA ein

auf sieben Schritten basierendes Vorgehens-Referenzmodell an. Mit Blick auf die IS-Architektur, auf personelle und organisatorische Aspekte sowie unter Berücksichtigung der Produktionsausrüstung ist jeder Schritt durch bestimmte Tätigkeiten definiert. [WILLIAMS 1992 S. 18]

Diese Rahmenwerke unterstützen sowohl bei den Tätigkeiten der Architekturentwicklung als auch beim gesamten Lebenszyklus eines Enterprise-Integration-Projektes. [ZWEGERS 1998 S. 59]

3.2.5 Technically Oriented Frameworks

- *HIF – Healthcare Information Framework* (*ENV 12443*) – führt mit der *Healthcare Information System Architecture* (*HISA*) – Unterscheidung in *Healthcare Application, Middleware* und *Bitways Layer* – einen Architekturstil an, den man für eigene Entwicklungen bzgl. der IS-Architektur adaptieren kann. Die [DIN V ENV 12967-1:1998-04] beinhaltet die Spezifikation der Middleware-Ebene. Zentraler Inhalt dieser Vornorm sind Spezifikationen, welche in sechs Dienstkategorien der *Healthcare Common Services* (*HCS*) – gemeinsame, gesundheitswesenspezifische Dienste – gruppiert werden.
- *MDA-Guide – Model Driven Architecture Guide* – enthält als Vorgehens-Referenzmodell einen modellgetriebenen Softwareentwicklungsansatz (MDSD – Model-Driven Software Development), um aus formalen Modellen automatisiert lauffähige Software zu erzeugen. Der MDA-Guide verfolgt dabei eine klare Trennung von Technik und Funktionalität. Entsprechend liegt das Hauptaugenmerk des *MDA-Guide* auf der Modelltransformation vom rechnerunabhängigen Modell für die umgangssprachliche Beschreibung (*CIM – Computation Independent Model*), über ein plattformunabhängiges Modell für Geschäftsprozesse (*PIM – Platform Independent Model*), hin zu einem plattformabhängigen Modell für die Definition von Architektur und Services (*PSM – Platform Specific Model*) und schließlich zum Codemodell als Zielplattform.
- POSIX OSE Reference Model bildet als ISO-Standard die Basis für andere spezialisierende Konzepte (wie bspw. TAFIM Volume 2 – Technical Reference Model). Es ist Bestandteil der beiden identischen Standards ISO/IEC TR 14252 und IEEE Std 1003.0-1995. [VAN HAREN 2007 S. 477] Das im Konzept beschriebene Architektur-Referenzmodell definiert Systemelemente und Schlüsselschnittstellen zwischen verknüpften Anwendungen, um Interoperabilität und Portabilität zu gewährleisten. [IEEE Std 1003.0-1995 S. 23] POSIX stammt aus dem Bereich der Softwareentwicklung und findet hauptsächlich bei der Spezifikation von Benutzer- und Software-Schnittstellen von Offenen Systemen[2] (diversen Betriebssystemen) Anwendung.

[2]Ein *Offenes System* ist auf der Basis von hinreichend frei zugänglichen Spezifikationen oder Standards für Schnittstellen, Dienste und Formate implementiert. [IEEE Std 1003.0-1995 S. 17]

- *RM-ODP – Reference Model for Open Distributed Processing* – bezeichnet die Standards *ISO/IEC 10746-1 bis 4*, welche für die Erstellung von Spezifikationen für IS herausgegeben wurden, um verteilte Informationsverarbeitung zu ermöglichen. (a) *ISO/IEC 10746-1* gibt einen Überblick über die RM-ODP-Standards. (b) *ISO/IEC 10746-2* benennt allgemeine Begriffe zur Beschreibung von verteilten IS. (c) *ISO/IEC 10746-3* beinhaltet die wichtigsten Ansätze zur IS-Architekturbetrachtung: u. a. Unterscheidung von Sichtweisen.

Die *OMG-Standards* (*Object Management Group*) *OMA, CORBA* und *MDA-Guide* konzentrieren sich bzgl. des Themas Architekturentwicklung auf herstellerunabhängige Spezifikationen zur Verbesserung der Interoperabilität und Portabilität von Softwaresystemen:

- *OMA - Object Management Architecture:* Das *OMG Object Model* ist eine Kernkomponente der *OMA*. Es definiert als Metamodell Begriffe (bspw. *object, request, type, interface, operation*) zur Beschreibung von IS. Das *OMG Component Model* erweitert das *OMG Object Model* durch Begriffsdefinitionen. So kann der Entwickler mit Begriffen wie *connection, event type, event source* usw. das Zusammenwirken der IS-Komponenten spezifizieren. Das *OMA Reference Model* stellt dabei ein Architektur-Referenzmodell dar, welches die Aufteilung der IS-Komponenten in Schnittstellenkategorien und die Vermittlungskomponente *Object Request Broker* (*ORB*) beschreibt.
- Die *CORBA – Common Object Request Broker Architecture* – dient der Spezifikation einer objektorientierten Middleware. Ihren Kern bildet die *OMA* Vermittlungskomponente *Object Request Broker* (*ORB*).

3.2.6 Interoperability Frameworks

- *C4IF – Connection, Communication, Consolidation, Collaboration Interoperability Framework* – definiert vier Interoperabilitätstypen: (1) *Connection* beschreibt die Fähigkeit von IS, Signale zwischen zwei oder mehr Systemen auszutauschen. (2) *Communication* beschreibt die Fähigkeit von IS, Daten formatiert (bspw. date=dd/mm/yyyy), nach einer zwischen den Partnern anerkannten Syntax (bspw. auf Basis von XML–Schemas) auszutauschen. (3) *Consolidation* beschreibt die Fähigkeit von IS, Daten zu verstehen (Definition der Semantik). (4) *Collaboration* beschreibt die Fähigkeit von Systemen, interagieren zu können (bspw. durch festgelegte Workflow-Pattern). [PERISTERAS et al. 2006 S. 66]
- *e-GIF* (*UK e-Government Interoperability Framework*) von der britischen Regierung entwickelt, dient wie auch das deutsche Rahmenwerk *Standards and Architecture for e-Government Applications* (*SAGA*) und das *European Interoperability Framework* (*EIF*) der Europäischen Union der Realisierung von Interoperabilität und damit der Zusammenarbeit von eigenständigen Partnern

zur Bereitstellung von Diensten bzw. zur gemeinsamen Aufgabenerfüllung. [SCHWARE 2005 S. 85]

- *EIF – European Interoperability Framework* – dient der Unterstützung einer europaweiten Bereitstellung von E-Government[3]-Diensten. [IDABC 2004 S. 5] Hierfür benennt das *EIF* Ebenen (*Political Context, Legal, Organisational, Semantic* und *Technical Interoperability*), auf denen Interoperabilität zu realisieren ist – als Voraussetzung für eine Zusammenarbeit im Ganzen. [IDABC 2008 S. 8] Entsprechend kann das EIF als Rahmenwerk zur Entwicklung einer *Extended Enterprise Architecture* (*E2A*) mit Schwerpunkt Interoperabilität betrachtet und verwendet werden.
- *SAGA – Standards and Architecture for e-Government Applications* – vom deutschen Bundesministerium des Innern erstellt, legt technische Normen, Standards und Architekturen für E-Government-Anwendungen fest und beabsichtigt die Vereinheitlichung von Prozessen und Daten in den Verwaltungen. Mithilfe des Rahmenwerkes sollen Interoperabilität, Wiederverwendbarkeit, Offenheit, Investitionssicherheit und Skalierbarkeit sichergestellt werden. So werden bspw. Anforderungen an Voice-over-IP und Smartcard-Lösungen definiert bzw. aufgegriffen oder der Standard zur Langzeitarchivierung PDF/A-1 zur Anwendung empfohlen. [BMI 2008 S. 12]

3.2.7 Add-On Frameworks

- *Casewise Framework* könnte als eigenständiges Management Framework deklariert werden. Da es aber als Basis das komplette Zachman EA Framework verwendet und dieses quasi durch das Angebot von Anleitungen und Vorlagen zur EA-Beschreibung erweitert, ist es als Add-On Framework zu betrachten.
- *DoD JTA – Department of Defense Joint Technical Architecture* – stellt eine Art Wissensbaustein für andere Rahmenwerke dar. Insbesondere für alle DoD-Systeme liefert JTA Standards, Schnittstellen und Dienste, welche den Informationsfluss bei Implementierungen vereinfachen sollen. JTA Volume I „Mandated Standards" stellt bspw. *Information Processing, Transfer, Human-Computer Interface* (*HCI*) und *Security Standards* zur Verfügung. [JTA 2003 S. 1–6]
- *DoD TRM – Department of Defence Technical Reference Model* – stammt aus dem Bereich der militärisch geprägten Rahmenwerke. Es konzentriert sich aber unabhängig von seiner Herkunft als Architektur-Referenzmodell auf die Komponenten (Geräte, Nutzer usw.) der physischen Ebene, auf eine mittlere Anwendungsplattform, welche u. a. Betriebssystemdienste zur Verfügung stellt,

[3] E-Government (electronic government) definiert sich in der Verwendung von IuK-Technologien in öffentlichen Verwaltungen, verbunden mit organisatorischen Verbesserungen (z. B. barrierefreier Informationszugriff, elektronische Antragstellung), um öffentliche Dienste verbessert anzubieten. [IDABC 2004 S. 5]

eine obere Ebene für die Anwendungssoftware sowie die Schnittstellen zwischen diesen Ebenen. Das DoD TRM soll als Unterstützung für Entwicklungen, Spezifikation und Akquirierung von IT-Komponenten verstanden werden und dient so als Ressource für andere Rahmenwerke.

- *EAAF – OMB Enterprise Architecture Assessment Framework* – wurde vom U.S. *Office of Management and Budget* (*OMB*) für U.S.-bundesbehördliche Einrichtungen entwickelt. Dementsprechend könnte dieses Rahmenwerk auch als Government and Agency Framework deklariert werden. Jedoch ist es gemäß seinem ergänzenden Charakter den Add-On Frameworks zuzuordnen. Das *EAAF* und das *Enterprise Architecture Management Maturity Framework* (*EAMMF*) unterstützen bei der Messung und Bewertung eines EA-Programms. [OMB 2008 S. 4] Dabei werden vom EAAF für die Bewertung des Reifegrades und der Effektivität eines EA-Programms sogenannte *Assessment Criterias* definiert. [OMB 2008 S. 17] Potenzielle Entwicklungs- und Anwendungsprobleme der EA können frühzeitig identifiziert und adressiert werden, Verbesserungspotenzial wird sichtbar, was schließlich ins Änderungsmanagement einfließt. EAAF integriert dieses methodische Vorgehen im *Systems Development Life Cycle* (*SDLC*)[4] und führt damit ein Vorgehens-Referenzmodell zur Messung, Bewertung und Verbesserung einer EA bzw. des EA-Programms aus. [OMB 2008 S. 3] Das EAAF setzt erst nach der eigentlichen Arbeit der EA-Entwicklung an und unterstützt somit bei der kontinuierlichen Verbesserung eines EA-Programms und der EA-Produkte. Idealerweise könnte das *EAAF* in der Reifestufe 6 des *EAMMF* anknüpfen und ab diesem Zeitpunkt bei der kontinuierlichen Verbesserung (Change Management) der EA unterstützen. Reifestufe 6 bedeutet: die EA ist vollständig entwickelt und im Einsatz, wird aber kontinuierlich bewertet und entsprechend verbessert.
- *EAMMF – Enterprise Architecture Management Maturity Framework* – wurde vom U.S. *General Accounting Office* (*GAO*) zur Unterstützung von U.S.-Behörden und deren EA-Bestrebungen entwickelt. Entsprechend könnte dieses Rahmenwerk auch als Government and Agency Framework deklariert werden. Jedoch ist es gemäß seiner Intention und seinem Nutzen den Add-On Frameworks zuzuordnen. Das *EAMMF* setzt im Gegensatz zum *EAAF* bereits zu Beginn der EA-Bestrebung an und begleitet den gesamten EA-Entwicklungsfortschritt. Mithilfe des *EAMMF* kann der Stand einer EA-Bestrebung in Reifegraden eingeordnet und entsprechend bewertet werden. Hierfür beinhaltet dieses Rahmenwerk drei Basiskomponenten: (1) sieben Hierarchiestufen (*Hierarchical/Maturity Stages*), die den Reifegrad des Managements wiedergeben (definieren die Spalten der EAMMF-Matrizen). (2) Erfolgsattribute (*Critical Success Attributes*), welche die kritischen Punkte hinsichtlich des Erfolges der EA-Managementbestrebungen darstellen (bilden die Zeilen der EAMMF-Matrizen). (3) die 59 *Core Elements*, die Praktiken oder Bedingungen für ein

[4]Der *Systems Development Life Cycle* (*SDLC*) beschreibt im Bereich des *Systems* und *Software Engineerings* die klassische Phasengliederung des Lebenszyklus eines Systems oder Softwareproduktes zum Beispiel Planung, Analyse, Design, Implementierung und Wartung. [HEINRICH et al. 2005 S. 235]

EA-Programm darstellen. Beispiel für ein solches Kernelement: die Beschäftigung eines eigenen Chief Architect. Die *Core Elements*- sind in den Zellen der EAMMF-Matrizen angeordnet. [GAO 2010 S. 14]

- *FEA – Federal Enterprise Architecture* – wurde vom U.S. *Office of Management and Budgets* (*OMB*) mit Unterstützung der *General Services Administration* (*GSA*) und des *Federal Chief Information Officers* (*CIO*) *Council* entwickelt und könnte somit als Government and Agency Framework deklariert werden. Jedoch trägt das Rahmenwerk mit den fünf definierten Referenzmodelle eher ergänzend zur Beschreibung von Enterprise Architectures bei: (1) *Performance Reference Model* (*PRM*) nutzt verschiedene Ansätze (bspw. die *Balanced Scorecard*), um die Performance (bspw. repräsentiert durch den Output/Produktionsmenge) einer Organisation zu bemessen. (2) *Business Reference Model* (*BRM*) dient der Beschreibung des Geschäftsbetriebes (Dienste) unabhängig von den auszuführenden Komponenten. (3) *Service Component Reference Model* (*SRM*) dient der Klassifizierung von Diensten in *Customer, Business, Support Services* u. a. (4) *Technical Reference Model* (*TRM*) kategorisiert die für den Geschäftsbetrieb notwendigen Standards und Technologien. (5) *Data Reference Model* (*DRM*) beschreibt die für den Geschäftsbetrieb notwendigen Daten und Informationen. [OMB 2007 S. 5]

- *ISO/IEC 42010* (*Recommended Practice for Architectural Description*) beabsichtigt nicht, andere Rahmenwerke zu ersetzen, sondern diese durch die Angabe von spezifischen Inhaltsanforderungen an Architekturbeschreibungen zu unterstützen. Hierfür standardisiert das Rahmenwerk die Inhalte einer Architekturbeschreibung. [ISO/IEC 42010 S. 4] Hauptaugenmerk erlangen dabei Sichtweisen, welche bestimmte Sichten auf eine Architektur ermöglichen. Eine Sichtweise beschreibt die Art, wie ein System betrachtet werden kann. Eine Sicht beschreibt, was man mit der gewählten Sichtweise sieht. So berücksichtigt bspw. TOGAF die Anforderung der ISO-Richtlinie zur Dokumentation von Sichtweisen. [VAN HAREN 2007 S. 84] TOGAF macht aber auch deutlich, dass man sich trotz Berücksichtigung nicht strikt an die ISO-Terminologie hält. [VAN HAREN 2007 S. 5]

- *MIKE2.0 - Method for an Integrated Knowledge Environment* versteht sich als allumfassende Methodik des Enterprise-Informationsmanagements. Beruhend auf den Erfahrungen diverser Projekte bietet MIKE2.0 Lösungsansätze (Erfahrungen, Strukturierungen usw.) zu verschiedenen Problemen des IS-Managements (Datenmanagement, Strategieentwicklung usw.).

- *SAP Enterprise Architecture Framework* stellt eine Ergänzung von TOGAF dar, um eine effektive Adaption von Serviceorientierten Architekturen (SOA) zu ermöglichen.

- *xAF – Extensible Architecture Framework* – vom *Nederlands Architectur Forum* (*NAF*) versteht sich nicht als ein weiteres Rahmenwerk. Auch möchte es kein aktuelles oder gar zukünftiges Rahmenwerk ersetzen. Vielmehr sollte die

Idee hinter dem xAF als Metamodell für ein beliebiges am Markt verfügbares Rahmenwerk verwendet werden. Das Grundkonzept ist insbesondere für jene interessant, die ihr eigenes Rahmenwerk entwickeln. xAF beschreibt Dimensionen eines Rahmenwerkes und eine Regel dieses zu erweitern. Die Dimensionen eines jeden Rahmenwerkes nach xAF sind *System Type, Perspective* und *Areas of Concern*. Jedes System ist durch seine Struktur aus interagierenden Komponenten gekennzeichnet. Ein homogenes System kann in ein heterogenes System integriert sein. Je nach Betrachterperspektive unterscheidet xAF den Blick auf Funktion und Konstruktion des Systems. Areas of Concerns beschreibt die Anforderungen der Stakeholder. Die Dimensionen werden von einem beliebigen Rahmenwerk instanziiert. Gemäß dem xAF wird ein universelles und allgemeingültiges xAF mit dem Index 0 angeführt. Dieses bildet das „Root-Rahmenwerk". Entsprechend der Erweiterungsregel kann xAF_0 zu xAF_i spezialisiert oder mehrere xAF_i in xAF_{i+n} integriert werden.

3.3 Nutzen von Rahmenwerken am Beispiel eines IT-Rahmenplans

Die Ordnung der auf dem Markt verfügbaren Rahmenwerke und die Beschreibung des jeweiligen Rahmenwerknutzens ermöglichen nun die Benennung von ganz konkreten Unterstützungsmöglichkeiten durch Rahmenwerke in der IT-Praxis. Abbildung 3.2 zeigt einen Ausschnitt des Inhaltsverzeichnisses eines Rahmenplans, wie er typischerweise vom Informationsmanagement verwendet wird. Bestandteil eines solchen Konzeptes und gleichzeitig Voraussetzung zur Beschreibung von Veränderungen ist die Erfassung des aktuellen Status des Informationssystems. Die Matrix des Zachman EA Frameworks dient als Gedankenstütze der ggf. zu berücksichtigenden Punkte einer Architekturbeschreibung und der Projektarbeit: von der Definition der strategischen Ziele, der Auflistung der Anwendungen, der Abbildung des Computernetzwerkes, der Erstellung von Organisationsplänen, bis hin zum Aufstellen eines Zeitplanes.

Das Add-On Framework ISO/IEC 42010 erinnert den Informationsmanager an die standardmäßigen Inhalte einer Architekturbeschreibung. Mit der Definition einer allgemeinen Vision (Ziele und Grenzen) wird der Rahmenplan eingeleitet. Wie aus dem abgebildeten Inhaltsverzeichnis des Rahmenplans ersichtlich, setzt man sich die *„Verbesserung des Service für Partner"* als Ziel A. Dies soll bspw. durch *„Implementierung neuer Internettechnologien" und „Bereitstellung von mehr Informationen übers Internet"* erreicht werden. Als ganz konkretes Beispiel möchte ein Gerätehersteller den Zugriff auf Gerätedaten wie bspw. Produktionsdatum, Kaufdatum und Seriennummer als Webservice zur Verfügung stellen.

Wieder allgemeiner: Bei der Bemessung der aktuellen Performance kann bspw. das Performance Reference Model (PRM) des Rahmenwerkes Federal Enterprise Architecture (FEA) genutzt werden. Gleichzeitig dienen die vom Rahmenwerk FEA offerierten Modelle der Beschreibung der angebotenen Dienste und der

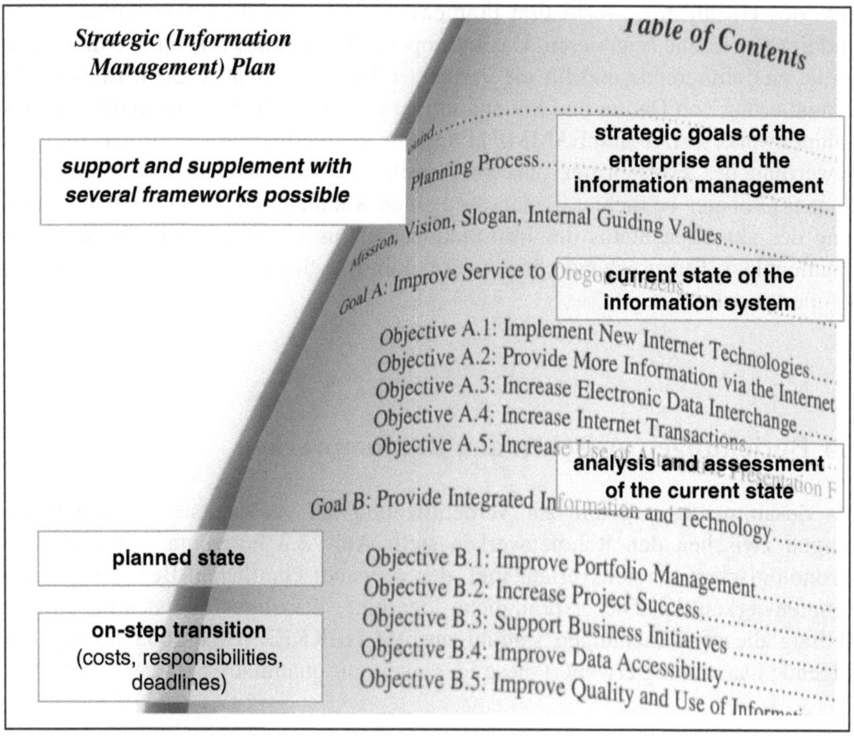

Abb. 3.2 Strategic Plan as a result of strategic information management

aktuellen bzw. geplanten Standards und Technologien, um so den Service zu verbessern. Mithilfe des FEA Data Reference Model werden Daten und Informationen dokumentiert, welche aktuell und zukünftig übers Internet ausgetauscht werden.

Die Modellierung des aktuellen und zukünftigen Informationssystems wird bspw. mit ArchiMate vorgenommen. Noch detaillierter, fast im Stil einer Arbeitsplatzbeschreibung, wird mit dem OBASHI Framework die Antwort auf folgende Frage modelliert: Welcher Nutzer (bspw. Sekretärin des Geschäftspartners) realisiert welche Prozesse (bspw. Geräteseriennummern verwalten) mit welchen Anwendungen (bspw. Microsoft Access) auf welchem System (bspw. Windows OS) beruhend auf welcher Hardware (bspw. DELL PC-System XY)? Als roten Faden für die Umsetzung des Vorhabens, mehr Informationen wie etwa Geräteinformationen übers Internet dem Partner zur Verfügung zu stellen, kann das Vorgehens-Referenzmodell TOGAF ADM verwendet werden. Speziell, wenn es darum geht, die neue Technik einzubinden und den wichtigen Projektfaktor Mensch als Nutzer nicht zu vergessen, sondern bspw. an der neuen Software zu schulen, kann das vom Rahmenwerk PERA beschriebene Vorgehen adaptiert werden. Doch vor der Einführung erfolgt zwingend die Implementierung: Diese kann sich an den offerierten Architekturen des OMG-Standards mit der Vermittlungskomponente Object Request Broker bzw. des Healthcare Information Framework (HIF) mit dessen Spezifikation der Middleware-Ebene orientieren. Das Interoperability Framework C4IF erinnert u. a. an die zu definierende und für die Partner verbindliche Syntax. So wird bspw. die Formatierung von Datum und Seriennummer mittels XML-Schema vereinbart. Die Rahmenwerke EAAF und EAMMF können in adaptierter Form zur Bemessung und Bewertung des Fortschrittes unseres Einzelprojektes „Gerätedatenbereitstellung" dienen. Globaler betrachtet dienen die beiden Rahmenwerke aber auch zur Erfassung des aktuellen Status des Informationssystems im allgemeinen Interesse des Rahmenplans. Entsprechend können der zukünftige Status und damit das Vorgehen definiert werden.

3.4 Beziehungen zwischen den Rahmenwerken

Als Zusammenfassung und zur Verdeutlichung der verwandtschaftlichen Beziehungen zwischen den Rahmenwerken stellt Abb. 3.3 horizontal betrachtet den chronologischen Versionsverlauf inkl. der verwandtschaftlichen Beziehungen von Rahmenwerken dar. Die ursprüngliche Idee einer derartigen übersichtlichen Darstellung dieser Beziehungen stammt aus [SCHEKKERMAN 2003 S. 89]. Die folgende Darstellung erweitert diese Idee nicht nur quantitativ.

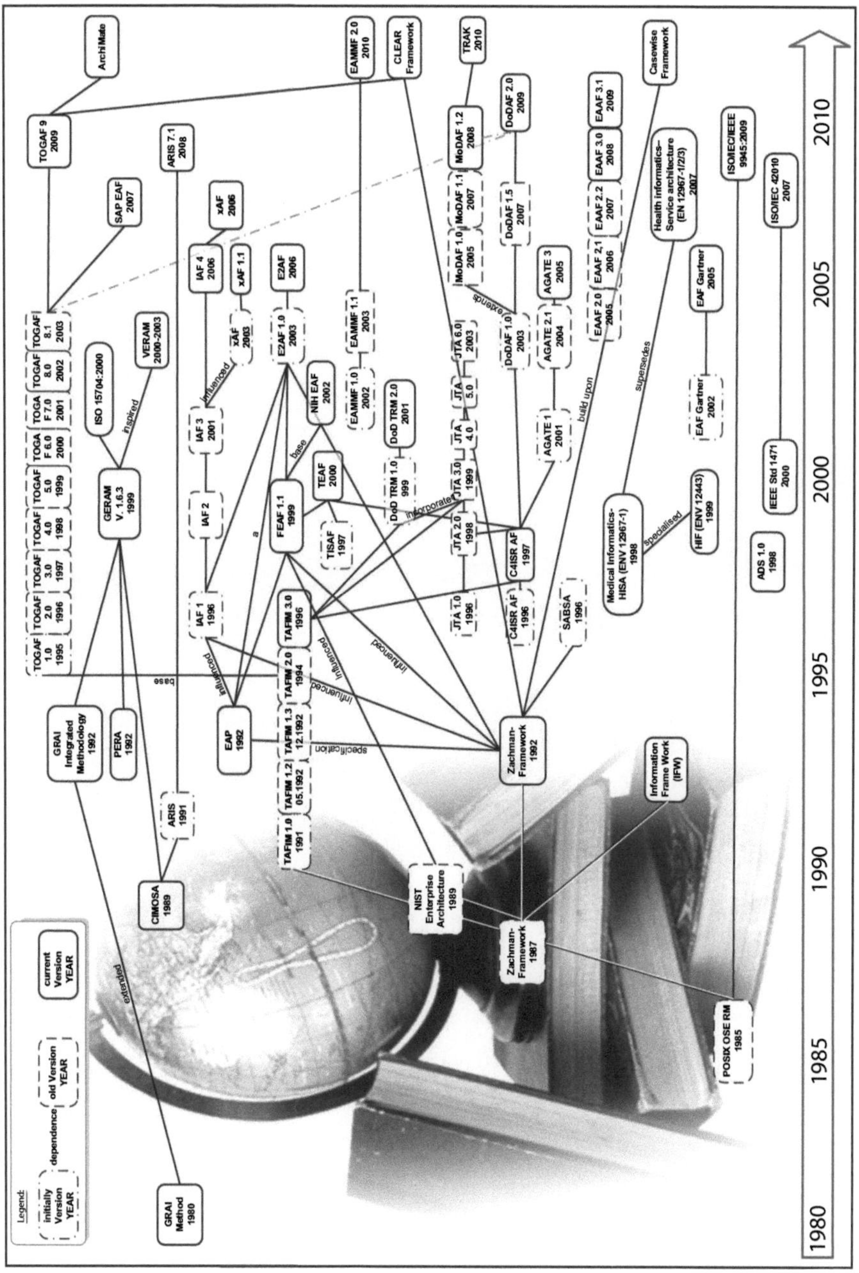

Abb. 3.3 The framework relationships

Kapitel 4
Detaillierte Beschreibung ausgewählter Rahmenwerke

Bei der Interpretation der folgenden Beschreibungen sollten Sie die eigentliche Intention des jeweiligen Rahmenwerkes berücksichtigen. Wenn bspw. bei dem Merkmal zur Berücksichtigung physischer IS-Komponenten „nein“ eingetragen ist, so ist dies einem Rahmenwerk nicht unbedingt negativ anzulasten. Es existieren Rahmenwerke, die sich auf spezielle Aspekte eines IS konzentrieren und somit ggf. gar nicht die Ambition zur Berücksichtigung physischer IS-Komponenten haben.

4.1 Rahmenwerke von A bis Z en détail

4.1.1 ADS – Architecture Description Standard von IBM

ADS beinhaltet Konventionen für Notationen, Terminologie und Semantik, mit deren Hilfe Komponenten und damit Architekturen von IT-Systemen beschrieben werden können. [KAHAN et al. 1998 S. 5] Dabei bieten bspw. die Best Practices auf UML-Basis Unterstützung beim Projekt.

IBM SYSTEMS YOURNAL, VOL 38, NO 1, 1999, page 32 „A standard for architecture description“ ►

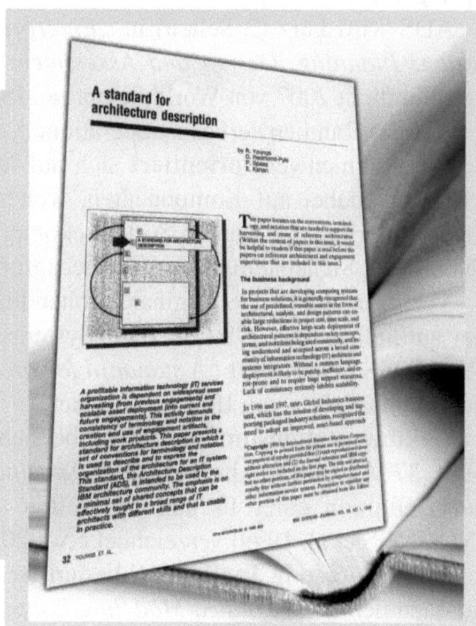

D. Matthes, *Enterprise Architecture Frameworks Kompendium*, Xpert.press,
DOI 10.1007/978-3-642-12955-1_4, © Springer-Verlag Berlin Heidelberg 2011

Als **Macher** des Konzeptes wird Ed Kahan als Projektleiter neben einer Vielzahl von Kollegen angeführt; in der im IBM Systems Journal publizierte Zusammenfassung werden die Autoren E. Kahan, R. Youngs, D. Redmond-Pyle und P. Spaas genannt.

Historie: Die Entwickler dieses Rahmenwerkes waren sich über die Vorteile von anleitenden und wiederkehrenden Mustern (*Pattern*) bei großen IT-Projekten im Klaren. Die zunehmende Konzentration auf Effizienz und Arbeitsergebnisse (Modelle, Quellcode, Dokumentationen usw.) bei Entwicklungen und Service ließ den Ruf nach einem umfassenden Metamodell lauter werden. Entsprechend wurden 1996 und 1997 bei IBM verschiedene Projekte realisiert, deren Ergebnisse in den ADS mündeten. [YOUNGS et al. 1999]

Versionsverlauf: ADS Version 1.0 wurde am 13. August 1998 veröffentlicht. [KAHAN et al. 1998 S. 1] 1999 erfolgte die Publikation einer Zusammenfassung von ADS im IBM Systems Journal Volume 38, Number 1. [YOUNGS et al. 1999]

Publikationssprache ist Englisch.

Vererbung/abgeleitet von: Innerhalb des *Enterprise-Solutions-Structure*-Projektes (ESS) wurde ein spezifisches Metamodell entwickelt, welches zur Dokumentation von meist technischen Rahmenwerken verwendet wurde. ADS repräsentiert eine umfassendere Version dieses Metamodells: infolge der Entwicklungen stellt der ADS eine allgemeine Sprachbasis, ein formales Metamodell, ein Wörterbuch und eine detaillierte semantische Spezifikation zur Verfügung. [YOUNGS et al. 1999]

Weiterführende Literatur: *„Handbook on Architectures of Information Systems"* von Peter Bernus, Kai Mertins und Günter Schmidt – veröffentlicht 1998 von Springer. ISBN 3-540-64453-9

ADS wird kurz (2 Seiten) in *„Enterprise Architectures and Digital Administration: Planning, Design and Assessment"* von Ambrose Goikoetxea erwähnt – veröffentlicht 2007 von World Scientific. ISBN 9-812-70027-7

Art des Rahmenwerkes ist operationell.

Das Rahmenwerk **orientiert** sich auf technische Architekturen. ADS konzentriert sich dabei auf Komponenten, welche die Architektur des IT-Systems bilden. Vordergründig werden Softwarekomponenten und technische Strukturaspekte (Netzwerk, Sicherstellung von Serviceanforderungen usw.) berücksichtigt.

Verfügbarkeit: Die originale Abhandlung [KAHAN et al. 1998] ist im Internet auffindbar. Die 1999 im IBM Systems Journal publizierte Zusammenfassung [YOUNGS et al. 1999] *„A standard for architecture description"* ist kostenfrei auf den Internetseiten von IBM nachlesbar.

Dokumentationsumfang: Das Übersichtsdokument [KAHAN et al. 1998] umfasst 37 A4-Seiten, die *Semantic Specification* mit den festgelegten Begriffen zur Definition eines IS umfasst weitere 29 A4-Seiten. Die Zusammenfassung [YOUNGS et al. 1999] verzeichnet etwa 20 A4-Seiten.

Unterstützende Tools: ADS basiert weitestgehend auf den Konzepten und Notationen der *OMG Unified Modeling Language* (*UML*). [KAHAN et al. 1998 S. 5] Somit bieten sich marktübliche UML-Tools zur Modellierung an, insbesondere um die Interaktionen zwischen den Komponenten bei der Betrachtung des *Functional Aspects* wiederzugeben.

- Klassendiagramm für das Komponentenmodell
- Kontextdiagramm um Umfang und Kontext des Systems zu beschreiben
- Kommunikationsdiagramm, um Verhalten und Interaktionen von Komponenten darzustellen
- Listen mit Anforderungen (funktionale und nicht-funktionale)
- Ablaufdiagramme
- Use-Cases-Diagramm alias Anwendungsfalldiagramm
- Netzwerkdiagramm um die Netzwerktopologie zu repräsentieren

Support: IBM ist ein am Markt agierendes Wirtschaftsunternehmen – Support ist somit in Form von Beratungen möglich. Jedoch versteht sich das Konzept selbst eher als Arbeitsgrundlage für IBM-Mitarbeiter.

METAMODELL

Der ADS unterscheidet mit Blick auf ein IS zwei Hauptaspekte:

(a) Der *Functional Aspect* konzentriert sich auf die Beschreibung der Funktionalität des IT-Systems. Er ist für die Strukturierung und Modularisierung der Softwarekomponenten, der Interaktion zwischen den Komponenten sowie deren Protokollierung, für die Bereitstellung von Komponentenschnittstellen und deren Gebrauch sowie für das dynamische Verhalten zwischen den Komponenten zuständig.
(b) Der *Operational Aspect* konzentriert sich auf die Beschreibung des IT-Systembetriebes. Infolgedessen ist der *Operational Aspect* für die Beschreibung der Netzwerk-Organisation (Hardware-Plattformen, Standorte, Topologie usw.), zur Klärung der Fragen *„was läuft wo"* und *„wo sind Software und Daten im Netzwerk platziert"*, zur Sicherstellung von Serviceanforderungen (Verfügbarkeit, Performance, Sicherheit usw.) sowie für das Management und den Betrieb des IT-Systems (Auslastung managen, Verteilung der Dienste, Backup, Recovery usw.) zuständig.

Für die einzelnen Zuständigkeiten des *Functional Aspects* und *Operational Aspects* bietet der ADS eine Vielzahl von Darstellungsformen (weitestgehend UML-basiert), mit deren Hilfe der Architekt die Projektarbeit realisieren kann. ADS stellt so eine Vielzahl von Best Practices und Erfahrungen für die Projektarbeit bereit.

Der ADS führt zwar die Trennung in *Functional Aspects* und *Operational Aspects* an, weiß aber, dass es zeitweise notwendig ist, beide Aspekte zu integrieren und Zusammenhänge sowie Einflüsse zu behandeln. [KAHAN et al. 1998 S. 17] Dabei unterscheidet ADS fünf Hauptarten der Integration beider Aspekte:

(1) Beim *Component Placement* werden funktionelle Komponenten auf die betrieblichen Knoten verlagert, um Service- oder Qualitätsanforderungen zu gewährleisten.

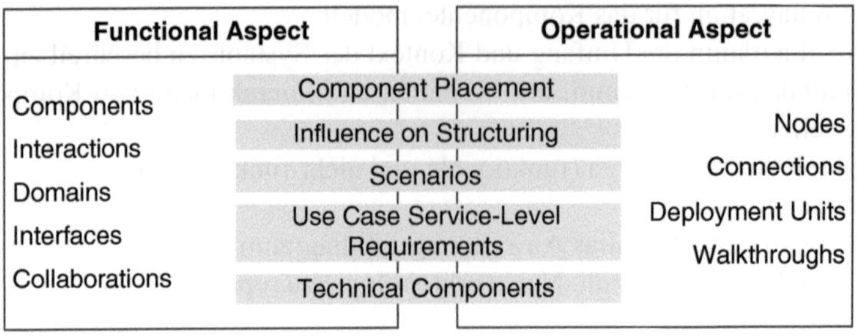

Abb. 4.1 Aspekte eines IS gemäß ADS [Eigene Darstellung nach KAHAN et al. 1998 S. 9]

(2) ADS weist auf die Problematik des *Component Structuring* hin: Betriebliche Betrachtungen werden oftmals durch Konzentration auf funktionelle Weiterentwicklungen vernachlässigt. Besteht doch häufig zwischen beiden Aspekten ein untrennbarer Zusammenhang – etwa die betriebliche Forderung nach minimalen Ansprechzeiten einerseits und Trennung von Client- und Serverkomponenten andererseits.
(3) ADS verwendet *Use Cases* als Beschreibungsmittel – diese Szenarien überspannen *Functional Aspects* und *Operational Aspects*.
(4) ADS empfiehlt die Spezifikation von *Service-Level Requirements* (*SLR*) wie bspw. Verfügbarkeit oder Sicherheit für *Use Cases*, welche dann über die eigentlichen Kollaborationen der Komponenten hinausgehen.
(5) Technische Komponenten sichern oftmals betriebliche Anforderungen, ragen aber auch in die Anwendungsentwicklung des *Functional Aspects*. Deutlich wird dies beim Betrachten von Sequenzdiagrammen; hier finden sich technische und Anwendungskomponenten gleichermaßen. [YOUNGS et al. 1999]

ADS führt ein Beispielszenario für die Projektdurchführung an. Dieses besteht aus folgenden Schritten: [KAHAN et al. 1998 S. 23]

(1) Erstellung einer Liste mit wesentlichen Use Cases, Qualitäts- und Serviceanforderungen (bspw. 24×7-Verfügbarkeit) sowie Skizzierung eines Übersichtdiagramms mit Hauptkonzept und Systemstruktur.
(2) Funktionelle und nicht-funktionelle Anforderungen in Use Cases festhalten.
(3) Die *Use Cases* bilden die Grundlage für das erste Komponentenmodell mit Darstellung der Abhängigkeiten.
(4) Anhand des Komponentenmodells werden erste Versuche unternommen, die Komponenten bzgl. ihres Umfangs und der Serviceanforderungen an bestimmte Knoten zu platzieren. Infolgedessen entstehen neue Komponenten und es werden Reorganisationen vollzogen.
(5) Das Komponentenmodell wird präzisiert. Es zeigt Integrationen ins IT-System (bspw. wie Legacy-Systeme integriert sind); funktionelle Redundanzen werden durch einheitliches Verhalten verteilter Komponenten vermieden und das Komponentenmodell hilft bei der Aufteilung der Arbeitsgruppen.

(6) Infolge der Platzierungsergebnisse und der einsetzenden Technologien wird das Komponentenmodell zyklisch entwickelt.
(7) Parallel zur Architekturverbesserung durchwandern diverse Komponenten die Arbeitsgruppen: Analyse, Entwurf, Programmierung und Test werden realisiert.

	JA	NEIN	BEMERKUNGEN
Stakeholder-Berücksichtigung		•	
Zertifizierungen		•	
Abb. der Geschäftsprozesse	•		
Berücksichtigung von Entitäten	•		
KOMPLEXITÄTSREDUZIERUNG			
Sichtweisen	1		Der ADS bietet für den Informationsmanager eine Gesamtsicht auf das IS.
Ebenentrennung		•	Der ADS beschreibt ein „overall metamodel“ für das gesamte IS ohne eine Ebenentrennung vorzunehmen.
BRÜCKSICHTIGUNG VON ANWENDUNGSSYSTEMEN			
rechnerbasierte	•		
konventionelle	•		Der ADS berücksichtigt Hardware, Software und Dokumentationen zur Implementierung und Beschreibung von IS-Lösungen in Form von Systemkomponenten. Dies sind bspw. Definitionen von Use Cases und nicht-funktionalen Anforderungen.
Kommunikationsbeziehung zw. Anwendungssystemen	•		
BRÜCKSICHTIGUNG VON PHYSISCHEN IS-KOMPONENTEN			
rechnerbasierte	•		
konventionelle		•	
Mensch als IS-Komponente		•	*Actor* wird zwar zur Beschreibung des IS berücksichtigt (bspw. in Bezug auf Use Cases, Organisationseinheiten oder Standorte), jedoch nicht als IS-Komponente im Sinne der Datenverarbeitung.

4.1.2 AGATE – Atelier de Gestion de l'Architecture

AGATE – **A**telier de **G**estion de l'**A**rchitectur**E** des systèmes d'information et de communication.

Ähnlich dem amerikanischen DoDAF ergibt sich der Nutzen dieses Rahmenwerkes durch die konsequente Beschreibung aller Systeme (Waffen-Systeme, IS) gemäß AGATE und die daraus gewonnene unternehmensweite Standardisierung. Dies unterstützt u. a. Integrationsbestrebungen, Anforderungsdefinitionen und Investitionssicherheit bei Akquirierungen.

Manuel de référence AGATE V3 - décembre 2005 ►

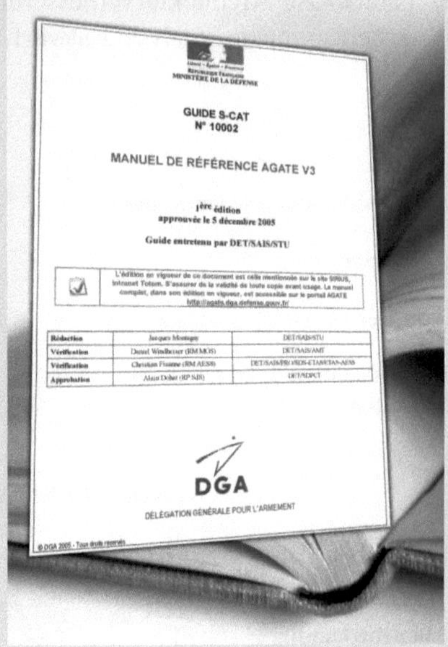

Die **Entwicklung** wird durch die französische wehrtechnische Behörde (*Délégation Générale pour l'Armement – DGA*) vorangetrieben. Entsprechend der französischen Herkunft ist das Konzept auch in französischer Sprache publiziert.

Historie: Die erste Initiative des französischen Verteidigungsministeriums, ein standardisiertes französisches Rahmenwerk für Architekturen (speziell ein Rahmenwerk zur Modellierung von Computer und Kommunikationssystem Architekturen) zu entwickeln, geht auf 2001 zurück. Im gleichen Jahr wurde auch die erste Version von AGATE veröffentlicht. Alle Waffen- und IT-Systeme des französischen Militärs müssen auf Basis von AGATE dokumentiert sein.

Vererbung: AGATE ist vom C4ISR AF abgeleitet.

Versionsverlauf: AGATE Version 1 wurde im Dezember 2001 veröffentlicht. Die Version 2.1 folgte im März 2004. Die Version 3 wurde im Dezember 2005 veröffentlicht.

Literatur: Es ist keine englischsprachige Literatur verfügbar, die weiterführend informiert.

Art des Rahmenwerkes ist übergreifend.

Das Rahmenwerk **orientiert** sich auf die Gesamtarchitektur.

Verfügbarkeit: Das originale Konzept steht in Form eines Online-Handbuches auf der Internetplattform des französischen Verteidigungsministeriums zum kostenfreien Download zur Verfügung (http://www.achats.defense.gouv.fr/article33349).

Unterstützende Tools:

- Das AGATE-Metamodell wird mittels UML repräsentiert, entsprechend bieten sich marktübliche UML-Tools zur Unterstützung an.
- Beschreibung der Architektur mit Microsoft Visio: seitens des DGA stehen MS Visio-Elemente zum Download Verfügung.
- Verhaltensanalyse und Simulation bspw. mit Petri-Netzen
- Telelogic System Architect
- Troux mit MEGA

Supportquellen: Als speziell französisches Framework beschränken sich Supportquellen auf einige wenige beratende Anlaufstellen in Frankreich.

METAMODELL

AGATE ist das französische Pendant zum amerikanischen DoDAF bzw. britischen MoDAF. Entsprechend ähnlich gestaltet sich das Metamodell: AGATE unterscheidet dabei vier *Viewpoints* plus der IS-Gesamtsicht. Jede dieser Sichtweisen repräsentiert bestimmte Stakeholder-Anforderungen.

Für jeden *Viewpoint* existiert eine diverse Anzahl an *Modellen*, die einen bestimmten Teil der Sichtweise abbilden. Eine bestimmte Anzahl an *Diagrammen* beschreibt einen Teil der *Modelle*. Jedes *Diagramm* wird durch eine gewisse Anzahl an *Elementen* und deren Zusammenhänge repräsentiert, was ein Teilkonzept der Architektur darstellt.

Es existiert ein *Konzeptmodell*, welches alle AGATE-Elemente und deren Zusammenhänge beschreibt. Jedes *Konzeptelement* kann für verschiedene *Viewpoints* und *Modelle* relevant sein. Die Konsistenz von *Viewpoint-* und *Modell-Übergängen*, die Verfolgbarkeit und verfeinernde Definitionen werden durch das *Konzeptmodell* und einem *Mapping Viewpoint-Element* sichergestellt.

(1) *Business Architecture Viewpoint* beschreibt die Nutzeranforderungen. Modelle dieses Viewpoints sind das *VEOC* (*Model of the issues, objectives and context*) und *VAM* (*Model of the business architecture*). Das *VEOC* beinhaltet die Probleme, Ziele und Prioritäten. Akteure, Rollen, Verantwortlichkeiten, Prozessabläufe, Tätigkeiten und Anforderungen sind im *VAM* beschrieben.
(2) *Service Architecture Viewpoint* wird vom *VAS* (*Model of the services*) beschrieben, welches verfügbare Dienste, deren Beziehungen untereinander sowie Verknüpfungen zu Diensttätigkeiten und Dienstkomponenten darstellt.
(3) *Logical Architecture Viewpoint* wird vom *VAL* (*Model of the logical architecture*) beschrieben, welches die logische Organisation der Komponenten, die Schnittstellen und den Austausch zwischen den logischen Komponenten darstellt.
(4) *Technical Architecture Viewpoint* wird vom *VAT* (*Model of the technical architecture*) beschrieben, welches die technische Implementierung der logischen

Komponenten (Hard- und Software) sowie die technische Charakteristik (Produktname, Lieferant, Version usw.) der Komponenten darstellt. [DGA 2005]

(5) Gesamtsicht auf das IS mit Berücksichtigung der Stakeholder, des Kontexts und der Zielsetzungen.

BUSINESS ARCHITECTURE VIEWPOINT	**VEOC (Model of the issues, objectives and context)** Problems, Objectives, Priorities
	VAM (Model of the business architecture) Actors, Roles, Responsibilities, Processes, Operations, Requirements
SERVICE ARCHITECTURE VIEWPOINT	**VAS (Model of the services)** Services, Relationships between, Links Services-Operations & Services-Components
LOGICAL ARCHITECTURE VIEWPOINT	**VAL (Model of the logical architecture)** Logical Components Organization; Interfaces, Connections and Traffic between Logical Components
TECHNICAL ARCHITECTURE VIEWPOINT	**VAT (Model of the technical architecture)** Technical Implementation of the logical components (SW, HW) and Components Technical Characteristics (name, vendor, version, ...)

Abb. 4.2 IS-Architekturverständnis von AGATE

	JA	NEIN	BEMERKUNGEN
Stakeholder-Berücksichtigung	•		
Zertifizierungen		•	
Abb. der Geschäftsprozesse	•		

KOMPLEXITÄTSREDUZIERUNG			
Sichtweisen	5		
Ebenentrennung	•		In Abhängigkeit der Stakeholder-Anforderungen untergliedert AGATE eine IS-Architektur in vier Ebenen, welche durch Modelle repräsentiert werden.
Ebenenbeziehungen	•		

BRÜCKSICHTIGUNG VON ANWENDUNGSSYSTEMEN			
rechnerbasierte	•		
konventionelle		•	
Kommunikationsbeziehung zw. Anwendungssystemen	•		

BRÜCKSICHTIGUNG VON PHYSISCHEN IS-KOMPONENTEN			
rechnerbasierte	•		
konventionelle		•	
Mensch als IS-Komponente		•	

4.1.3 ArchiMate von The Open Group

ArchiMate definiert eine Terminologie zur Beschreibung der Hauptelemente und deren Abhängigkeiten innerhalb der Architekturausprägungen eines Unternehmens (Prozess-, Informations-, Technologie-, Produkt- und Anwendungsarchitektur) sowie der Beziehungen zwischen den Domains. [LANKHORST et al. 2004 S. 2]

ArchiMate 1.0 Specification (ArchiMate is a registered trademark of The Open Group) ►

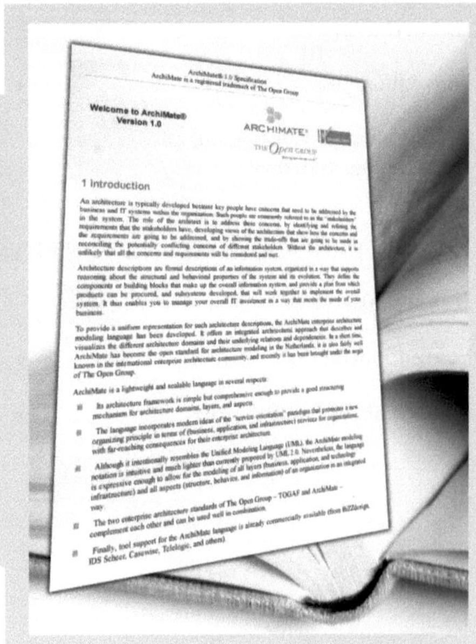

Entwickler: ArchiMate versteht sich als *„open world-class standard for Enterprise Architecture“*. An dessen Entwicklung kann jeder im Rahmen des *ArchiMate Forum* mitwirken. Das ArchiMate Forum ist seit 2005 aktiv und besteht sowohl aus Endnutzern, als auch aus Beratungsunternehmen und Softwareherstellern.

Nationalität: Ursprünglich in den Niederlanden entwickelt, mittlerweile ein offener Standard von The Open Group.

Historie: ArchiMate wurde ursprünglich von einer niederländischen Kooperation aus Regierung, Industrie und Bildungswesen entwickelt. Dabei ging das Management für die ursprüngliche Entwicklung, welche von 2002–2004 dauerte, 35 Mannjahre erforderte und etwa 4 Millionen Euro kostete, vom *Telematica Instituut* aus. Seit 2008 wird ArchiMate als offener Standard von The Open Group betreut.

Vererbung: ArchiMate richtet sich nach der Architekturdefinition von TOGAF und erfüllt so auch wie TOGAF die inhaltlichen Anforderungen an eine Architekturbeschreibung des Standards ISO/IEC 42010 (IEEE Std 1471).

Literatur:

- ArchiMate Quick Reference stellt ein Übersichtsblatt mit der Terminologie dar.
- Marc Lankhorst & Hans van Drunen (2007): Enterprise Architecture Development and Modelling – Combining TOGAF and ArchiMate, Via Nova Architectura.

- Hugo ter Doest, Maria Iacob, Marc Lankhorst (Ed.) & Diederik van Leeuwen (2003–2004): Viewpoints Functionality and Examples, Enschede: Telematica Instituut.

Art des Rahmenwerkes ist übergreifend.
Das Rahmenwerk **orientiert** sich auf die Gesamtarchitektur.

Verfügbarkeit: Über ArchiMate wird auf der Website www.archimate.org informiert. Die Konzeptbeschreibung kann unter www.opengroup.org/archimate eingesehen werden.

Dokumentationsumfang: Die Konzeptbeschreibung umfasst 110 A4-Seiten.

Unterstützende Tools: Es können verschiedene Modellierungswerkzeuge verwendet werden – u. a. sind Microsoft Visio und Omnigraffle (Apple)-Vorlagen verfügbar. Der *Corporate Modeler* von Casewise erlangte 2007 die ArchiMate-Zertifizierung.

METAMODELL

ArchiMate versteht sich als serviceorientiertes Konzept: *Service* wird als eine Einheit von Funktionalitäten definiert, welche Entitäten (bspw. ein System, eine Organisation oder Abteilung) für die Umgebung zur Verfügung stellt und für diese einen bestimmten Wert repräsentiert.

Entsprechend der natürlichen Betrachtung auf service-orientierte Modelle führt ArchiMate folgendes Architektur-Referenzmodell an:

(1) Die Business Layer offeriert *products* und *services* für Externe, welche in der Organisation mittels *processes* realisiert und von *actors* umgesetzt werden.
(2) Die Application Layer unterstützt die Business layer mit application *services*, welche bspw. durch Software realisiert werden.
(3) Die Technology Layer bietet infrastructural *services* (z. B. Verarbeitungs-, Speicherungs- und Kommunikationsdienste), welche für den Betrieb der Anwendungen erforderlich sind. Diese Dienste werden durch Computer- und Kommunikationshardware sowie Systemsoftware realisiert.

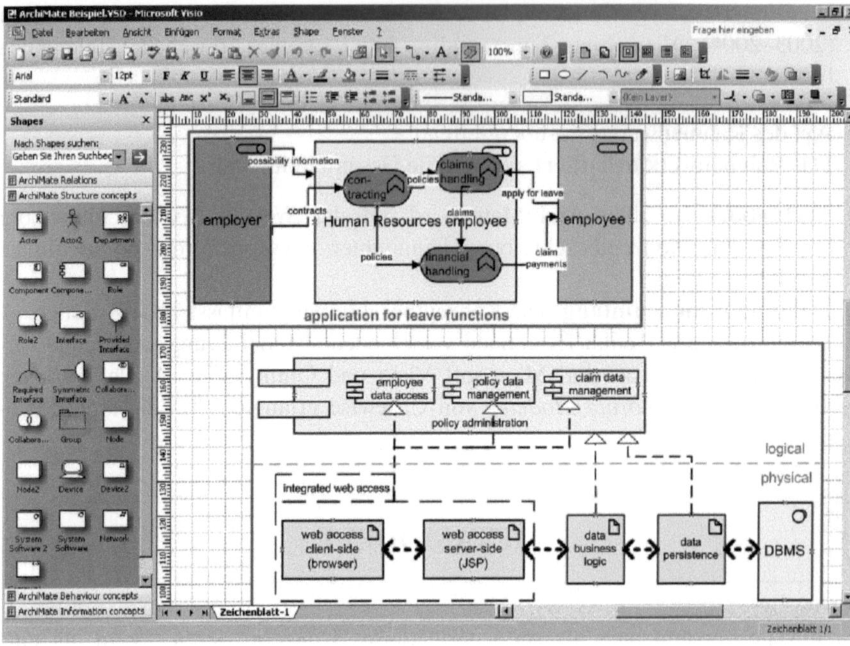

Abb. 4.3 Screenshot eines modellierten Urlaubsantrags

	JA	NEIN	BEMERKUNGEN
Stakeholder-Berücksichtigung		•	
Zertifizierungen		•	ArchiMate selbst ist nicht zertifiziert, berücksichtigt aber die inhaltlichen Anforderungen an eine Architekturbeschreibung gemäß ISO/IEC 42010.
Abb. der Geschäftsprozesse	•		
Berücksichtigung von Entitäten	•		

KOMPLEXITÄTSREDUZIERUNG			
Sichtweisen	3		Der *Behaviour aspect* betrachtet die internen und externen Aktivitäten einer Organisation. Der *Structure aspect* betrachtet die Struktur innerhalb der Ebenen und der *Information aspect* betrachtet die zu nutzenden oder zu transportierenden Informationen auf den Ebenen. [LANKHORST et al. 2004 S. 17]
Ebenentrennung	•		

Ebenenbeziehungen	•		Mit der use-Kennzeichnung wird eine Nutzung der *services* aus untergeordneten Ebenen für die höhere Ebene gekennzeichnet. Mit der Realisation-Kennzeichnung wird die zweite Art der Darstellung der Ebenenbeziehungen angeführt: Elemente einer unteren Ebene können vergleichbare Elemente einer höheren Ebene realisieren. Bspw. kann ein data object der Application Layer ein business object der Business Layer realisieren.
BRÜCKSICHTIGUNG VON ANWENDUNGSSYSTEMEN			
rechnerbasierte	•		
konventionelle		•	
Kommunikationsbeziehung zw. Anwendungssystemen	•		
BRÜCKSICHTIGUNG VON PHYSISCHEN IS-KOMPONENTEN			
rechnerbasierte	•		
konventionelle		•	
Mensch als IS-Komponente	•		

4.1.4 ARIS – Architektur integrierter Informationssysteme

ARIS – **Ar**chitektur integrierter **I**nformations**s**ysteme (engl.: *Architecture of Integrated Information Systems*). Die von ARIS beschriebene Architektur wird umgangssprachlich auch als *ARIS-Haus* bezeichnet.

ARIS liefert ein Rahmenkonzept und eine Methodologie zur Beschreibung von betrieblichen IS.

„ARIS“, „IDS“ und das Symbol sind Marken oder eingetragene Marken der IDS Scheer AG. ►

Entwickler: ARIS wurde ursprünglich von Prof. August-Wilhelm Scheer am *Institut für Wirtschaftsinformatik* an der deutschen Universität des Saarlandes entwickelt. Durch gekonnte Transferarbeit erfolgte die Übertragung in die Wirtschaft. ARIS wird von der IDS Scheer AG erfolgreich vorangetrieben, weiterentwickelt und vermarktet.

ARIS ist in Deutsch und Englisch dokumentiert

Historie: Scheer veröffentlichte 1991 sein Buch *„Architektur integrierter Informationssysteme“*, in dem ARIS mit anderen Architekturen (z. B. *CIMOSA*) verglichen wurde. Seit 1992 entwickelt die IDS Scheer AG das ARIS-Konzept und vermarktet es gemeinsam mit weiteren Lösungen der ARIS-Familie als *„ARIS-Platform“*.

Versionsverlauf: Das ursprüngliche ARIS-Konzept mit der Architektur von Scheer stammt von 1991. Die auf diesem Konzept aufbauende ARIS-Produktserie wird kontinuierlich weiterentwickelt, sodass von der IDS Scheer AG im Dezember 2008 die ARIS Version 7.1 veröffentlicht wurde.

Vererbung: ARIS ist abgeleitet von CIMOSA 1989.

Literatur: Bücher von Scheer zur Beschreibung von ARIS: *Architektur integrierter Informationssysteme* (1992), *ARIS – Vom Geschäftsprozess zum Anwendungssystem* (1998) und *ARIS – Modellierungsmethoden, Metamodelle, Anwendungen* (1998).

Marktanteil: ARIS wird infolge des guten Hochschul-Praxis-Transfers als der wahrscheinlich bekannteste deutsche Ansatz zu IS-Architekturen gesehen. Trotz zahlreicher Übersetzungen der Scheer-Publikationen ins Englische, Französische,

Portugiesische, Japanische, Chinesische, Russische, Polnische und Tschechische liegt das Hauptanwendungsgebiet in Europa, wiederum mit Schwerpunkt auf Deutschland, Österreich und Tschechien.

Die **Art** des Rahmenwerkes ist übergreifend. Das *ARIS-Haus* repräsentiert eine konzeptuelle Lösung, welche vom ARIS-Phasenmodell operationell ergänzt wird.

Orientierung: Auch wenn das ARIS-Konzept Aspekte der Implementierungsebene berücksichtigt, so konzentriert es sich zu wesentlichen Teilen auf die Abbildung und Optimierung der Geschäftsprozesse.

Verfügbarkeit: Interessenten können bei der IDS Scheer AG den Link zu deren FTP-Dokumentationsverzeichnis anfragen. Das zum Entpacken der Dokumentationen notwendige Passwort wird zusammen mit dem Link zur Verfügung gestellt. Die Dokumentation steht dann kostenfrei zur Verfügung.

Der **Dokumentationsumfang** des ARIS-Methodenhandbuches beinhaltet 2.800 A4-Seiten. Die ARIS-Dokumentation umfasst mehrere PDF-Dateien. Darunter befinden sich ein Technisches Handbuch, eine Auswertungsbeschreibung, Installationsanleitungen oder auch eine PDF-Datei, welche die Elemente der *ARIS-Platform* gegenüberstellt.

Das Aris Toolset: ARIS führt für die einzelnen Komponenten der ARIS-Architektur eine Reihe von möglichen Modellierungsmethoden an - dies reicht bspw. von *Unified Modelling Language* (*UML*) über *EPK* und *ERM* bis hin zu *Struktogrammen* und *Organigrammen*. Hierfür können marktübliche Programme verwendet werden.

Support: Die IDS Scheer AG bietet als Software- und Beratungsunternehmen kostenpflichtige Trainings- und Supportdienstleistungen an. Darüber hinaus existieren Foren, Wikis und Literaturverzeichnisse.

METAMODELL

Mit ARIS ist ein Rahmenkonzept und eine Methodologie zur Beschreibung von Geschäftsprozessen entwickelt worden. Dabei richtet ARIS verschiedene Sichten auf den Geschäftsprozess:

(a) *Organisationssicht* (*Organization View*) bildet das Dach des ARIS-Hauses und beinhaltet alle Organisationseinheiten (Ressourcen wie Mitarbeiter, Maschinen, Hardware) des Unternehmens und deren Beziehungen untereinander.
(b) Die zentrale *Steuerungsschicht* (*Control View*) dient der Integration der einzelnen Sichten in einen logischen und zeitlichen Ablaufplan.
(c) *Datensicht* (*Data View*) beschreibt als linke Säule alle unternehmensrelevanten Informationsobjekte. Dazu gehören Daten wie bspw. Produktionsdaten, Schriftverkehr, Dokumente und Ereignisse, um neue Daten zu generieren.
(d) Die *Funktionssicht* (*Function View*) repräsentiert als rechte Säule Vorgänge alias Tätigkeiten, um Leistungen zu transformieren, und die zwischen diesen Vorgängen bestehenden statischen Beziehungen. Unternehmensziele werden

dieser Sicht zugeordnet, um deren Erfüllung infolge der unternehmerischen und organisatorischen Tätigkeiten abzubilden.

(e) Die *Leistungsschicht* (*Product/Service View*) bildet das Fundament des ARIS-Hauses und beschreibt alle Sach-, Dienst- und finanziellen Leistungen sowie den Output des Unternehmens.

(f) Die *Ressourcensicht* (*Resource View*) beinhaltet die Ressourcen der Informationstechnik (Hard- und Software). Da diese Betrachtungen in den Ebenenbeschreibungen von *DV-Konzept* und *Implementierung* der anderen Sichten behandelt werden und sich somit im *Lifecycle-Modell* auflösen, bildet die *Ressourcensicht* keinen eigenen Baustein des ARIS-Hauses. [IDS 2008 S. 7] Entsprechend ist von fünf ARIS-Sichtweisen die Rede. [IDS 2008 S. 8]

Das *Lifecycle-Modell* unterstützt bei einer durchgängigen Beschreibung, beginnend bei der betriebswirtschaftlichen Problemstellung bis zur DV-Implementierung. Jede der Sichtweisen (a) – (e) wird in drei Elemente (I–III) unterteilt. Die gegebene *betriebswirtschaftliche Problemstellung* (*Business Management-Related Problem*) im Unternehmen wird als Ausgangspunkt mit halbformalen Beschreibungsmethoden erfasst (*Vorgangskettendiagramme – VKD*).[1] Diese grobe Darstellung umfasst insbesondere die fachlichen Zielsetzungen und Möglichkeiten der IT-Unterstützung bestimmter Prozesse und bei Entscheidungen.

(I) Die *Anforderungs- bzw. Fachkonzeptebene* (*Requirements Definition*) formalisiert und detailliert die Problemstellung, was auch als (*semantische*) *Modellierung* bezeichnet wird. Sie liefert eine strukturierte Darstellung eines Prozesses mittels geschäftsorientierten, DV-fremden Beschreibungsmodellen. Je nach Sicht können bspw. *Erweiterte Prozessketten* (*EPK*), *Funktionsbäume*, *Entity-Relationship-Modelle* (*ERM*) zur Modellierung verwendet werden. Für die Organisationssicht finden auf dieser Ebene bspw. *Organigramme* zur Beschreibung der Organisationsstruktur Anwendung.

(II) Das *DV-Konzept* (*Datenverarbeitungskonzept/Ebene der Gestaltungsspezifikation – Design Specification*) nutzt die Anforderungskonzepte und setzt diese bspw. mittels Struktogrammen in DV-Konzepte um. Anstelle der *fachlichen Funktionen* treten die *ausführenden Module* oder *Transaktionen*.

(III) Die *Implementierungsebene* (*Implementation Description*) repräsentiert die abschließende Realisierung der DV-Konzepte auf konkrete Hard- und Softwarelösungen – bspw. durch Abbildung der verwendeten Protokolle, Anwendungsprogramme, Datenbankbeschreibungen. Über diese Ebene erfolgt somit die Verbindung zur IT.

---

[1] Vorgangskettendiagramme (VKD) verwenden die gleichen Elemente und Beziehungen zur Prozessbeschreibung wie Ereignisgesteuerte Prozessketten (EPK). Im Gegensatz zu EPK erfolgt bei VKD eine Sortierung der Elemente in die jeweiligen Spalten (Ereignis, Funktion, Daten usw.). [IDS 2008 S. 17] Entsprechend uneffektiv ist die Zeichenflächenausnutzung. Die Sortierung macht jedoch Brüche/Wechsel der Organisationseinheit, des Anwendungssystems, Datenträgers oder Datenformats sichtbar.

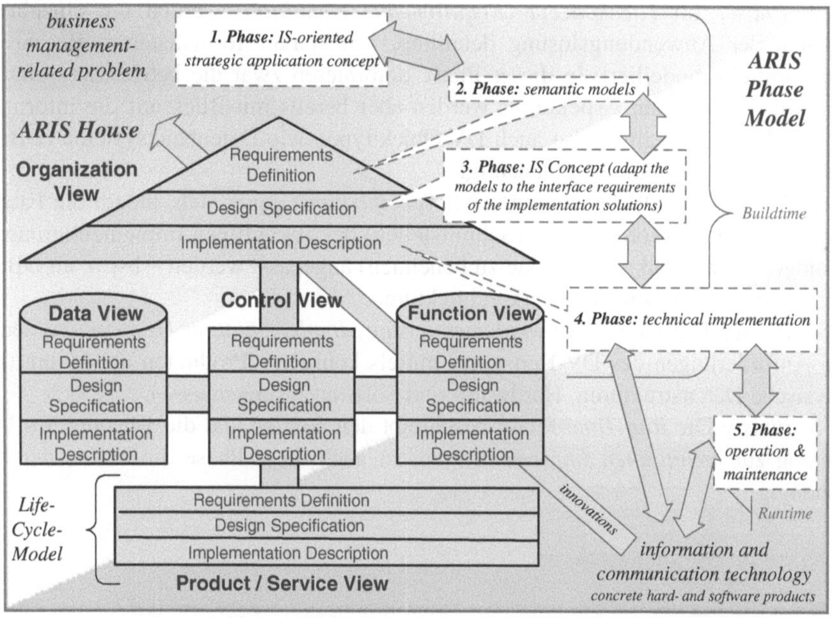

Abb. 4.4 Das ARIS-Haus und -Phasenmodell [Eigene Darstellung nach IDS 2008]

Diese einzelnen Elemente des ARIS-Hauses können individuell modelliert werden, ohne das gesamte Modell einbeziehen zu müssen.

Die ARIS-Strukturelemente implizieren ein Vorgehensmodell zur Entwicklung integrierter IS: Aufteilung in Sichtweisen und anschließende Zusammenführung der Ergebnisse. [IDS 2008 S. 2] Das *Lifecycle-Modell* allein hat nicht die Bedeutung eines Vorgehensmodells zur Entwicklung von IS – vielmehr beschreibt es den Lebenslauf eines IS. [IDS 2008 S. 9] Die Phasen des *Lifecycle-Modells* sind natürlich Bestandteil des *ARIS-Phasenmodells*, welches ein Vorgehens-Referenzmodell darstellt. Die vier Phasen (1–4) werden als *Build-Time* bezeichnet und beschreiben die Entwicklungszeit für die Erstellung eines IS. Die fünfte Phase beschreibt die *Run-Time* und damit den Betrieb des IS. [SCHEER 2002 S. 40]

1. Phase: Erstellung eines globalen (ohne Aufteilung in die ARIS-Sichten) *DV-orientierten strategischen Anwendungskonzeptes. DV-orientiert* bedeutet, dass an dieser Stelle die Möglichkeiten der IT hinsichtlich der Unternehmenskonzepte berücksichtigt werden. Ein Beispiel für derartige IT-Unterstützung ist die Integration eines Warenwirtschaftssystems in den klinischen Leistungsprozess. *Strategisch* bedeutet, dass die Geschäftsführung die langfristigen Unternehmensziele, Leistungsfelder und Ressourcen definiert, was sich entsprechend auf die Gestaltung der Geschäftsprozesse mit deren Zielen, kritischen Erfolgsfaktoren und Ressourcenallokationen auswirkt.

2. Phase: Im *Fachkonzept* (*Requirements Definition*) werden die einzelnen Sichten der Anwendungslösung detailliert, mit stärker formalisierten Beschreibungsmitteln modelliert. In dieser Phase dominieren zwar die betriebswirtschaftlichorganisatorischen Aspekte, es werden aber bereits mit Blick auf die informationstechnische Realisierung auch DV-Objekttypen wie Datenbanksysteme (DBS) und Programmsysteme berücksichtigt.

3. Phase: Das *DV-Konzept* (*Design Specification*) ergibt sich, indem die Fachmodelle an die Anforderungen (Schnittstellen) der zukünftigen Implementierungslösungen (ohne konkret Produkte zu benennen) angepasst werden – bspw. an DBS, Programmiersprachen, Netzwerkarchitekturen.

4. Phase: Die *technische Implementierung* (*Implementation Description*) setzt die Anforderungen des DV-Konzeptes mittels konkreten Produkten der IT um (in physische Datenstrukturen, Hardware- und Softwarelösungen usw.).

5. Phase: Die *Run-Time*-Phase beschreibt den *Betrieb* und die *Wartung* des IS. Analog zur *technischen Implementierung* ist auch diese Phase direkt von der IT abhängig.

	JA	NEIN	BEMERKUNGEN
Stakeholder-Berücksichtigung		•	
Zertifizierungen	•		Die ARIS-Produktlösungen sind als TOGAF-Tool zertifiziert, was nach Angaben der IDS Scheer AG deren Unterstützung für TOGAF zum Ausdruck bringen soll.
Abb. der Geschäftsprozesse	•		
Berücksichtigung von Entitäten	•		
KOMPLEXITÄTSREDUZIERUNG			
Sichtweisen	6		
Ebenentrennung		•	Die explizite Angabe eines Architektur-Referenzmodells mit einer Ebenentrennung erfolgt nicht.
BRÜCKSICHTIGUNG VON ANWENDUNGSSYSTEMEN			
rechnerbasierte	•		
konventionelle		•	
Kommunikationsbeziehung zw. Anwendungssystemen	•		

BRÜCKSICHTIGUNG VON PHYSISCHEN IS-KOMPONENTEN			
rechnerbasierte	•		
konventionelle		•	
Mensch als IS-Komponente		•	ARIS beschränkt sich auf IT zur Unterstützung von Prozessen und Entscheidungen – die Implementierungsebene des Lifecycle-Modells beschreibt bspw. die Abbildung des DV-Konzeptes auf konkrete Hard- und Softwarelösungen. [IDS 2008 S. 10]

4.1.5 C4ISR Architecture Framework

C4ISR AF – Command, Control, Communications, Computers, Intelligence, Surveillance and Reconnaissance Architecture Framework.

Es werden Sichtweisen, Modelle und eine sechsstufige Schrittfolge zur Beschreibung von (militärisch geprägten) IS-Architekturen angeführt.

C4ISR Architecture Working Group (AWG) entwickelte unter der Federführung des U.S. Department of Defence das C4ISR AF.

Deckblatt des C4ISR AF. ►

Historie: Erkannte IT-Probleme beim ersten Golfkrieg sollten mit C4ISR überwunden werden. Hauptanliegen waren dabei die Mobilmachung und Einführung taktischer Software (Battlefield-Software) sowie Interoperabilität und Integration von IS, um die Kriegsführung zu unterstützen. [MASAK 2005 S. 36]

Versionsverlauf: 07. Juni 1996 erfolgte die Veröffentlichung der Version 1. Die Version 2 wurde am 18. Dezember 1997 veröffentlicht.

Vererbung: C4ISR AF dient als Basis für das DoDAF.

C4ISR AF entspricht im Grundsatz dem Wasserfallmodell, sodass das C4ISR-Konzept auch dementsprechende Probleme beinhaltet: (1) Anforderungen müssen von Beginn an bekannt sein. (2) Änderungen durchziehen gesamtes Verfahren. [MASAK 2005 S. 37]

Die **Art** des Rahmenwerkes ist übergreifend.

Das C4ISR AF **orientiert** sich auf die Gesamtarchitektur; jedoch mit technischer Fokussierung.

Verfügbarkeit: Die originale Architekturbeschreibung steht im Internet als PDF-Dokument zum kostenfreien Download zur Verfügung. Das Dokument [AWG 1997] umfasst 231 A4-Seiten.

Unterstützende Tools: ARIS-Methodik und -Toolset stimmt mit dem C4ISR-Konzept überein. Weitere Tools bieten Telelogic mit „System Architect", das U.S. Government mit „FEAMS", Proforma mit „Provision Modeling Suite" sowie Ptech mit „Enterprise Framework".

Zur Vermittlung der Inhalte werden für die Visualisierung der Architecture-Products eine Vielzahl von Diagrammen und Schemas verwendet (UML, Struktogramme, EPK, Aktivitätsdiagramme, Skizzen usw.); entsprechend bieten sich marktübliche Programme an.

Es wird seitens des Herstellers kein **Support** angeboten. Einzelne Beratungsfirmen unterstützen das C4ISR AF.

METAMODELL

Das Konzept besteht aus der nebenläufigen Sichtweise *All-View* und den drei Hauptsichtweisen. Innerhalb jeder Sichtweise existieren *Architecture Products* (insgesamt 26 Stück), die als einzelne Modelle, Listen usw. zur inhaltlichen Beschreibung der Sichtweisen verstanden werden können.

Die All-View enthält zwei Architecture Products. *AV-1 „Overview and Summary Information"* beschreibt den Kontext mit Umfang, Zweck, den betreffenden Anwendern sowie den Randbedingungen. *AV-2* ist das *„Integrated Dictionary"*.

Die *Operational View* enthält neun Architecture Products. Die Terminologie entspricht einer Geschäftsprozesssicht. Aufgaben und Tätigkeiten sowie die betrieblichen Elemente und Datenflüsse, die erforderlich sind, um Militäreinsätze durchzuführen bzw. zu unterstützen, werden beschrieben.

Die *System View* enthält 13 *Architecture Products* und versteht sich als ein vollständig automatisiertes System. Diese Sichtweise beinhaltet Beschreibungen, Grafiken, System- und Kommunikationsunterstützungen für den Support des Kampfeinsatzes.

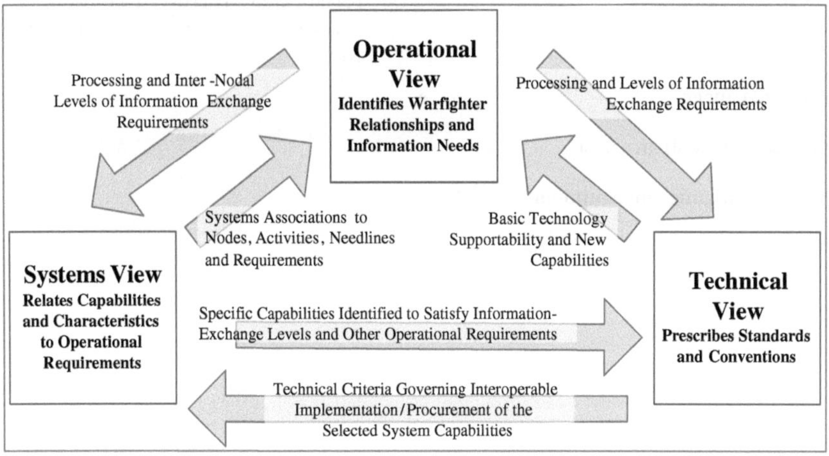

Abb. 4.5 Sichtweisen des C4ISR [Angepasste Darstellung aus AWG 1997 S. 2–7]

Die *Technical View* wird durch zwei Architecture Products dargestellt. Diese Sichtweise beinhaltet die minimale Menge an veränderbaren Regeln und Standards für die Wechselwirkung und Korrelation von Systemteilen oder Elementen zur Wahrung der Systemstabilität. [AWG 1997 S. 2–3] Ziel ist die Effizienz und Interoperabilität der einzelnen autonomen Systeme.

Eine Reihe von Referenzmodellen sind in der C4ISR-Beschreibung enthalten. So auch der Six-Step Architecture Description Process als Vorgehens-Referenzmodell zur Entwicklung einer Architektur [AWG 1997 S. 3–5]:

(1) Bestimmung des Verwendungszwecks der Architektur.
(2) Bestimmung des Architekturumfangs, des Architekturkontexts, der Architekturumgebung und der zu berücksichtigenden Annahmen.
(3) Bestimmung der zu erfassenden Merkmale, welche die Architektur charakterisieren.
(4) Bestimmung der aufzubauenden Architektur-Sichtweisen und unterstützenden Produkte.
(5) Aufbau der erforderlichen Produkte.
(6) Nutzen der Architektur mit angestrebtem Verwendungszweck.

C4ISR Core Architecture Data Model (*CADM*) ist ein eher logisches Datenmodell und bietet einen konzeptuellen Blick auf die Informationsorganisation. Dabei umfasst es etwa 250 Entitäten. [AWG 1997 S. 4–87]

Das C4ISR AF verweist auf das *DoD Technical Reference Model* (*TRM*) als Architektur-Referenzmodell

	JA	NEIN	BEMERKUNGEN
Stakeholder-Berücksichtigung		•	Da man davon ausging, dass dies nicht notwendig sei. Begründung: Die Militärdoktrin repräsentiert die alleinige treibende Kraft. Hierfür steht bspw. der oberste Befehlshaber als solche treibende Kraft.
Zertifizierungen		•	
Abb. der Geschäftsprozesse	•		
Berücksichtigung von Entitäten	•		

KOMPLEXITÄTSREDUZIERUNG			
Sichtweisen	4		
Ebenentrennung	•		Eine genaue Benennung der Differenzierung erfolgt im Konzept nicht. Bei Betrachtung der Architecture Products wird aber ersichtlich, dass diese Inhalte einer klassischen Ebenenteilung von IS-Architekturen in fachliche, logische und physische Ebene entsprechen. Somit werden mindestens diese berücksichtigt.
Ebenenbeziehungen	•		

BRÜCKSICHTIGUNG VON ANWENDUNGSSYSTEMEN			
rechnerbasierte	•		
konventionelle	•		Die Technical View beinhaltet Konventionen und Standards und kann somit als eine Art Wissensbasis bzw. als Sammelsurium von Regelungen (Dienstvorschriften, Organisationsplänen usw.) betrachtet werden.
Kommunikationsbeziehung zw. Anwendungssystemen	•		

BRÜCKSICHTIGUNG VON PHYSISCHEN IS-KOMPONENTEN			
rechnerbasierte	•		
konventionelle	•		Bspw. Grafiken und Karten, die aber auch digital aufbereitet zur Verfügung stehen können.
Mensch als IS-Komponente		•	

4.1.6 CIMOSA – CIM Open System Architecture

CIMOSA sollte die kontinuierliche Unternehmensentwicklung fördern und betriebliche Verbesserungen managen. Hierfür leitet CIMOSA bei der Entwicklung und Implementierung von *Computer Integrated Manufacturing* (*CIM*)-Systemen an – unter anderen für die Industrie bei der Entwicklung von CIM-Komponenten – was zu einer gewissen Kompatibilität zwischen den Entwicklungen der AMICE-Mitglieder führte. CIMOSA bietet eine Referenzarchitektur.

Deckblatt von [AMICE 1993] ►

CIMOSA ergibt sich aus der Abkürzung von *Computer Integrated Manufacturing Open System Architecture*.

Entwickler: CIMOSA wurde vom europäischen *AMICE-Konsortium* im Rahmen des von der Europäischen Union geförderten Projektes *ESPRIT* entwickelt. [ZWEGERS 1998 S. 62] AMICE ergibt sich aus der umgedrehte Abkürzung von *European Computer Integrated Manufacturing Architecture.* Das Konsortium besteht aus namhaften Mitgliedern wie IBM, HP, Siemens, Fiat und Daimler Benz. ESPRIT ergibt sich aus der Abkürzung von *European Strategic Program for Research and Development in Information Technology.*

Historie: 1985 begann man mit der Entwicklung einer offenen Systemarchitektur für CIM. Um CIMOSA zu bewerben, veröffentlichte man 1989 die erste Auflage. 1996 wurde das Projekt abgeschlossen.

Versionsverlauf: Seit 1986 hat das AMICE-Konsortium verschiedene ESPRIT-Projekte realisiert. Auf Grundlage der verschiedenen Projektergebnisse entstand CIMOSA. Seit 1989 erfolgten diverse CIMOSA-Publikationen jeweils in englischer Sprache. [AMICE 1993 S. 2]

Vererbung: CIMOSA ist die Basis für GERAM V. 1.6.3 von 1999. Die zentrale Komponente *Generalised Enterprise Reference Architecture* (*GERA*) von GERAM beschreibt eine Erweiterung des *CIMOSA Modelling Framework.* [STANFORD-SMITH et al. 2000 S. 393]

Weiterführende Literatur: Neben [AMICE 1993] und verschiedenen Fachartikeln und Konferenzmaterialien kann auf folgende Literatur zurückgegriffen werden:

(a) *„CIMOSA – Open System Architecture for CIM, Technical Baseline, Version 3.2“* veröffentlicht vom CIMOSA Association e.V. als private Publikation unter der Nummer 96/02/15. (b) Konferenzdokumentation der *Conference on Enterprise Integration and Modelling Technology* mit dem Titel *„Enterprise Engineering and Integration: Building International Consensus“* von 1997 – herausgegeben von K. Kosanke und J. G. Nell im Springer Verlag. (ISBN 3-540-63402-9).

Die **Art** des Rahmenwerkes ist eher konzeptuell mit operationellen Ansätzen.

CIMOSA **orientiert** sich auf technische Architekturen mit Fokussierung auf *Computer Integrated Manufacturing* (*CIM*).

Verfügbarkeit: Das Konzept [AMICE 1993] ist im Taschenbuchformat mit dem Titel *„CIMOSA Open System Architecture for CIM“* im Springer-Verlag erhältlich. Der Dokumentationsumfang beträgt etwa 100 A4-Seiten.

Diverse **Tools** zur Geschäftsprozessmodellierung eignen sich zur Unterstützung von CIMOSA. Darunter ARIS Collaborative Suite von IDS Scheer, CIM Tool von RGCP und die Anwendung FirstStep.

Beratungsunternehmen leisten **Support** in Sachen CIMOSA.

METAMODELL

CIMOSA definiert eine modellbasierte Methodik für Enterprise Engineering, welche Produktionsaufgaben in *grundsätzliche* (*generic/partial functions*) *und spezifische Funktionen* (*specific/particular functions*) ordnet.

Generic Functions können in jedem Unternehmen – unabhängig von seiner Größe, der Organisation oder dem Geschäftsgebiet – ausgeführt werden. Beispiele dafür sind die Kontrolle von Workflows, die Administration von Informationen, Integration von Ressourcen sowie das Kommunikationsmanagement. Hierfür sollten die *Generic Functions* als allgemeine Dienste realisiert werden.

Specific Functions sind vom individuellen Unternehmen abhängig. Dies betrifft zum Beispiel die Produktentwicklung, die Produktionsprozesse im Unternehmen, die Erzeugung von Produktionsplänen, Terminierung der Produktion, Versand, Wartung von Equipment, Bestellprozesse sowie Zahlungsabläufe. Diese Specific Functions werden durch Menschen, Maschinen und Computer realisiert.

CIMOSA trennt die Funktionsnutzung in drei miteinander in Beziehung stehende Konzepte: [AMICE 1993 S. 20]

Konzept (a) ist das *CIMOSA Modelling Framework*, welches sich als Anleitung zum Entwickeln einer Unternehmensstruktur mit dazugehörigem CIM-System versteht. Dieses Rahmenwerk basiert auf dem „CIMOSA-Würfel“, der zwischen drei Dimensionen unterscheidet, die durch die drei Würfelachsen repräsentiert werden:

Die senkrechte Dimension beschreibt die Schritte des *CIMOSA-Phasenkonzeptes* – also die schrittweise Herleitung (*Stepwise Derivation*) bestehend aus *Requirements Definition, Design Specification* und *Implementation Description*. ARIS hat diesen Ansatz weitestgehend übernommen.

Die waagerechte Dimension beschreibt die schrittweise Individualisierung (*Stepwise Instantiation*) von Konzepten: beginnend bei den grundsätzlichen Anforderungen (*Generic Requirements*) über branchenspezifische Anforderungen (*Partial Requirements*) bis hin zu den unternehmensindividuellen Anforderungen (*Particular Requirements*). Diese Abfolge stellt auch den Kern von CIMOSA dar: (1) Generelle Bausteine werden als Standard definiert. (2) Diese Bausteine werden zu Referenzmodellen zusammengeführt. (3) Referenzmodelle, die schließlich als Grundlage für unternehmensindividuelle Lösungen dienen.

Die dritte Dimension (*Generation*) beschreibt unterschiedliche Sichtweisen auf das System: *Function* (beinhaltet Vorgangsbeschreibungen, Ereignisse, Prozesse, Zeit- und Fehlermanagement), *Information* (beinhaltet Daten- und Objektsicht), *Resource* (beinhaltet informations- und produktionstechnische Ressourcen) und *Organisation* (beinhaltet die Aufbauorganisation) *View*. [BULLINGER et al. 2003 S. 757]

Konzept (b) ist die *CIMOSA Integrating Infrastructure* (*CIMOSA II*), welche die Ausführung von *Generic Functions* mit verknüpften *Specific Functions* unterstützt. Hierfür stellt die *CIMOSA II* ein effektives Kommunikationssystem zur Verfügung, durch das sich alle Funktionen in das CIM System einbinden. *CIMOSA II* liefert eine einheitliche Softwareplattform für die Integration heterogener Hardware- und Softwarekomponenten. [ZWEGERS 1998 S. 62] Systemweite Dienste der CIMOSA II sind (a) *Business Services* zur Kontrolle der Betriebsabläufe, (b) *Information Services* fürs Datenmanagement (Zugriff, Integration und Manipulation von Daten) und (c) *Presentation Services* als standardisierte Schnittstelle zw. Mensch, Maschine und Anwendung.

Konzept (c) beschreibt den *System Lifecycle* bestehend aus 1. *Requirements*, 2. *Design*, 3. *Implementation*, 4. *Release*, 5. *Operate* und 6. *Maintain*. [AMICE 1993 S. 17]

Das Architektur-Referenzmodell von CIMOSA ist Bestandteil des *CIMOSA Modelling Frameworks*. Es ähnelt einem Katalog von wiederverwendbaren Bausteinen, welcher gemäß dem konzeptweiten Grundgedanken aus *Generic Building Blocks*

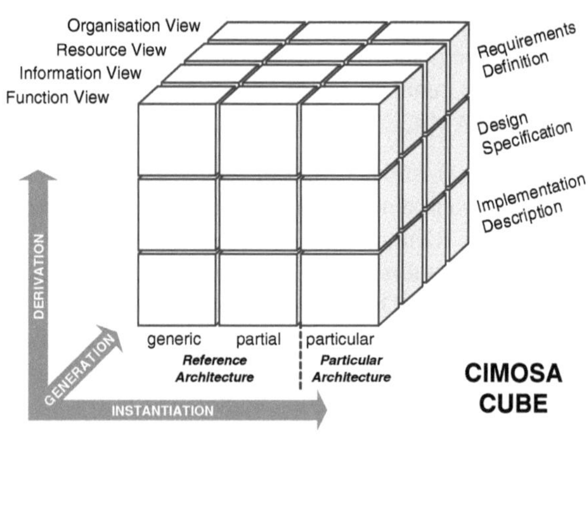

Abb. 4.6 Der CIMOSA-Würfel [Eigene Darstellung nach AMICE S. 20 und 53]

(*GBB*) und *Building Block Types* (*BBT*) auf der *Generic Level* und aus *Partial Models* auf der *Partial Level* besteht. Mithilfe dieser Bausteine kann eine spezifische Modellierung erfolgen.

Ein *Generic Building Block* (*GBB*) ist die abstrakteste Form eines Konstrukts. Derartige Konstrukte sind nutzerorientiert (Konstrukte, die Verhalten, Funktionen, Informationen, Ressourcen und Organisationen betreffen) und IT-orientiert (bspw. Schemas, Transaktionen, Konfigurationen, um die nutzerorientierten *GBB* bei der Beschreibung von IT-Systementwürfen und IT-Implementierungen zu unterstützen). [AMICE 1993 S. 21]

Ein *Building Block Type* (*BBT*) stellt eine Spezialisierung eines *GBB* dar.

Ein *Partial Model* ist ein unvollständiges Modell bestehend aus teilweise oder auch vollständig instanziierten *Building Blocks* (*GBB*- oder *BBT*-Instanzen). [AMICE 1993 S. 50]

	JA	NEIN	BEMERKUNGEN
Stakeholder-Berücksichtigung		•	
Zertifizierungen	•		Die CIMOSA gilt als Europanorm CEN ENV 4003 des Comite Europeen de Normalisation für Systemarchitekturen. [MASAK 2005 S. 19]
Abb. der Geschäftsprozesse	•		
Berücksichtigung von Entitäten	•		
KOMPLEXITÄTSREDUZIERUNG			
Sichtweisen	4		
Ebenentrennung		•	
BRÜCKSICHTIGUNG VON ANWENDUNGSSYSTEMEN			
rechnerbasierte	•		
konventionelle		•	
Kommunikationsbeziehung zw. Anwendungssystemen	•		
BRÜCKSICHTIGUNG VON PHYSISCHEN IS-KOMPONENTEN			
rechnerbasierte	•		
konventionelle		•	
Mensch als IS-Komponente	•		

4.1.7 CLEAR Framework

Das Rahmenwerk kann zur Abbildung der Geschäftsprozesse verwendet werden, es berücksichtigt Entitäten, nimmt die Ebenentrennung gemäß dem ausgeführten Architektur-Referenzmodell vor und berücksichtigt auch ebenenübergreifend die Relationen zwischen den IS-Komponenten. Jedoch beschränkt sich das CLEAR Framework auf rein rechnerbasierte Komponenten.

Name: CLEAR ergibt sich aus der Abkürzung von *Comprehensive, Landscaped, Enterprise Architecture Representation.*

Entwickler: Das Rahmenwerk wurde vom international agierenden IT-Beratungsunternehmen Atos Origin entwickelt. Der Konzern hat seinen Hauptsitz in Frankreich und erwirtschaftet mit 49.000 Mitarbeitern einen Umsatz von 5,1 Mrd. Euro. Als Kernbereiche des Unternehmens werden Management Consulting, Enterprise Solutions, eBusiness Solutions und Outsourcing Solutions genannt.

Verfügbarkeit: Die Konzeptbeschreibung ist nicht öffentlich zugänglich. Es gibt auch keine Literatur, welche sich mit dem CLEAR Framework auseinandersetzt.

Vererbung: Das CLEAR Framework lehnt sich am Zachman EA Framework, der TOGAF ADM und der ITIL-Spezifikation[2] an.

Seitens Atos Origin wird eine breite **Tool-Unterstützung** angegeben. Casewise mit Corporate Modeler, Sparx EA, Telelogic System Architect und Troux Technologies Architect werden beispielhaft genannt.

[2]IT Infrastructure Library (ITIL) kann als Regel- und Definitionswerk verstanden werden. Es beschreibt die für den Betrieb einer IT-Infrastruktur not-wendigen Prozesse, die Aufbauorganisation und die Werkzeuge. Dies dient der Umsetzung eines IT-Service-Managements (ITSM). Das ITSM führt Maßnahmen und Methoden an, um mittels IT die Geschäftsprozesse zu unterstützen.

METAMODELL

Atos Origin definiert mit dem CLEAR Framework ein am Zachman EA Framework angelehntes Architektur-Referenzmodell. Dieses führt vier Ebenen an.

(1) Auf der Ebene *Environmental* werden das äußere Unternehmensumfeld und interne Ausrichtungen beschrieben. So ist das externe Umfeld durch das Marktgeschehen mit Angebot und Nachfrage, durch Innovationen, Fusionen, Übernahmen und Joint Ventures geprägt. Innerhalb eines Unternehmens sind gesetzte Ziele, Prinzipien, Strategien, Geschäftstreiber und -gegenstände sowie die Vision der Geschäftsebene definiert.
(2) Die Ebene *Business* repräsentiert die Geschäftsarchitektur. So werden die Organisationsstruktur, Funktionen und Kompetenzen, Geschäftsprozesse, Richtlinien, Abläufe, Ereignisse, Zeitpläne und Rollen dargestellt.
(3) Die Ebene *Alignment* beschreibt Anwendungen, einzelne Dienste und Daten, um die IT auf die Geschäftsanforderungen auszurichten.
(4) Die Ebene *Technology* beinhaltet alle zur Unterstützung der Dienste notwendigen technischen Komponenten (Hard- und Software, Infrastrukturelemente).

Im CLEAR Framework wird ein Ansatz für die EA-Entwicklung angeführt.

(1) Im ersten Schritt *Ready* wird der Ist-Stand beschrieben. Die für einen EA-Start notwendige Organisationsstruktur, die erforderlichen Kenntnisse und Hilfsmittel werden identifiziert. Nach diesem ersten Schritt ist der Reifegrad der EA-Bestrebung festgestellt. Eine Lückenanalyse liegt vor. Die Ziele sind gesetzt.
(2) Im Schritt *Reasons* erfolgt der Aufbau der Geschäftsfälle entsprechend der EA. Stakeholder werden identifiziert und bringen sich ein. Die Organisationsstrukturen sind ausgebildet und Richtlinien wurden vereinbart.
(3) Im dritten Schritt *Creation* erfolgt die Vervollständigung und Bekanntmachung der Modelle. Diese wurden entsprechend der gewählten Rahmenwerke (TOGAF, Zachman EA Framework oder auch nach dem CLEAR Framework) angefertigt. Projekte zur Verbesserung der IT-/Geschäftsausrichtung werden ins Leben gerufen. Unterstützende Tools werden ausgewählt.
(4) Im Schritt *Realisation* wird die EA ausgebaut und effizienter gestaltet. Operationelle Aspekte wie das Change Management und die Ressourcenplanung fließen in die EA-Gestaltung ein. Weitere Arbeitsbereiche und -ziele werden erschlossen und nach Bedarf miteinander verknüpft.
(5) Im letzten Schritt *Leadership* erfolgt die kontinuierliche Etablierung der EA. Hierfür wird über den vierten Schritt iteriert sowie Tools, Modelle und Prinzipien entsprechend der Rahmenwerke angewendet. [STREEKSTRA 2008]

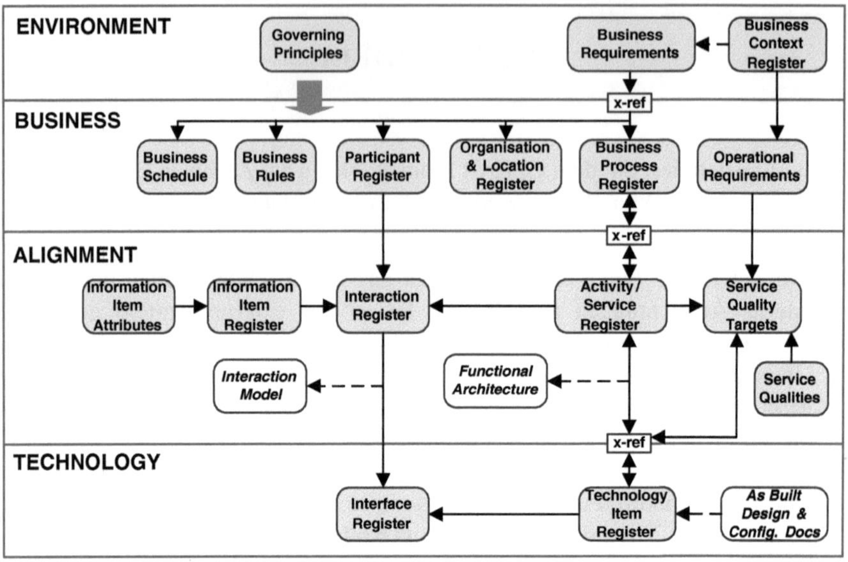

Abb. 4.7 „Landscapes" des CLEAR Frameworks [Eigene Darstellung auf Basis von STREEKSTRA 2008]

	JA	NEIN	BEMERKUNGEN
Stakeholder-Berücksichtigung	•		
Zertifizierungen		•	
Abb. der Geschäftsprozesse	•		
Berücksichtigung von Entitäten	•		

KOMPLEXITÄTSREDUZIERUNG			
Sichtweisen	1		
Ebenentrennung	•		
Ebenenbeziehungen	•		

BRÜCKSICHTIGUNG VON ANWENDUNGSSYSTEMEN			
rechnerbasierte	•		
konventionelle		•	
Kommunikationsbeziehung zw. Anwendungssystemen	•		

BRÜCKSICHTIGUNG VON PHYSISCHEN IS-KOMPONENTEN			
rechnerbasierte	•		
konventionelle		•	
Mensch als IS-Komponente		•	

4.1.8 DoD TRM – Technical Reference Model

Das DoD TRM dient der Unterstützung von Entwicklungsarbeiten, Spezifikationen und Akquirierungen von IT-Komponenten und dementsprechend als Ressource für andere Rahmenwerke. Hierfür beschreibt es ein Architektur-Referenzmodell, welches sich auf drei Ebenen und die Schnittstellen dazwischen konzentriert. Auf unterster, der physischen Ebene, werden Geräte, Nutzer usw. berücksichtigt. Die mittlere Ebene beschreibt die Anwendungsplattform inkl. der zur Verfügung gestellten Dienste wie bspw. die des Betriebssystems. Auf oberster Ebene wird die Anwendungssoftware gesehen.

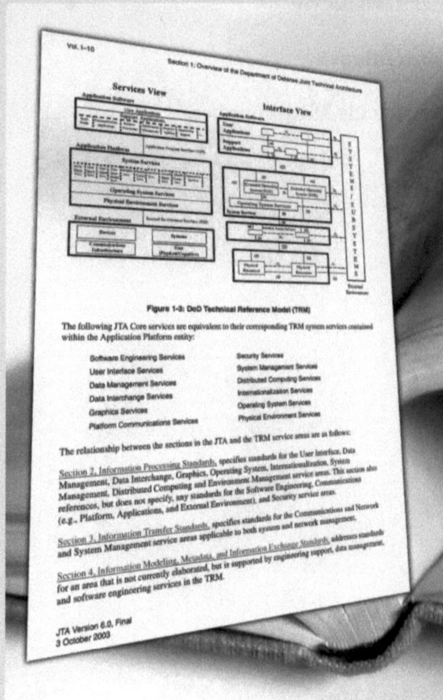

DoD TRM als Bestandteil der JTA [JTA 2003 **S. 1–10**] ►

Die **Entwicklung** des DoD TRM erfolgte durch das U.S. Department of Defence und weiteren Regierungsvertretungen (U.S. Zollbehörde, Department of Health and Human Services usw.).

DoD TRM ist in Englisch publiziert.

Historie: Mit der Verabschiedung des *Clinger-Cohen Act* 1996 in den USA wurde den Chief Information Officers (CIO) die ganze bundesstaatliche Vertretung für Entwicklung, Implementierung und Wartung der IT zuteil. Das Gesetz eröffnete die Reformbestrebungen für das Information Technology Management der USA. Infolge dieser gesetzlichen Bestrebungen sind die Entwicklungen von Enterprise Architectures wie auch die Entwicklung des DoD TRM verstärkt worden. [MINOLI 2008 S. 472]

Versionsverlauf: Am 05. November 1999 erfolgte die Veröffentlichung des DoD TRM in der Version 1. Am 09. April 2001 folgte die Version 2.

Vererbung: DoD TRM ist als Architektur-Referenzmodell im JTA integriert und vom C4ISR referenziert. Es leitet sich vom TAFIM Volume 2 Technical Reference Model ab.

Es können keine **Literaturquellen** genannt werden, die sich explizit mit dem DoD TRM auseinandersetzen. Sämtliche Literaturquellen behandeln DoD TRM nur beiläufig.

Die **Art** des Rahmenwerkes ist konzeptuell.

DoD TRM **orientiert** sich auf technische Architekturen.

Verfügbarkeit: Ein offizieller Zugriff auf die Konzeptbeschreibung von DoD TRM ist nicht verfügbar. Leichter auffindbar sind die Konzeptbeschreibungen von *Joint Technical Architecture* (*JTA*) und *Technical Architectural Framework for Information Management* (*TAFIM*). Beide beinhalten eine schematische Darstellung vom DoD TRM.

METAMODELL

Das DoD TRM stellt ein allgemeines, konzeptuelles Rahmenwerk inkl. einheitlichen Vokabulars zur Unterstützung von Akquirierung, Entwicklung und Support von IT-Komponenten dar. [JTA 2003 S. 1–9] Das DoD TRM ist als Architektur-Referenzmodell zu verstehen, welches u. a. der *Joint Technical Architecture* (*JTA*) zugrunde liegt.

Das Modell gliedert sich in

(a) *Application Software* inklusive *User Applications* und *Support Applications,*
(b) eine *Application Platform* inklusive *System Services* (z. B.: *User Interface* und *Data Management*), *Operating System Services* und *Physical Environment Services,*
(c) das *External Environment*, welche Hardware, Nutzer, Kommunikationsinfrastruktur usw. enthält und
(d) die Schnittstellen *Application Program Interfaces* (*API*) und *External Environment Interfaces* (*EEI*).

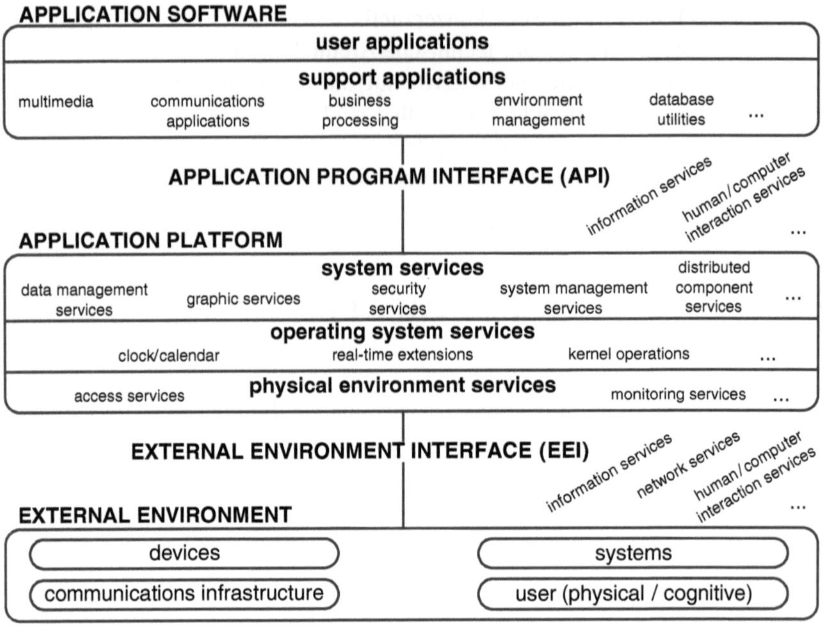

Abb. 4.8 Services View auf das DoD TRM [Eigene Darstellung auf Basis von JTA 2003 S. 1–10] *US Government work. Reprinted from the United States Department of Defense Joint Technical Architecture, Version 6.0, Volume 1, page 1–5. 2003. Published by the Defense Information Systems Agency, Arlington, Virginia.*

	JA	NEIN	BEMERKUNGEN
Zertifizierungen		•	
Abb. der Geschäftsprozesse		•	Die fachliche Ebene wird durch andere Rahmenwerke definiert, welche sich dann dem DoD TRM als Architektur-Referenzmodell bedienen.
Berücksichtigung von Entitäten	•		

KOMPLEXITÄTSREDUZIERUNG			
Sichtweisen	2		Es werden zwei Sichtweisen auf das Modell berücksichtigt: Services View und Interface View.
Ebenentrennung	•		Es werden logische und physische Aspekte getrennt betrachtet.
Ebenenbeziehungen	•		Über die Schnittstellendefinitionen werden die einzelnen Ebenen miteinander verbunden.

BRÜCKSICHTIGUNG VON ANWENDUNGSSYSTEMEN			
rechnerbasierte	•		
konventionelle		•	
Kommunikationsbeziehung zw. Anwendungssystemen	•		

BRÜCKSICHTIGUNG VON PHYSISCHEN IS-KOMPONENTEN			
rechnerbasierte	•		
konventionelle		•	
Mensch als IS-Komponente	•		

4.1.9 DoDAF – Department of Defense AF

DoDAF führt verschiedene *Framework Products* an, um eine Architekturbeschreibung wiederzugeben und daran eine Architektur zu entwickeln. [DoDAF 2007 S. 1–7] Die *Framework Products* sind verschiedenen Sichtweisen zugeordnet und umspannen verschiedene Beschreibungen – vom Aktivitätsdiagramm über Definition der Datenanforderungen mithilfe eines logischen Datenmodells bis hin zur Funktionalitätsbeschreibung von Diensten usw. [DoDAF 2007 S. 1–10]

Deckblatt von [DoDAF 2009] ►

DoDAF ergibt sich aus der Abkürzung von Department of Defense Architecture Framework.

Entwickler des DoDAF ist das U.S. Department of Defence.

Das Konzept wird in der englischen Sprache veröffentlicht.

Historie: Das DoDAF-Konzept findet seinen historischen Ursprung im Military Framework C4ISR AF. Mit den abnehmenden räumlichen und zeitlichen Grenzen hat das Militärwesen das Potenzial einer Serviceorientierten Architektur erkannt und richtet seine Streitkräfte danach aus. Alle für die USA entwickelten (Waffen-) Systeme müssen sich ins DoDAF integrieren lassen.

Versionsverlauf: Am 30. August 2003 erfolgte die Veröffentlichung von DoDAF 1.0 als Restrukturierung von C4ISR Version 2. Am 23. April 2007 folgte die Veröffentlichung der Version 1.5 mit Volume I „Definitions and Guidelines", Volume II „Product Descriptions" und Volume III „Architecture Data Description". Die Veröffentlichung von Version 2.0 erfolgte am 28. Mai 2009.

Vererbung: DoDAF bildet die Basis für das britische Pendant MoDAF. DoDAF selbst ist abgeleitet vom C4ISR AF Version 2.

Die Architekturbeschreibungen der Rahmenwerke MODAF (*UK Ministry of Defence Architecture Framework*), NAF (*NATO Architecture Framework*) und TOGAF (*Open Group Architecture Framework*) sind für ihre Verwendung in der DoDAF Version 2.0 adoptiert. [DoDAF 2009 S. 7]

Literatur: DoDAF 2.0 Volume I *Introduction, Overview, and Concepts – Manager's Guide*; Volume II *Architectural Data and Models – Architect's Guide*; Volume III *DoDAF Meta-model. Physical Exchange Specification – Developer's Guide*

Marktanteil: Nach der Erhebung von [FEURER 2007 S. 6] ergibt sich für DoDAF und MoDAF ein gemeinsamer Marktanteil von 8 %. Nach [SCHEKKERMAN 2005 S. 28] fällt auf DoDAF ein Marktanteil von 11 %.

Die **Art** des Rahmenwerkes ist übergreifend.

DoDAF **orientiert** sich auf die Gesamtarchitektur.

Verfügbarkeit: Download der aktuellen Version des Konzeptes inkl. der Beschreibung der Referenzmodelle ist auf der offiziellen Website vom U.S. Department of Defence (www.defenselink.mil) kostenfrei möglich.

Der **Dokumentationsumfang** von DoDAF Version 2 beträgt: Volume I hat 115 Seiten, Volume II umfasst 260 Seiten und Volume III hat 11 Seiten.

Methodik-Vorgabe: DoDAF enthält verschiedene Referenzressourcen – u. a. Informationen, Beispiele und Entwicklungsansätze für Architekturen.

Als unterstützende **Tools** bieten sich Corporate Modeler des Herstellers Casewise, der EA Webmodeler, die Metis Product Family und Telelogic System Architect an.

Support: Da DoDAF bspw. im Gegensatz zum Zachman EAF nicht kommerzialisiert ist und der Entwickler eine Behörde darstellt, wird kein Herstellersupport angeboten.

METAMODELL

Das Metamodell besteht aus acht Sichtweisen. Jede Sichtweise enthält eine bestimmte Anzahl an *Framework Products* (*Bezeichnung aus der Version 1.5*) / *Modellen* (*Version 2.0*). Unter diesen insgesamt 52 Architekturprodukten befinden sich Listen, Beschreibungen, Wörterbücher, Zeichnungen, Tabellen usw., die je nach Art mit einem geeigneten Visualisierungsmittel umgesetzt werden können und den zu betrachtenden Inhalt wiedergeben.

Die aus C4ISR bekannten Sichtweisen *Operational View*, *System View* und *Technical View* wurden in der DoDAF Version 1.5 in *Systems* und *Services Viewpoint* sowie *Technical Standards Viewpoint* umbenannt. Der Sichtweise *All-View* wird im DoDAF mehr Beachtung gewidmet als im C4ISR AF. Ab DoDAF 2.0 wurde die Anzahl an Sichtweisen um weitere vier erhöht. Mit dieser Spezifizierung möchte man dem neuzeitlichen Datenaufkommen und dessen Berücksichtigung in einer Architekturbeschreibung gerecht werden. Entsprechend sind im DoDAF 2.0 insgesamt acht Sichtweisen definiert. [DoDAF 2009 S. 7]

(1) Mit der *All-View* werden jene Aspekte betrachtet, die für alle Sichtweisen gleichbedeutend sind. Mithilfe der Modelle *AV-1* (*Overview and Summary Information*) und *AV-2* (*Integrated Dictionary*) wird der Umfang (betreffende Unternehmensbereiche, der zeitliche Rahmen usw.) sowie der Kontext der gesamten Architekturbeschreibung dokumentiert. Diese Sichtweise schreibt die Projektvisionen und -ziele, Aktivitäten und Ereignisse, die Rahmenbedingungen, die gewünschten Effekte und damit den Output fest. [DoDAF 2009 S. 21]

(2) Einer Unternehmung stehen bestimmte Mittel und Wege zur Verfügung, Aktivitäten zur Zielerfüllung durchzuführen. Unter Berücksichtigung dieser Bedingungen und weiterer Standards beschreibt die *Capability Viewpoint* jene Möglichkeiten, um die in der *All-Viewpoint* festgeschriebenen Ziele zu erreichen. Diese Beschreibung erfolgt mithilfe von sieben Modellen. So werden mit dem Modell *CV-1 „Vision"* bspw. Vorstellungen über Umsetzungsbemühungen beschrieben – was schließlich den strategischen Rahmen unter den gegebenen Möglichkeiten absteckt. Das Modell *CV-2 „Capability Taxonomy"* ordnet dann alle Möglichkeiten des Unternehmens hierarchisch, die sich mit einer oder mehreren Architekturbeschreibungen ergeben.

(3) Ausgehend von den Geschäftsprozessen im Unternehmen beschreibt die *Data and Information Viewpoint* vorhandene Informationsanforderungen und Regularien. So werden auch jene Informationen (Attribute, Merkmale, Wechselbeziehungen usw.) modelliert, die für den Informationsaustausch in einer Architektur erforderlich sind. Diese Sichtweise beschreibt die logischen (Anforderungen an die Daten sowie Dokumentation der Strukturen und Regeln bzgl. der Geschäftsprozesse) und physischen (Datenformate, Dateistrukturen, Datenbankschema usw.) Datenmodelle.

(4) Die *Operational Viewpoint* betrachtet jene betrieblichen Komponenten, die bestimmte Aufgaben oder Aktivitäten umsetzen inkl. der Beziehungen zwischen diesen Komponenten. Das Aktivitätsdiagramm bietet sich für diese Sichtweise als klassisches darstellendes Mittel an.

(5) Die *Project Viewpoint* betrachtet die Projekte im Unternehmen – die Organisationsstrukturen, in welche die Projekte eingeordnet sind, die Abhängigkeiten zwischen den Projekten sowie den zeitlichen Projektrahmen inklusive der Definition von Meilensteinen. Diese Sichtweise zeigt, wie bestimmte Projekte und Programmteile zum Erreichen der definierten Möglichkeiten beitragen.

<table>
<tr>
<td rowspan="4">All Viewpoint
Overarching aspects of architecture context that relate to all views</td>
<td rowspan="4">Data and Information Viewpoint
Articulates the data relationships and alignment structures in the architecture content</td>
<td rowspan="4">Standards Viewpoint
Articulates applicable Operational, Business, Technical, and Industry policy, standards, guidance, constraints, and forecasts</td>
<td>Capability Viewpoint
Articulates the capability requirement, delivery timing, and deployed capability</td>
<td rowspan="4">Project Viewpoint
Describes the relationships between operational and capability requirements and the various projects being implemented; Details dependencies between capability management and the Defense Acquisition System process.</td>
</tr>
<tr><td>Operational Viewpoint
Articulates operational scenarios, processes, activities & requirements</td></tr>
<tr><td>Services Viewpoint
Articulates the performers, activities, services, and their exchanges providing for, or supporting, DoD functions</td></tr>
<tr><td>Systems Viewpoint
Articulates the legacy systems or independent systems, their composition, interconnectivity, and context providing for, or supporting, DoD functions</td></tr>
</table>

Abb. 4.9 Anordnung der Sichtweisen im DoDAF 2.0 [Anpassung aus DoDAF 2009 S. 21]

(6) Die *Services Viewpoint* erfasst die Dienste, welche der Unterstützung oder dem Betrieb der Aktivitäten dienen. So werden bspw. die Beziehungen zwischen Diensten untereinander und Beziehungen zwischen Diensten und Systemen identifiziert.

(7) Die *Standards Viewpoint* beschreibt die minimal einzuhaltende Menge an Regeln bei Interaktionen und Verflechtungen zwischen Systemteilen. Damit wird sichergestellt, dass ein System den üblichen Betriebsanforderungen entspricht. Es werden somit einheitliche Richtlinien für Entwurf, Implementierung usw. zur Verfügung gestellt.
(8) Die *Systems Viewpoint* erfasst die Informationen zur Unterstützung von automatisierten Systemen, von Systemverbindungen und Systemfunktionalitäten zur Sicherstellung der Betriebsaktivitäten. Zum Beispiel werden die Beziehungen und der Austausch zwischen Systemen untereinander und deren Aktivitäten identifiziert.

Im Konzept erfolgt die Erklärung einer sechsstufigen Architekturentwicklung, welche als Vorgehens-Referenzmodell betrachtet werden kann – der **6-Step Architecture Development Process**:

(1) Intention der Architektur definieren (Stakeholder-Voraussetzungen, Zweck, kritische Probleme, Ziele, Schlüsselpositionen, Entscheidungspunkte usw.).
(2) Umfang der Architektur definieren (geografische, betriebliche, technologische und funktionelle Grenzen, Zeitfenster, Architektur-Quellen).
(3) Für die Architekturdefinition erforderliche Daten definieren (Erforderliche architektonische Eigenschaften: Data-Entities, Level-of-Detail, gemeinsame Einheiten und Metadaten).

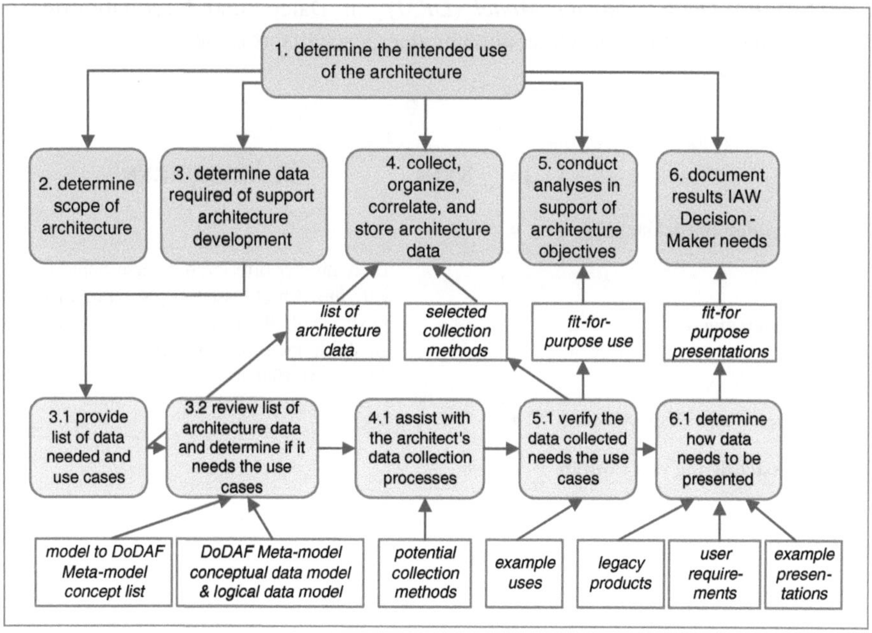

Abb. 4.10 DoDAF 2.0 6-Step Architecture Development Process [nach DoDAF 2009 S. 10]

(4) Sammeln, organisieren, abstimmen und speichern der Architektur-Daten (automatisierte Datenbehälter, Aktivitätsdiagramme, Datenmodelle, dynamische und organisatorische Modelle, Registrierung der Metadaten).
(5) Verhaltensanalysen zur Unterstützung der Architektur-Ziele (Fehlbetrag-, Kapazitäts-, Geschäftsprozess-Analysen, Interoperabilitätsbewertungen, Test der Architektur auf Vollständigkeit, Genauigkeit und Angemessenheit).
(6) Dokumentation der Ergebnisse (Einordnung in die Sichtweisen, Wiederverwendung der Daten).

Referenzmodelle: Das *DoD Enterprise Architecture Reference Model* (*DoD EA RM*) besteht aus fünf Referenzmodellen, die bei der Definition und Konstruktion von Betrieb, Performance und Technologie unterstützen und sich in die FEA Reference Models einordnen.

- *DoD EA Business Reference Model* (*BRM*) zur Beschreibung des Geschäftsprozesses unabhängig von der zugrunde liegenden Institution. Bildet Basis für die anderen RM.
- *DoD EA Service Component Reference Model* (*SRM*) klassifiziert die Servicekomponenten, die die Geschäfte oder Mission unterstützen.
- *DoD EA Technical Reference Model* (*TRM*) beschreibt wie Technologiestandards und -spezifikationen die Verfügbarkeit und Leistung von Servicekomponenten unterstützen können.
- *DoD EA Performance Reference Model* (*PRM*) dient der Bewertung von Performance als Grundlage für diverse Outputs.
- *DoD EA Data Reference Model* (*DRM*) zur Daten- und Informationsidentifizierung/-erhebung zur Unterstützung der Geschäftsprozesse.

	JA	NEIN	BEMERKUNGEN
Stakeholder-Berücksichtigung	•		
Zertifizierungen		•	Drittanbieter offerieren diverse Schulungen mit Abschlüssen bspw. zum „DoDAF certified Architect“. So sind auch Ausbildungen mit Studentenbonus für 1.000 $ verfügbar.
Abb. der Geschäftsprozesse	•		
Berücksichtigung von Entitäte	•		

KOMPLEXITÄTSREDUZIERUNG			
Sichtweisen	8		
Ebenentrennung	•		DoDAF konzentriert sich auf zwei Ebenen einer Architektur: die untere data layer und die darüber liegende presentation layer. Auf der data layer wird die Architektur der Datenelemente inkl. ihrer definierten Attribute und Beziehungen berücksichtigt. [DoDAF 2007 S. 1–7]
Ebenenbeziehungen	•		

BRÜCKSICHTIGUNG VON ANWENDUNGSSYSTEMEN			
rechnerbasierte	•		
konventionelle	•		Die Standards Viewpoint beinhaltet mit den beiden Modellen StdV-1 „Standards Profile" und StdV-2 „Standards Forecast" Konventionen und Standards, die als eine Art Wissensbasis bzw. als Sammelsurium von Regelungen (Dienstvorschriften, Organisationsplänen usw.) betrachtet werden können.
Kommunikationsbeziehung zw. Anwendungssystemen	•		

BRÜCKSICHTIGUNG VON PHYSISCHEN IS-KOMPONENTEN			
rechnerbasierte	•		
konventionelle		•	
Mensch als IS-Komponente		•	

4.1.10 E2AF – Extended Enterprise Architecture Framework

Das Rahmenwerk dient mit seinem Vorgehens-Referenzmodell der Erweiterung einer Geschäftsarchitektur zu einer *Extended Enterprise Architecture* (*E2A*).

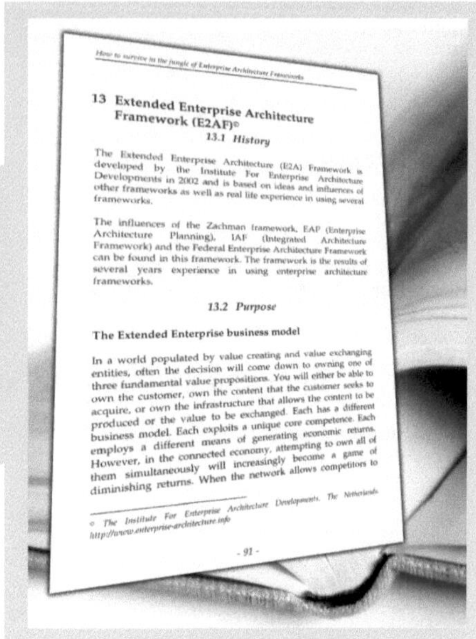

How to survive in the jungle of Enterprise Architecture Frameworks

13 Extended Enterprise Architecture Framework (E2AF)©

13.1 History

The Extended Enterprise Architecture (E2A) Framework is developed by the Institute For Enterprise Architecture Developments in 2002 and is based on ideas and influences of other frameworks as well as real life experience in using several frameworks.

The influences of the Zachman framework, EAP (Enterprise Architecture Planning), IAF (Integrated Architecture Framework) and the Federal Enterprise Architecture Framework can be found in this framework. The framework is the results of several years experience in using enterprise architecture frameworks.

13.2 Purpose

The Extended Enterprise business model

In a world populated by value creating and value exchanging entities, often the decision will come down to owning one of three fundamental value propositions. You will either be able to own the customer, own the content that the customer seeks to acquire, or own the infrastructure that allows the content to be produced or the value to be exchanged. Each has a different business model. Each exploits a unique core competence. Each employs a different means of generating economic returns. However, in the connected economy, attempting to own all of them simultaneously will increasingly become a game of diminishing returns. When the network allows competitors to

© The Institute For Enterprise Architecture Developments. The Netherlands http://www.enterprise-architecture.info

- 91 -

► **Deckblatt der Beschreibung des E2AF in** [SCHEKKERMAN 2003]

Die **Entwicklung** des niederländischen Rahmenwerkes wird vom *Institute For Enterprise Architecture Developments* (*IFEAD*) vorangetrieben. Das Institut gründete sich 2001. Der Vorsitzende und die treibende Kraft des Rahmenwerkes ist Jaap Schekkerman.

Das Konzept ist in englischer Sprache publiziert.

Historie: 2002 begann man am IFEAD mit der Entwicklung eines eigenen Rahmenwerkes. Es sollte die Vorteile anderer Rahmenwerke mit den praktischen Erfahrungen paaren, die Entwicklung einer *Extended Enterprise Architecture* (*E2A*) unterstützen und das Zusammenspiel sowie die Kommunikation aller Beteiligten ermöglichen.

Die Extended Enterprise Architecture (E2A) beinhaltet sowohl die Informationsgüte einer Geschäftsarchitektur als auch das hohe Maß der Technologieberücksichtigung einer Technologiearchitektur.

2003 erfolgte die Veröffentlichung des E2AF.

Vererbung: E2AF erbt von den Rahmenwerken EAP (Enterprise Architecture Planning), FEAF (Federal Enterprise Architecture Framework), IAF (Integrated Architecture Framework) und dem Zachman EA Framework.

Literatur: Jaap Schekkerman publizierte diverse Artikel und Bücher, in denen er auf das E2AF Bezug nimmt. Am ausführlichsten geht er in [SCHEKKERMAN 2003] und den nachfolgenden Auflagen auf das E2AF ein.

Nach der Erhebung von [FEUERER 2007 S. 6] wird dem E2AF ein **Marktanteil** von 4 % zugesprochen. [SCHEKKERMAN 2005 S. 28] spricht von 9 %.

Die **Art** des Rahmenwerkes ist operationell.

E2AF **orientiert** sich auf die Gesamtarchitektur.

Verfügbarkeit: Zugriff ist über die wenigen Seiten von [SCHEKKERMAN 2003], einige Internetartikel und ein A0-Blatt, welches die 4×6 Matrix ausführt, möglich. Die jeweils aktuelle Auflage des Buches ist im Buchhandel und im Internet (www.enterprisearchitecture.info) verfügbar.

Der **Dokumentationsumfang** ist sehr spärlich gehalten. Im [SCHEKKERMAN 2003] kommt man auf etwa vier A4-Seiten. Im Internet verfügbare Artikel sind oftmals redundant und offenbaren wenig weiterführende Informationen zum E2AF.

Support ist über das IFEAD sowie vom Institut vermittelte Partner möglich.

METAMODELL

Das E2AF definiert eine 4×6 Matrix mit 24 Zellen – dabei werden folgende sechs Hauptebenen unterschieden.

(1) Die *Contextual Level* beschreibt das *Why* und somit den erweiterten Kontext der Organisation, den Umfang der Geschäftsarchitektur, die Motivation, die Vision, den Unternehmensauftrag und schließlich die Treiber des Geschäfts und der Technologie.
(2) Die *Environmental Level* mit dem *With Who* beschreibt die erweiterten Geschäftsbeziehungen inkl. der Informationsflüsse und Verflechtungen von Geschäft und Technologie. Diese Hauptebene stellt die Erweiterung gegenüber dem *Integrated Architecture Framework* (*IAF*) dar.
(3) Die *Conceptual Level* mit dem *What* führt Anforderungen auf und beschreibt dabei die Ziele.
(4) Die *Logical Level* beschreibt, wie (*How*) die ideale logische Lösung aussieht.
(5) Die *Physical Level* mit dem *With What* benennt die physische Lösung inkl. bestimmter Soft- und Hardwareprodukte, Tools und Technologien.

Extended Enterprise Architecture Framework (E2AF)

	BUSINESS	INFORMATION	INFORMATION SYSTEMS	TECHNOLOGY-INFRASTRUCTURE	
CONTEXTUAL LEVEL	Business Goals, Drivers and Concepts	Activities the Business Performs	Systems Goals, Drivers and Concepts	Technology Goals, Drivers and Concepts	WHY?
ENVIRON-MENTAL LEVEL	Extended Enterprise Value Net	Extended Enterprise Information Exchange	Extended Enterprise Interoperability	Extended Enterprise Inter-Connection	WITH WHO?
CONCEPTUAL LEVEL	Level of Business Collaboration	Level of Information Interaction	Level of Interoperability	Level of Inter-Connection	WHAT?
LOGICAL LEVEL	Type of Business Collaboration	Type of Information Interaction	Type of Interoperability	Type of Inter-Connection	HOW?
PHYSICAL LEVEL	Solutions of Business Collaboration	Solutions of Information Interaction	Solutions for Interoperability	Solutions of Inter-Connection	WITH WHAT?
TRANSFOR-MATIONAL LEVEL	Granularity of Change	Impact of Change	Timeframe of Change	Timeframe of Change	WHEN?

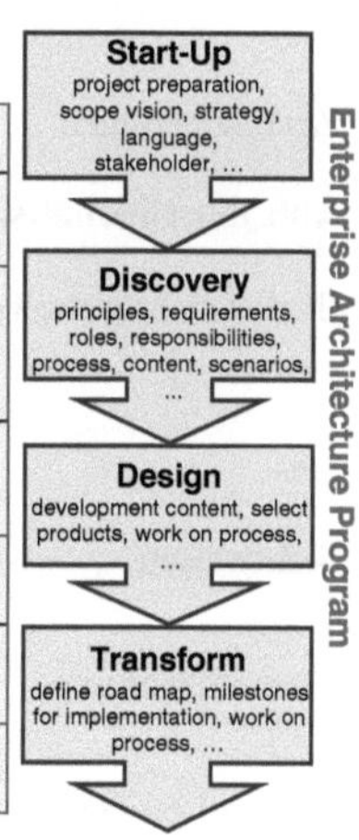

Abb. 4.11 Matrix des E2AF und das EAP

(6) Die *Transformational Level* bereitet mit dem *When* die Roadmap für die Umsetzung vor.

Schekkerman führt mit seinem *Enterprise Architecture Program* ein Vorgehens-Referenzmodell für die Entwicklung von *Extended Enterprise Architectures* an. Entlang der sechs Hauptebenen beschreibt Jaap Schekkerman die Entwicklung zur erweiterten Geschäftsarchitektur. Sein *Enterprise Architecture Program* ist in vier Hauptkomplexe gegliedert:

1. Schritt: *Start-Up* realisiert die Projektvorbereitung. Ein Projektplan und allumfassende Prozesse werden entwickelt, Umfang, Vision und Strategie werden bestimmt, Beteiligte werden geschult, eine gemeinsame Sprache wird definiert und schließlich wird die gesamte Phase entsprechend kommuniziert.

2. Schritt: *Discovery* vereint die Hauptebenen *Why* und *With Who*. Es werden die methodischen Prinzipien und Anforderungen sowie Rollen und Verantwortlichkeiten definiert, das Rahmenwerk abgeglichen, der Kontext festgehalten, diverse Szenarien definiert, über Inhalte und Prozesse abgestimmt und wieder die gesamte Phase kommuniziert.

3. Schritt: *Design* mit *What* und *How* entwickelt die Inhalte, wählt Produkte, erfasst Referenzmaterialien, überarbeitet bestimmte Inhalte und Prozesse und kommuniziert den gesamten Prozess.

4. Schritt: *Transform* vereint die Hauptebenen *With What* und *When* und beinhaltet die Einteilung der Überführungsarbeit, setzt Meilensteine für die Implementierung, bewertet die Ansätze, überarbeitet wieder die Inhalte und Prozesse und kommuniziert schließlich diesen Schritt.

	JA	**NEIN**	**BEMERKUNGEN**
Stakeholder-Berücksichtigung	•		Alle Schlüsselpersonen werden in das Enterprise Architecture Program eingebunden (Management, Geschäftspartner, Kunden usw.).
Zertifizierungen		•	
Abb. der Geschäftsprozesse	•		
Berücksichtigung von Entitäten	•		
KOMPLEXITÄTSREDUZIERUNG			
Sichtweisen	4		
Ebenentrennung	•		Bei der Betrachtung einer Extended Enterprise Architecture (E2A) werden sechs Ebenen unterschieden.
Ebenenbeziehungen	•		

BRÜCKSICHTIGUNG VON ANWENDUNGSSYSTEMEN			
rechnerbasierte	•		
konventionelle		•	
Kommunikationsbeziehung zw. Anwendungssystemen	•		

BRÜCKSICHTIGUNG VON PHYSISCHEN IS-KOMPONENTEN			
rechnerbasierte	•		
konventionelle		•	
Mensch als IS-Komponente		•	

4.1.11 EAAF – OMB EA Assessment Framework

Der Inhalt des Konzeptes stellt das Vorgehen zur Messung, Bewertung und schließlich Verbesserung eines EA-Programms dar. Das EAAF unterstützt bei der Planung, Investition und Ausführung von notwendigen Arbeiten. Es soll die Performance hinsichtlich der Verwaltung und Nutzung von Informationen und IT verbessert werden. [OMB 2008 S. 1] Mithilfe des EAAF bewerten die U.S. Bundesbehörden ihre vorhandenen EA. Potenzielle Entwicklungs- und Anwendungsprobleme der EA können frühzeitig identifiziert und adressiert werden.

Deckblatt des EAAF v3.1 ►

Das EAAF wie auch das *EAMMF* (*Enterprise Architecture Management Maturity Framework*) dienen der EA-Bewertung. So tragen diese Rahmenwerke einen ergänzenden Charakter gegenüber den klassischen Rahmenwerken, die ihren Schwerpunkt auf EA-Entwicklung legen. Das EAMMF unterstützt die klassischen Rahmenwerke bereits von Anfang an. Das EAAF würde mit Blick auf das EAMMF in dessen Stufe 6 einsetzen. Stand dieser Stufe: „die EA ist vollständig entwickelt und im Einsatz, wird aber kontinuierlich bewertet und entsprechend verbessert".

Der **Entwickler** des in Englisch publizierten Rahmenwerkes ist das *Office of Management and Budget* (*OMB*). Es ist ein über 500 Mitarbeiter starkes Büro auf Ebene des U.S. Kabinetts und damit das größte Büro innerhalb des *Executive Office of the President of the United States* (*EOP*). Durch das OMB kann die Regierung die Aktivitäten der einzelnen Bundesbehörden überwachen. Zu den Aufgaben des OMB zählen die Beratung des Weißen Hauses hinsichtlich Bundes-, Management-, Rechts- und Haushaltsfragen sowie die Überwachung der Einhaltung der ihnen zugewiesenen Bundesprogramme gemäß den politischen Vorgaben des Präsidenten.

Historie: Seit den späten 1980ern finden Architekturrichtlinien innerhalb der Bundesbehörden der USA Anwendung. Ausschlaggebend für diese Entwicklung war die Publikation von *Information Management Directions: The Integration Challenge* im September 1989 vom *National Institute of Standards and Technology*. Seitdem wurden viele Rahmenwerke für den privaten und öffentlichen Bereich entwickelt und publiziert, die heutzutage in verschiedenster Anwendungsbreite und

-tiefe in den Bundesbehörden der USA verwendet werden. Besonders mit der Verabschiedung des Clinger-Cohen Act von 1996 erhielt diese Entwicklung neuen Antrieb. 2002 wurde das amerikanische E-Government-Gesetz verabschiedet. Dieses unterstrich die Notwendigkeit der bundesbehördlichen Sensibilisierung und Nutzung von Enterprise Architectures. Daraufhin gründete sich das *OMB Office of Electronic Government*. Dieses Büro nimmt die Überwachung der Entwicklung von EA innerhalb und behördenübergreifend vor. [GAO 2003 S. 3]

Versionsverlauf: Das EAAF wird kontinuierlich weiterentwickelt. Die Version 2.0 stammt vom Dezember 2005, ein Jahr später erfolgte die Veröffentlichung der Version 2.1, im Oktober 2007 die Version 2.2, im Dezember 2008 die Version 3.0 und im Juni 2009 die Version 3.1.

Die **Art** des Rahmenwerkes ist operationell.

Das Rahmenwerk **orientiert** sich auf die Geschäftsprozessarchitektur.

Verfügbarkeit: Das Rahmenwerk steht in der aktuellen Version im PDF-Format auf den Internetseiten des OMB kostenfrei zum Download zur Verfügung (www.whitehouse.gov/omb/).

METAMODELL

Informationen zum Performance Improvement Lifecycle:

Um Performanceverbesserungen für die unternehmerische Mission zu erzielen, ist ein EA-Programm nur eines von vielen Anknüpfungspunkten. Aktivitäten wie Strategieplanung, Haushaltsplanung, Investitionskontrolle, Programm- und Projektmanagement müssen voll integriert mit der EA-Arbeit einhergehen.

Aus dem Projektmanagement ist der System-Entwicklungszyklus bekannt. Für einen solchen generellen Entwicklungszyklus beschreibt das EAAF einen Performance Improvement Lifecycle. Dieses Vorgehens-Referenzmodell definiert eine einfache Wertschöpfungskette zur Verknüpfung der EA mit dem IT-Investitionsmanagement und einer Projektausführung. Der Lifecycle beinhaltet drei Phasen – die *Architect-*, *Invest-* und *Implement-Phase*. Er stellt so die logische Integration und Abfolge zentraler Architekturen, Investitions- und Implementierungsaktivitäten sowie die Rückkopplung von der EA-Programmbewertung und Performancemessung dar.

Während der **Architect-Phase** werden die einzelnen EA-Segmente priorisiert. Dies betrifft Sicherheit, Haushaltsplanung, Human Resources, Informationsverteilung usw. Der *Enterprise Transition Plan* (*ETP*) identifiziert die erforderlichen Geschäfts- und IT-Ressourcen, um die gesetzten Unternehmensziele zu erreichen. Die sich daraus ergebenden Aktivitäten werden durch den ETP bzgl. ihrer logischen Abhängigkeiten, Prioritäten sowie Abfolge definiert. Für die einzelnen EA-Segmente werden Architekturmodelle entwickelt, um die Ziele darzustellen, Implementierungstätigkeiten abzuleiten und den Investitionsbedarf zu erkennen.

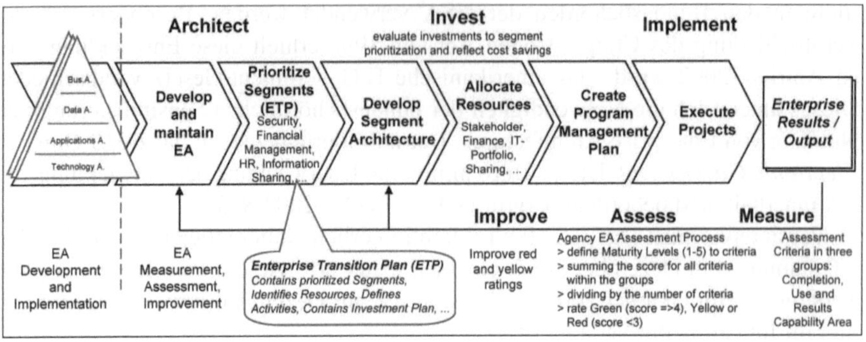

Abb. 4.12 Systems Development Life Cycle (SDLC) des EAAF [Eigene Darstellung auf Grundlage von OMB 2008 S. 3]

Für die während der Architect-Phase identifizierten Möglichkeiten zur Performanceverbesserung und deren Umsetzung sind IT-Investitionen erforderlich. Aufgabe der **Invest-Phase** ist die Evaluierung dieser Investitionen hinsichtlich ihrer Prioritäten und des ggf. möglichen Einsparungspotenzials.

In der **Implement-Phase** werden die Projekte realisiert und während des gesamten **Systems Development Life Cycle (SDLC)**[3] in ihrer Entwicklung verfolgt. Die Erfüllung des Programms bzw. des Projektplans unter Einhaltung akzeptierbarer Abweichungen hinsichtlich Zeit und Budget wird durch das *Earned Value Management* (*EVM*)[4] bewertet und dokumentiert. Die Performance wird gemessen, um zu entscheiden, wie gut die implementierten Lösungen die gesetzten Prozess- und Missionsergebnisse erfüllen. Darüber hinaus liefert die Messung Rückschlüsse auf die Entwicklungsprozesse der Unternehmens- und Segmentarchitekturen.

Die Ergebnisse der Implement-Phase müssen gemessen und bewertet werden, um wiederum Verbesserungen anstreben zu können. Die Pläne zur Performanceverbesserung und die Prioritäten müssen in der unternehmerischen EA, im ETP sowie in anderen Architekturen entsprechend reflektiert werden. [OMB 2008 S. 3]

Informationen zu den Key Performance Indicators:

Der Performance Improvement Lifecycle basiert auf einer EA-Bewertung, die als ein zweites Vorgehens-Referenzmodell den Kern des EAAF darstellt. Um den Reifegrad und die Effektivität eines EA-Programmes zu bestimmen, nutzt das Rahmenwerk **Key Performance Indicators (KPIs)**. Jeder KPI wird von 1–5 bewertet. Dies entspricht dem Reifegrad (*Level*). Bei 5 ist der Indikator vollständig erfüllt. Es gibt drei Gruppen von KPI. So werden ähnliche Indikatoren in *Completion*, *Use* und *Results Capability Area* geordnet.

---

[3]Der *Systems Development Life Cycle* (*SDLC*) beschreibt im Bereich des *Systems* und *Software Engineering* die klassische Phasengliederung des Lebenszyklus eines Systems oder Softwareproduktes zum Beispiel in Planung, Analyse, Design, Implementierung und Wartung. [HEINRICH et al. 2005 S. 235]

[4]Das *Earned Value Management* (*EVM*) realisiert im Bereich des Projektcontrollings die Fortschrittsbewertung von Projekten.

Nachdem die KPI hinsichtlich ihres Reifegrades bewertet wurden, erfolgt der **Agency EA Assessment Process:** Die Maturity Levels werden innerhalb einer Capability Area summiert und durch die Anzahl der Indikatoren in der jeweiligen Gruppe dividiert. Eine positive und damit grüne Bewertung (*Green*) liegt vor, wenn der Punktedurchschnitt >= 4 ist. Ist der Punktedurchschnitt <3 erfolgt eine rote Bewertung (*Red*). Ansonsten liegt eine Bewertung im gelben Bereich (*Yellow*) vor. [OMB 2008 S. 17]

Die drei KPI-Gruppen:

Die erste Gruppe – **Completion Capability Area** – dient der Messung des Gesamtreifegrades einer EA. Vier Indikatoren werden in dieser Gruppe berücksichtigt.

Indikator (A) *Target Enterprise Architecture* und *Enterprise Transition Plan* (*ETP*) – die Einstufung dieses Indikators dient der Messung der Effektivität und Effizienz der anvisierten EA und Adressierung von Lücken, Redundanzen und Kosten in der IT-Umgebung. Beispiel einer Indikator-Bewertung:

Level 1	Dieser unterste Reifegrad fordert das Vorhandensein einer Ziel-EA. Darin sind alle Unternehmensbereiche berücksichtigt. Die einzelnen Bereiche werden durch *Segmentarchitekturen* repräsentiert. Eine Segmentarchitektur informiert im Detail über die Architektur und die Umsetzung innerhalb des Bereiches. Darin werden Grundlagen definiert, Arbeitsmittel bestimmt und die Arbeitsabfolge festgelegt. Das Unternehmen muss auf dieser Stufe die Segmentarchitektur als Segment-Report beschlossen haben. Weiterhin ist der *Enterprise Transition Plan* (*ETP*) beschlossen. Im ETP ist das Zeitfenster für das Erreichen der Zielarchitektur festgelegt. Dies beinhaltet die zeitliche Abfolge der Investitionen sowie die logischen Abhängigkeiten zwischen den einzelnen Aktivitäten.
Level 2	Ist nicht nur die Ziel-EA vorhanden, sondern adressiert diese auch die einrichtungsübergreifenden Arbeitsgebiete und den damit verbundenen Auftrag für die jeweilige Einrichtung, so ist dieser Reifegrad erreicht. Um die einrichtungsübergreifenden Aktivitäten in ein einheitliches Format zu bringen, bedient man sich dem *Federal Transition Framework* (*FTF*). Das FTF informiert über einheitliche Architektur- und Implementierungsrichtlinien. Übergreifende Initiativen sind in einem Katalog zusammengefasst. Auf dieser Stufe sind im ETP die Meilensteine für die Umsetzung der EA-Segment-Reports ersichtlich.
Level 3	Die Meilensteine für die Umsetzung der EA-Segment-Reports sind mit passenden Initiativen aus dem FTF-Katalog verknüpft. Die zeitliche Entwicklung der Segmentarchitekturen ist geplant.
Level 4	Die Meilensteine für die Umsetzung der EA-Segment-Reports sind mit anderen Einrichtungen abgeglichen. Durch die Meilensteine sind die nun Performance-Ziele und Verpflichtungen deutlich zu erkennen. Hauptanliegen und übergreifende Dienste (bspw. der Informationsaustausch) sind in der Segementarchitektur definiert.
Level 5	Alle Segmentarchitekturen der Einrichtung sind in Bearbeitung oder in Vorbereitung.

Indikator (B) *Architectural Prioritization* – misst die Prioritätsausrichtung der Segmentarchitekturen gegenüber den als wichtig eingestuften Anforderungen.

Indikator (C) *Scope of Completion* – misst den Finanzaufwand der abgeschlossenen Segmentarchitekturen.

Indikator (D) *Internet Protocol Version 6* (*IPv6*) – die EA des Unternehmens (inklusive des *Enterprise Transition Plan* (*ETP*) und der Segmentarchitekturen) muss die *IPv6* in die Segmentarchitektur der IT-Infrastruktur und ins Investitionsprogramm fürs IT-Portfolio integrieren. Dienste und Anwendungen im Unternehmen müssen die *IPv6* nutzen.

Hat die erste Gruppe gemäß des Agency EA Assessment Process eine positive Bewertung erfahren, folgt die Bewertung der zweiten Gruppe – die **Use Capability Area**.

Das Unternehmen hat die notwendigen Praktiken, Prozesse und Richtlinien zur Entwicklung, Wartung und Überwachung der EA eingeführt. Mithilfe der fünf Indikatoren der Use Capability Area nutzt das Unternehmen die EA, um die einzelnen Verwaltungsbereiche wie Strategische Planung, Information Resource Management, IT Management, Haushaltsplanung usw. zu informieren. Ergebnisse dieses Bewertungsschrittes sind:

- Einführung strategischer Zielvorgaben und Programme, um die Kundenanforderungen zu erfüllen.
- Darstellung der Beziehungen zwischen der EA, der Strategieplanung und der Haushaltsplanung.
- Befähigung, Entscheidungen des Managements zu verbessern.

Indikator (A) *Performance Improvement Integration* – misst, wie effektiv das Unternehmen seine Pläne zur Performanceverbesserung und den Enterprise Transition Plan (ETP) auf die Unternehmensprozesse und den Unternehmensoutput ausgerichtet hat. Maßgebliche Investitionen ins IT-Portfolio des Unternehmens müssen im ETP verzeichnet sein und auf das Programm zur Performanceverbesserung sowie auf die beschlossenen Segmentarchitekturen ausgerichtet sein.

Indikator (B) *Capital Planning and Investment Control* (*CPIC*) *Integration* – Investitionen innerhalb des IT-Portfolios des Unternehmens müssen dem Enterprise Transition Plan (ETP) entsprechen.

Indikator (C) *FEA Reference Model Mapping* – misst die Vollständigkeit und Genauigkeit der Abbildung vom FEA Reference Model.

Indikator (D) *Collaboration and Reuse* – misst die Effektivität der EA des Unternehmens hinsichtlich Verteilung, Wiederverwendung, Zusammenarbeit und Standardisierung.

Indikator (E) *EA Governance, Program Management, Change Management and Deployment* – das Unternehmen muss die Implementierung und Nutzung der EA-Richtlinien und Prozesse managen. Dies beinhaltet auch die Einstellung eines Chief IT Architect (CA), die richtige Verteilung der Ressourcen und die Unterstützung der EA auf der auszuführenden Ebene.

Die dritte Gruppe von Indikatoren ist die **Results Capability Area**. Das Unternehmen bewertet die Effektivität und den Wert seiner EA-Aktivitäten durch Zuordnung des Unternehmensoutputs (Ergebnisse) zu seiner EA und den zugehörigen Prozessen. Mit der Bewertung der drei Indikatoren dieser Gruppe wird folgendes sichtbar:

- Darstellung der Beziehung zwischen den IT-Investitionen und der unternehmerischen Fähigkeit, die Mission mit den gestellten Performance-Zielvorgaben zu erreichen.
- Wie gut dient das Unternehmen oder dienen spezifische Prozesse innerhalb des Unternehmens dem Kunden?
- Identifizierung der Beziehungen zwischen dem Input und dem Output des Unternehmens.
- Darstellung des unternehmerischen Forschritts mit Blick auf die Unternehmensziele und der Schließung der Performance-Lücken.

Indikator (A) *Mission Performance* – misst, inwieweit das Unternehmen die EA nutzt, um das Programm zur Performance-Verbesserung voranzubringen.

Indikator (B) *Cost Savings and Cost Avoidance* – misst, inwieweit das Unternehmen die EA und IT nutzt, um Kosten zu kontrollieren.

Indikator (C) *IT Infrastructure Portfolio Quality* – misst, inwieweit die implementierten und gelieferten Ergebnisse der ursprünglichen Planung entsprechen.

Indikator (D) *Measuring EA Program Value* – um den Wert der EA für Entscheidungsträger im Unternehmen zu dokumentieren. [OMB 2008 S. 13]

	JA	NEIN	BEMERKUNGEN
Stakeholder-Berücksichtigung	•		Die Geschäftsleitung und die Mitarbeiter des EA-Programms spielen eine wichtige Rolle bei den Bestrebungen, die Performance hinsichtlich der unternehmerischen Mission zu verbessern. Der Austausch aller Stakeholder (a) unterstützt bei der Identifizierung und Prioritätsdefinition der Unternehmensbereiche und Unternehmensmöglichkeiten, (b) führt zu Aktivitätsplänen zur Schließung von Performancelücken und zur Nutzung von gemeinsamen oder verteilten Informationsressourcen und Informationstechnologien, (c) hilft bei der Aufteilung der Unternehmensressourcen zur Unterstützung des Projektmanagements und der Projektdurchführung, (d) ermöglicht die Messung und Bewertung der Performance und (e) ermöglicht die Bewertung des Feedbacks aus den Bestrebungen der Performanceverbesserung. Alle diese Aktivitäten unterstützen bei der Entscheidungsfindung hinsichtlich der EA, bei Investitionen und Implementierungen. [OMB 2008 S. 4]
Zertifizierungen		•	

4.1.12 EAF – Enterprise Architecture Framework

Das *EAF* wird auch oft als *Gartner* oder *Gartners Enterprise Architecture Framework* bezeichnet. Es wurde 2002 von Gartner mit dem Ziel zur verbesserten Handhabbarkeit in Folge der Kombination von Rahmenwerk und extensiver Prozessarbeit entwickelt.

Gartners Enterprise Architecture Framework berücksichtigt

(a) notwendige und optionale *Viewpoints*, jedoch mindestens drei Sichtweisen:
   (1) Die *Business Viewpoint* beschreibt die Prozesse und Organisation des Unternehmens.
   (2) Die *Information Viewpoint* beschreibt die Informationen, welche für den Betrieb des Unternehmens von Bedeutung sind.
   (3) Die *Technology Viewpoint* beschreibt Hard- und Softwarekomponenten, die den Leistungsprozess des Unternehmens unterstützen. [LAPKIN 2005 S. 2]

(b) Technology, Information und Business Architecture im Business Context und

(c) wie fast alle Rahmenwerke die Ebenenaufteilung in *Conceptual*, *Logical* und *Implementation*.

Es versteht sich als einfaches Konzept mit explizit geführter Top-Down-Entwicklungsmethode für den Gesamtarchitektur-Einsatz. Als Ergebnis dieser Methode wird eine optimale Konstellation von *Business-*, *Information-* und *Technology*-Aspekten zur Unterstützung der Geschäftsstrategie abgeleitet. [LAPKIN 2005 S. 2]

Mit der Übernahme der Meta Group durch Gartner Anfang 2005 bestand die Herausforderung, den prozessorientierten Ansatz bzgl. Architekturen der Meta Group mit dem Ansatz von Gartner, der sich als Framework auf theoretische Konstrukte zur Organisation eines Unternehmens konzentrierte, zu verbinden.

Auf die sechsseitige Konzeptbeschreibung mit dem Titel *„Gartner Enterprise Architecture Framework: Evolution 2005“* kann nach Zahlung von 195,-$ unter www.gartner.com zugegriffen werden. Andere Quellen, die frei zugänglich, hinreichend ausführlich und als offizielle Referenz tauglich wären, stehen nicht zur Verfügung.

Gartner Inc. bezeichnet sich als Weltführer in der IT-Forschung und IT-Beratung. Die Firma wurde 1979 in Connecticut, USA, gegründet, was die Nationalität und Sprache des Rahmenwerkes verrät. Nach [FEURER 2007 S. 6] weist das EAF einen Marktanteil von 18 % auf.

4.1.13 EAMMF – GAO EA Management Maturity Framework

Der Fortschritt einer EA-Bestrebung wird in sieben aufeinander aufbauende Stufen eingeordnet. Weiterhin sind vier Erfolgsattribute für das Gelingen einer EA-Entwicklung definiert. Die Stufen definieren die Spalten und die Attribute die Zeilen der EAMMF-Matrizen. In den Zellen ist der Zustand beschrieben, welcher zu diesem Zeitpunkt der EA-Entwicklung erfüllt sein muss. Es werden 59 Elemente beschrieben, welche Praktiken, Aktivitäten usw. darstellen. Diese bilden die Bausteine eines EA-Programms. In der Summe beschreibt das EAMMF eine Roadmap für ein EA-Programm.

Deckblatt des EAMMF 2.0 ►

Entwickler: EAMMF wird vom *General Accounting Office* (*GAO*) entwickelt. Das *GAO* ist eine Untersuchungseinrichtung des U.S.-Kongresses bzgl. Korruption, Effizienz und Missmanagement. Es ähnelt dem deutschen Bundesrechnungshof und der Vergabekammer des Bundes beim Bundeskartellamt. Darüber hinaus befasst sich das *GAO* mit der Frage, wie öffentliche Aufgaben effizienter oder kostengünstiger durchgeführt werden können.

Das Konzept ist in Englisch publiziert.

Historie: Um EA richtig managen zu können, müssen Aktivitäten wie bspw. Architekturentwicklung, -wartung oder -nutzung gegenüber Standards bemessen werden. Derartige Messungen erlauben der Geschäftsleitung, den Fortschritt in Richtung eines bestimmten Ziels zu bewerten und korrigierende Maßnahmen bzgl. nicht akzeptierbarer Abweichungen einzuleiten. Das *EAMMF* liefert den Unternehmen (in diesem Fall den bundesbehördlichen Einrichtungen der USA) eine Art Benchmark[5] Tool zur Planung und Bemessung ihrer Bestrebungen zur Entwicklung und Verbesserung des EA-Managements.

Das *EAMMF* begleitet dabei die EA-Bestrebungen von der ersten Stufe über die EA-Entwicklung und -Einführung bis zur kontinuierlichen Bewertung und

[5] Benchmark (engl. Maßstab) oder Benchmarking (= Maßstäbe setzen) bezeichnet eine vergleichende Analyse mit einem festgelegten Referenzwert.

Verbesserung – also bereits ab ersten Überlegung über den Nutzen einer EA. Dementsprechend findet es parallel zu den klassischen Rahmenwerken, deren Schwerpunkt auf EA-Entwicklung liegt (FEAF, Zachman EAF usw.), Anwendung.

Die Bewertung des EA-Programms und damit deren Verbesserung ist auch die Intention des *Enterprise Architecture Assessment Framework* (*EAAF*), welches jedoch erst nach der eigentlichen EA-Entwicklungsarbeit ansetzt. Gemäß den EAMMF-Stufen würde das EAAF in der Stufe 6 und damit bei der kontinuierlichen Bewertung und Verbesserung des EA-Managementprozesses und der EA-Produkte ansetzen und unterstützen.

2001 befragte das GAO bundesbehördliche Einrichtungen zu deren EA-Entwicklungsstand. Der Vergleich ergab, dass sich 84 % der Befragten auf der ersten oder zweiten Stufe (*Maturity Stage*) befanden. [GAO 2003 S. 31] Unternehmen dieser Stufe haben sich zwar mit Architekturen auseinandergesetzt und sind sich über den Wert einer EA im Klaren, stehen aber noch am Anfang der eigentlichen EA-Entwicklungsarbeit.

Versionsverlauf: Die erste Version des EAMMF wurde am 19. Februar 2002 im *Paper GAO-02-06 „Information Technology: Enterprise Architecture Use Across the Federal Government Can Be Improved“* veröffentlicht. Im April 2003 erfolgte die Veröffentlichung der Version 1.1. Die Version 2.0 wurde im August 2010 veröffentlicht (GAO-10-846G).

Die **Art** des Rahmenwerkes ist konzeptuell. Das Konzept des EAMMF muss vom Architekten in das ausgewählte EA-Entwicklungs-Rahmenwerk (FEAF oder andere) sowie in die vorgesehene Methode eingebunden werden.

EAMMF **orientiert** sich auf die Gesamtarchitektur. Infolge des ergänzenden Charakters unterstützt das EAMMF die EA-Entwicklung gemäß anderen Rahmenwerke - insbesondere werden die Sichtweisen des FEA-Konzeptes (von Business über Informationen/Daten, Anwendungen bis hin zu Technologien) berücksichtigt.

Verfügbarkeit: Die Konzeptbeschreibung steht kostenfrei zum Download im PDF-Format auf den Internetseiten des GAO zur Verfügung (www.gao.gov). Die Konzeptbeschreibung umfasst 93 A4-Seiten.

METAMODELL

Das Rahmenwerk besteht aus drei Basiskomponenten – diese sind: [GAO 2010 S. 18]

(1) Sieben Hierarchiestufen (*Maturity Stages*), welche den Reifegrad des EA-Programms wiedergeben. Diese teilen die X-Achse.

(2) Für ein organisatorisches Vorhaben wie ein EA-Programm können Erfolgsfaktoren angeführt werden. Das EAMMF nennt derartige kritische *Faktoren* (*Attributes*) und fasst diese in vier Gruppen (*Representations*) zusammen – die sogenannten „critical success attribute representations“.

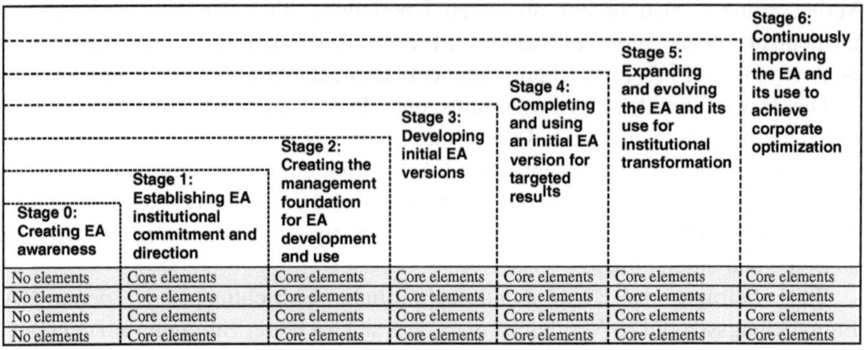

Abb. 4.13 Maturity Stages [Eigene Darstellung nach GAO 2010 S. 17]

(3) 59 *Core Elements* bilden die Grundbausteine des EAMMF. Ein solches Kernelement kann als Schritt während der Architekturentwicklung betrachtet werden. Damit ist es gleichzeitig eine zu erfüllende Bedingung für eine Hierarchiestufe. Jede Stufe erfüllt alle Kernelemente der vorhergehenden Stufen. Die Core Elements werden in den Zellen angeordnet.

Die Attribute einer Gruppe teilen die Y-Achse. Da vier Gruppen definiert sind, existieren auch vier Y-Achsen. Besser gesagt – es existieren vier EAMMF-Matrizen. Jede der vier Matrizen beinhaltet alle 59 Core Elements. Jedoch unterschieden sich die Matrizen in der Zellen-Zuweisung der einzelnen Elemente.

Hierarchiestufen (Maturity Stages):

Stage 0: Creating EA Awareness – Unternehmen, deren EA-Bestrebungen diesem Reifegrad zuzuordnen sind, haben sich gar nicht oder nur unzureichend mit

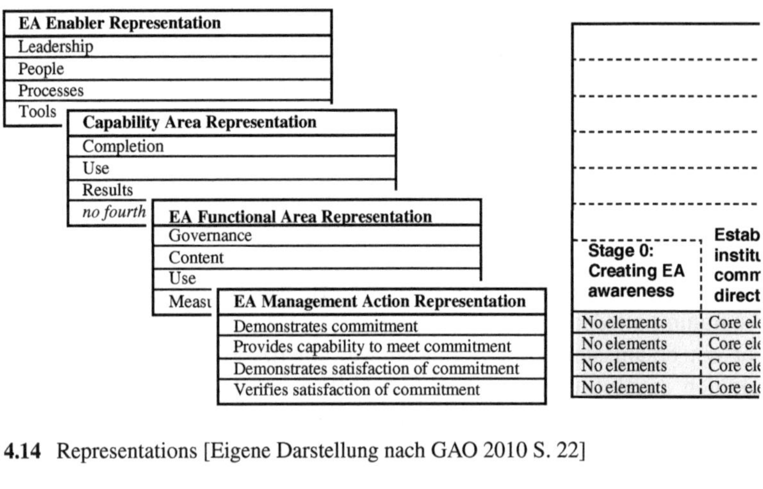

Abb. 4.14 Representations [Eigene Darstellung nach GAO 2010 S. 22]

dem Thema der Entwicklung und Nutzung von EA auseinandergesetzt. So gestalten sich deren EA-Aktivitäten ad hoc, unstrukturiert und mit sichtbar mangelnder Führung und Ausrichtung. Dieser Stufe sind keine Kernelemente zugeordnet.

Stage 1: Establishing EA Institutional Commitment and Direction. Auf dieser Stufe werden die Grundlagen für das EA-Programm gelegt. Die Entwicklungsarbeiten werden in Richtlinien festgehalten. Ein Exekutivkomitee findet sich zusammen. Dessen Mitglieder sind mit Konzepten der Architekturentwicklung vertraut und leiten die EA-Bemühungen. Die Leitung richtet sich nach den festgesetzten EA-Zielvorgaben, den zu nutzenden Rahmenwerken, eventuell vorhandenen Geschäftsrichtlinien usw. Der Chief Architect ist berufen und bevollmächtigt.

Stage 2: Creating the Management Foundation for EA Development and Use. Auf dieser Stufe werden ausführende „EA-Programm-Büros“ sowie ein sich unter der Leitung des Chief Architect befindliches „corporate program office“ eingerichtet. Letzteres entwickelt die Abfolge und Prozesse des EA-Programms (Personal-, Zeit- und Sequenzpläne, Planung der Qualitätssicherung und des Riskmanagements, Veranstaltungsplan usw.) und berichtet dem Exekutivkomitee. Die ausführenden Büros treten mit den Stakeholdern aus betreffenden Managementbereichen in Kontakt (Personal-, Finanz- und Haushaltsabteilung, IT-Abteilung in Sachen Life Cycle usw.). Das Komitee stellt den personellen Bedarf zur Verfügung. Aber auch weiterer Gründungsbedarf wie Architekturwerkzeuge (Entwicklungs- und Wartungmethodiken, Modellierungstools, Lizenzen) werden angeschafft. Unternehmen auf dieser Stufe verfügen über Managementkapazitäten, um eine EA-Initialversion zu entwickeln.

Stage 3: Developing Initial EA Versions. Auf dieser Stufe werden Personalpläne umgesetzt. Mitarbeiter werden eingestellt und geschult. Mögliche externe Kompetenzen (Berater, Zulieferer usw.) werden akquiriert. Eine Initialversion des aktuellen (as-is) und des zukünftigen (to-be) Blicks auf die Performance-, Business-, Daten-, Dienste-, Technologie- und Sicherheitsarchitektur werden entwickelt. Aber auch eine Initialversion des Überführungsplans vom aktuellen zum zukünftigen Zustand wird beschrieben. Neben diesen Initialversionen existieren auf dieser Stufe bereits Segmentarchitekturen (Architekturbeschreibungen einzelner Bereiche) und Architekturen von partnerschaftlichen Einrichtungen. Der Chief Architect informiert das Exekutivkomitee über den Fortschritt der Initialentwicklungen. Auf dieser Stufe wird auch die EA-Nutzung begründet. Die EA-Initialversion dient an dieser Stelle auch als Entscheidungsgrundlage für Investitionsmaßnahmen sowie für die Wahl von Methoden und Bewertungstools.

Stage 4: Completing and Using an Initial EA Version for Targeted Results. Auf dieser Stufe hat das Unternehmen eine EA-Version entwickelt. Das Exekutivkomitee hat diese bestätigt. Die Architekturbeschreibung informiert über den Ist- und Soll-Zustand. Auch gibt es eine Initialversion eines Überführungsplans. Auf Grundlage der unternehmensweiten EA sowie kleingliedrigerer Architekturbeschreibungen (Subarchitekturen) erfolgen die Auswahl von Finanzinvestitionen, Koordinierungen, System-Lifecycle wird festgelegt und Entscheidungen für den Entwurf werden getroffen. Weiterhin werden auf dieser Stufe verschiedenste

Faktoren bemessen und dem Exekutivkomitee berichtet. Dies beinhaltet Informationen zur Qualität einzelner EA-Produkte, zu Investitionsentscheidungen, zur Ausrichtung der Subarchitekturen sowie zu Ergebnissen und Zielerfüllungen.

Stage 5: Expanding and Evolving the EA and Its Use for Institutional Transformation. Auf dieser Stufe wurde die EA auf die gesamte Organisation ausgeweitet. Unterstützt wird die EA durch Subarchitekturen und Architekturen von Partnern. Mit Blick auf die Performance-, Business-, Daten-, Dienste-, Technologie- und Sicherheitsarchitektur ist der Ist- und Soll-Zustand beschrieben. Genau wie der Überführungsplan. Es existiert so eine Menge an Architekturprodukten. Diese sind entsprechend der gewählten Rahmenwerke und der verwendeten Methoden vollständig integriert. Die Produkte werden auf dieser Stufe ständig gewartet und aktualisiert. Die Qualität der Architekturprodukte sowie die Integration des EA-Managements werden durch einen Unabhängigen bewertet. Faktoren der Qualität sind Vollständigkeit, Konsistenz, Usability, Nützlichkeit usw. Die Ergebnisse dieser Bewertung werden dem Chief Architect und dem Exekutivkomitee mitgeteilt.

Stage 6: Continuously Improving the EA and Its Use to Achieve Corporate Optimization. Erreicht ein Unternehmen diese Stufe, verbessert dieses seine EA-Produkte ständig. Die EA stellt ein Abbild des gesamten Unternehmens.

Gruppen (Representations) mit ihren Erfolgsfaktoren (Critical Success Attributes):

(A) Die *EA Management Action Representation* beinhaltet folgende vier Erfolgsfaktoren:

(1) *Demonstrates commitment* beschreibt den Umsetzungswillen. Es muss eine unternehmensweite Verpflichtung zur Umsetzung der Initiativen und Programmpunkte geben. Dies beinhaltet das Treffen von Richtlinien, die Bereitstellung von Ressourcen, die Einbindung von Entscheidungsträgern usw.

(2) *Provides capability to meet commitment* beschreibt die Bereitschaft, Grundvoraussetzungen für das EA-Programm zu schaffen. Dies beinhaltet die Bereitstellung von Personal, Tools usw.

(3) *Demonstrates satisfaction of commitment* beschreibt eine Art Bestätigung für die EA-Bemühungen. EA-Produkte und Ergebnisse zeigen, dass Initiativen und Programmpunkte zufrieden stellend umgesetzt wurden.

(4) *Verifies satisfaction of commitment.* Dies dient der Prüfung der Zufriedenheit mit den EA-Verpflichtungen. Dies beinhaltet quantitative und qualitative Tests zu den EA-Initiativen und –Programmpunkten.

(B) *EA Functional Area Representation* beinhaltet vier erfolgskritische Attribute. Die unter diesen Attributen gruppierten Core Elements beschreiben die Entwicklung und Implementierung einer wohldefinierten EA.

(1) *Governance* fasst jene Core Elements zusammen, die das EA-Programm managen.

B) EA Functional Area Representation	Stage 0: Creating EA awareness	Stage 1: Establishing EA institutional commitment and direction	Stage 2: Creating the management foundation for EA development and use	Stage 3: Developing initial EA versions
1.) Governance	*No elements*	(1) Written and approved organization policy exists for EA development, maintenance, and use. (2) Executive committee representing the enterprise exists and is responsible and accountable for EA. (3) Executive committee is taking proactive steps to address EA cultural barriers. (4) Executive committee members are trained in EA principles and concepts. (5) Chief architect exists.	(9) EA budgetary needs are justified and funded. (10) EA program office(s) exists. (11) Key program office leadership positions are filled. (12) Program office human capital plans exist. (15) EA program management plan exists and reflects relationships with other management disciplines. (16) Work breakdown structure and schedule to develop EA exist.	(19) Organization business owner and CXO representatives are actively engaged in architecture development. (20) EA human capital plans are being implemented. (21) Program office contractor support needs are being met. (22) Program office staff are trained in EA framework, methodology, and tools. (25) EA-related risks are proactively identified, reported, and mitigated.
2.) Content	*No elements*	(6) EA purpose is clearly stated. (7) EA framework(s) is adopted.	(13) EA development and maintenance methodology exists. (14) Automated EA tools exist. (17) EA segments, federation members, and/or extended members have been identified and prioritized.	(24) Methodologies and tools exist to determine subordinate architecture alignment with the corporate EA. (26) Initial versions of corporate "as-is" and "to-be" EA and sequencing plan are being developed. (27) Initial version of corporate EA describing the enterprise in terms of performance, business, data, services, technology, and security is being developed. (28) One or more segment and/or federation member architectures is being developed. (29) Architecture products are being developed according to the EA content framework. (30) Architecture products are being developed according to a defined EA methodology. (31) Architecture products are being developed using EA tools.
3.) Use	*No elements*	*No elements*	*No elements*	(23) Methodologies and tools exist to determine investment compliance with corporate and subordinate architectures.
4.) Measurement	*No elements*	(8) EA performance and accountability framework is established.	(18) Program office readiness is measured and reported.	(32) Architecture development progress is measured and reported.

Abb. 4.15 Representation B – Reifestufen 0–3 [GAO 2010 S. 29]

(2) *Content* beschreibt die aktuellen Grundlagen und Zusammensetzungen aller EA-Artefakte. Auch beschreiben die Core Elements, woher sich die Artefakte ableiten, wie sie entstehen und gewartet werden.

(3) *Use* fasst Core Elements zusammen, die bei der Implementierung der EA sowie bei Entscheidungsfragen bzgl. Aktualisierung und Finanzierung unterstützen.

(4) *Measurement* beschreibt jene Gruppe von Core Elements, die zur Qualitätssicherung des EA-Managements, der Prozesse und der gesetzten Ergebnisse dienen.

	Stage 4: Completing and using an initial EA version for targeted results	Stage 5: Expanding and evolving the EA and its use for institutional transformation	Stage 6: Continuously improving the EA and its use to achieve corporate optimization
1.) Governance	(33) Executive committee has approved the initial version of corporate EA. (34) Key stakeholders have approved the current version of subordinate architectures. (36) Program office human capital needs are met.	(44) Organization head has approved current version of the corporate EA. (45) Organization component heads or segment owners have approved current version of their respective subordinate architectures. (47) Corporate and subordinate architecture program offices operate as a single virtual office that shares resources enterprisewide.	(54) EA human capital capabilities are continuously improved.
2.) Content	(37) Initial versions of corporate "as-is" and "to-be" EA and sequencing plan exist. (38) Initial version of corporate EA captures performance, business, data, services, technology, and security views. (39) One or more segment and/or federation member architectures exists and is being implemented.	(46) Integrated repository tools and common EA framework and methodology are used across the enterprise. (48) Corporate EA and sequencing plan are enterprisewide in scope. (49) Corporate EA and sequencing plan are aligned with subordinate architectures. (50) All segment and/or federated architectures exist and are horizontally and vertically integrated. (51) Corporate and subordinate architectures are extended to align with external partner architectures.	(55) EA methodologies and tools are continuously improved. (56) EA management processes are continuously improved and reflect the results of external assessments. (57) EA products are continuously improved and updated.
3.) Use	(35) EA is integral to the execution of other institutional management disciplines.	*No elements*	(53) EA is used by executive leadership to inform organization strategic planning and policy formulation.
4.) Measurement	(40) EA product quality is measured and reported. (41) EA results and outcomes are measured and reported. (42) Investment compliance with corporate and subordinate architectures is measured and reported. (43) Subordinate architecture alignment with the corporate EA is measured and reported.	(52) EA products and management processes are subject to independent assessment.	(58) EA quality and results measurement methods are continuously improved. (59) EA continuous improvement efforts reflect the results of external assessments.

Abb. 4.16 Representation B – Reifestufen 4–6 [GAO 2010 S. 29]

(C) *Organisations Capability Area Representation* berücksichtigt drei Erfolgsattribute:

(1) *Completion.* Core Elements dieses Attributes beschreiben den Entwicklungsstand einer integrierten und unternehmensweiten Architektur. Insbesondere in puncto Performance-, Business-, Daten-, Dienste-, Technologie-, Sicherheitsarchitektur und auf einem umfassenden Überführungsplan.

(2) *Use.* Core Elements dieses Attributes sagen aus, wie sehr sich die Praktiken, Prozesse und Richtlinien bereits etabliert haben. Sind sie doch

bedeutend für die Entwicklung, Überarbeitung und das Monitoring der EA. Diese Core Elements sollen aber auch das Bewusstsein für das Potenzial einer Architekturbeschreibung schärfen – genau wie für den Nutzen der darin beschriebenen Prozesse. Die strategische Planung, das IT-Management, Haushalts- und Finanzplanung wie eben die Prozesse generell profitieren von der Beschreibung.

(3) *Results.* Letztlich bemessen sich Effektivität und Wert der Architekturaktivitäten am tatsächlichen Output. Core Elements dieses Attributes dienen der Einstufung der Ergebnisse.

(D) *EA Enabler Representation* beschreibt vier erfolgskritische Dinge, ohne die keine Organisation die gesetzten Ziele erreichen wird. Diesen „Enablers" werden die entsprechenden Core Elements in den Reifestufen zugeordnet.

(1) *Leadership.* Core Elements dieser Gruppe beschreiben die Zuordnung von Funktionen, Aktivitäten und Programmen an bestimmte Verantwortungs- und Kompetenzträger. Diese realisieren die Umsetzung. Sie koordinieren, leiten an, und bewahren den Überblick.

(2) People. Core Elements dieser Gruppe beschreiben den Personalbedarf hinter den Funktionen, Aktivitäten und Programmen. Dies umfasst auch die Berücksichtigung von Fertig- und Fähigkeiten.

(3) Processes. Dies beschreibt die notwendigen Pläne, Richtlinien und Prozeduren für die korrekte Ausführung der Funktionen, Aktivitäten und Programme. Auf dieser Ebene werden auch die Prozessergebnisse dargestellt.

(4) Tools. Dies beinhaltet Methoden, Modellierungswerkzeuge und Rahmenwerke, um bei der Prozessausführung zu unterstützen.

	JA	NEIN	BEMERKUNGEN
Stakeholder-Berücksichtigung	•		Die Notwendigkeit die treibenden Kräfte zu berücksichtigen wird explizit als Erfolgskriterium definiert: Critical Success Attribute: Demonstrates Commitment. Darüber hinaus werden sowohl unternehmensinterne (Vorarbeiter auf der auszuführenden Ebene, die Geschäftsleitung, der CIO und Chief Architect inkl. dessen Mitarbeiter) als auch externe (Tochterunternehmen, Mutterkonzerne, unabhängige Dritte und Bewertungsorganisationen) Stakeholder berücksichtigt.
Zertifizierungen		•	

4.1.14 EAP Framework – Spewak's EA Planning

Das von Steven H. Spewak entwickelte EAP (Enterprise Architecture Planning) stellt ein Vorgehens-Referenzmodell zur Entwicklung einer Geschäftsarchitektur, Datenarchitektur, Anwendungsarchitektur und Technologiearchitektur dar. Der Fokus des EAP liegt auf der Umsetzung der oberen beiden Zeilen des Zachman EA Frameworks (Scope/Planner und Business Model/Owner).

[SPEWAK und HILL 1993] ►

Entwickler: Spewak verfolgte mit der im EAP angeführten Methode folgende Prinzipien: [MINOLI 2008 S. 63]

- Unternehmensdaten sollten überall und immer verfügbar sein.
- IS sollen sich an ändernden Geschäftsanforderungen anpassen.
- Im ganzen Unternehmen sollen maximale Datenintegrität und Standards existieren.
- Alle Datensysteme des Unternehmens sollten integriert sein.
- Diese Erfolgsfaktoren sollten kosteneffektiv erzielt werden.

Historie: Das Rahmenwerk wurde 1992 als *Enterprise Architecture Planning* publiziert.

Vererbung: Spewak's EAP bildet die Basis für das FEAF 1999, das E2AF 2003, das TISAF 1997 und das IAF-Version 1 von 1996. [SCHEKKERMAN 2003 S. 89] EAP selbst spezifiziert die obersten beiden Zeilen (*Scope* und *Business Model*) vom Zachman EA Framework.

Literatur: Neben der ausführlichen Konzeptbeschreibung [SPEWAK und HILL 1993] existieren in diversen Publikationen zusammenfassende Beiträge: [VAN HAREN 2007; SCHEKKERMAN 2003; MINOLI 2008].

Die **Art** des Rahmenwerkes ist operationell.

EAP **orientiert** sich auf die Geschäftsprozessarchitektur.

Verfügbarkeit: Die Konzeptbeschreibung ist im Buch [SPEWAK und HILL 1993] publiziert. Im B5-Format umfasst das Buch 367 Seiten.

Unterstützende Tools: Troux Technologies Architect

METAMODELL

Spewak beschreibt einen Prozess, der sich über vier Ebenen erstreckt. Die Ebenen bestehen aus einer oder mehreren Phasen. Jede dieser Prozessphasen trägt zur Definition der Architekturen und Entwicklungspläne bei.

Zur Entwicklung von (1) Geschäftsarchitektur, (2) Datenarchitektur, (3) Anwendungsarchitektur und (4) Technologiearchitektur umfasst EAP folgendes Vorgehens-Referenzmodell: [SPEWAK und HILL 1993 S. 14]

Layer 1 beinhaltet die Projektinitiierung mit der *Planning-Initiation-Prozessphase*. Diese definiert den Umfang, die Funktionen und Verantwortlichkeiten und entscheidet dementsprechend, welche Methode zu wählen ist, wer involviert ist und welche Hilfsmittel zu nutzen sind. Als Ergebnis dieser Phase entsteht ein Arbeitsplan, woraufhin das Management eingebunden wird. Im Detail basiert die *Planning Initiation* auf sieben Schritten: (1) Definition des Umfangs und der Zielvorgaben, (2) Erzeugen einer Vision (inkl. initialisierendem Meeting mit dem Management), (3) Anpassung einer Planungsmethodik, (4) Ausrichtung gemäß den maschinellen Betriebsmitteln (Computern), (5) Versammlung des Planungsteams, (6) Vorbereitung des Arbeitsplanes und (7) Anforderung und Festigung des Engagements und der Finanzierung. [SPEWAK und HILL 1993 S. 37]

Layer 2 beherbergt zwei Phasen:

Phase *Business Modelling*, um eine Wissensbasis über die Geschäftsprozesse und die benötigten Informationen zu erstellen. Dabei werden drei Schritte berücksichtigt: (1) Dokumentation der Organisationsstruktur, (2) Identifikation und

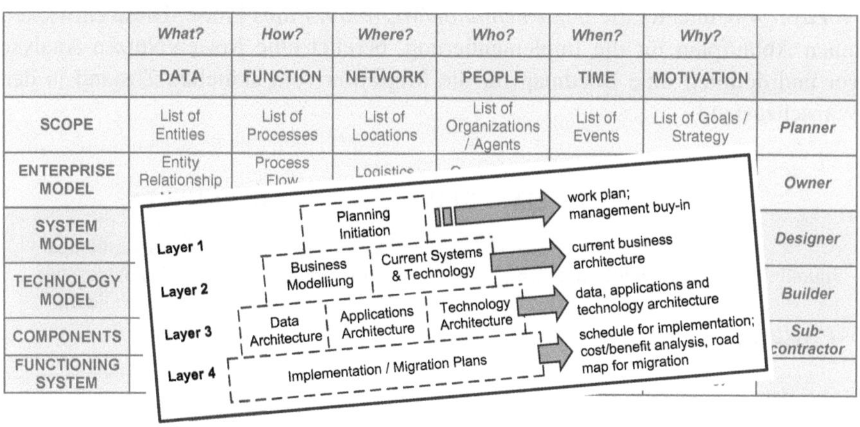

Abb. 4.17 Das EAP-Konzept auf Basis des Zachman EA Frameworks [Eigene Darstellung nach SCHEKKERMAN 2003 S. 101]

Definition der geschäftlichen Funktionen und (3) Dokumentation des vorläufigen Geschäftsmodells sowie deren Verteilung und Präsentation vor der Belegschaft, um Kommentare und Hinweise aufzunehmen.

Phase *Current Systems & Technology*, welche die grundlegend zur Verfügung stehenden Anwendungssysteme, Daten und Technologieplattformen aufzeigt.

Layer 3 beinhaltet drei aufeinander aufbauende Phasen:

- *Data Architecture*, um sich der Daten bewusst zu werden, die maßgeblich die Geschäftsprozesse begleiten. Diese Phase besteht aus vier Teilschritten: (1) Auflistung der zu berücksichtigenden Entitätsdaten, (2) Definition der Entitäten, Attribute und Relationen, (3) Verknüpfung der Entitäten gemäß den geschäftlichen Funktionen und (4) Bereitstellung der Datenarchitektur. [SPEWAK und HILL 1993 S. 170]
- *Applications Architecture*, um die Anwendungen zu benennen, die zum Datenmanagement dienen und zur Unterstützung der Geschäftsprozesse beitragen. Diese Phase besteht aus fünf Teilschritten: (1) Auflistung der zu berücksichtigenden Anwendungen, (2) Definition der Anwendungen, (3) Verknüpfung der Anwendungen an die geschäftlichen Funktionen, (4) Analyse der Auswirkungen auf aktuelle Anwendungen und (5) Bereitstellung der Anwendungsarchitektur. [SPEWAK und HILL 1993 S. 199]
- *Technology Architecture*, um Technologieplattformen zu identifizieren, die für die Daten- und Anwendungsarchitektur benötigt werden. Diese Phase besteht aus vier Teilschritten: (1) Identifizierung der technologischen Prinzipien und Plattformen, (2) Definition der Plattformen und Verteilung, (3) Verknüpfung der technologischen Plattformen an die Anwendungen und geschäftlichen Funktionen sowie 4.) Bereitstellung der Technologiearchitektur. [SPEWAK und HILL 1993 S. 224]

Layer 4 beinhaltet die *Implementation/Migration Plans* Phase. Diese entwickelt einen Ablaufplan für die Implementierung, bereitet eine Kosten/Nutzen-Analyse vor und definiert eine Roadmap für die Migration vom aktuellen Zustand in den Wunschzustand.

	JA	NEIN	BEMERKUNGEN
Stakeholder-Berücksichtigung	•		Der von EAP definierte Prozess beinhaltet die Einbindung der Stakeholder sowie das Präsentieren vor den Stakeholdern.
Zertifizierungen		•	
Abb. der Geschäftsprozesse	•		
Berücksichtigung von Entitäte	•		

KOMPLEXITÄTSREDUZIERUNG			
Sichtweisen	7		EAP betrachtet eine EA analog dem Zachman EA Framework.
Ebenentrennung	•		EAP differenziert eine EA auf mindestens zwei Ebenen und damit auf die beiden oberen Zeilen des Zachman EA Frameworks. Da das EAP zur Entwicklung einer Geschäftsarchitektur, Datenarchitektur, Anwendungsarchitektur und Technologiearchitektur beiträgt, liegt eine tatsächlich höhere Differenzierung vor.
Ebenenbeziehungen	•		

BRÜCKSICHTIGUNG VON ANWENDUNGSSYSTEMEN			
rechnerbasierte	•		
konventionelle		•	
Kommunikationsbeziehung zw. Anwendungssystemen	•		

BRÜCKSICHTIGUNG VON PHYSISCHEN IS-KOMPONENTEN			
rechnerbasierte	•		
konventionelle		•	
Mensch als IS-Komponente		•	

4.1.15 EIF – European Interoperability Framework

Das EIF unterstützt bei der Entwicklung und Errichtung von *pan-European e-government services* (*PEGS*) und damit die Bereitstellung einer grenzüberschreitenden Zusammenarbeit der EU-Mitgliedsstaaten. [IDABC 2008 S. 19] Hierfür beschreibt das EIF ein Architektur-Referenzmodell. Es benennt Ebenen (*Political Context, Legal, Organisational, Semantic* und *Technical Interoperability*), auf denen Interoperabilität zu realisieren ist, um die Zusammenarbeit im Ganzen zu erzielen.

Deckblatt des Entwurfes der EIF Version 2.0 ►

Entwickler des Rahmenwerkes ist die Europäische Kommission unter Zuhilfenahme von fachlichen Beratern.

Historie: Der *eEurope Action Plan 2005* wurde 2002 von den Staatsoberhäuptern der EU-Mitgliedsstaaten verabschiedet. Dieser Plan beinhaltet u. a. die Absichtserklärung zur europaweiten Interoperation zwischen den Verwaltungen der Mitgliedsstaaten. [IDABC 2004 S. 5] Im Ergebnis bedeutet dies nicht nur den grenzüberschreitenden Austausch von Daten, sondern auch die Zusammenarbeit der Organisationen, Entitäten und Prozesse der jeweiligen Länder zur Erreichung gemeinsamer Ziele. Hierfür ist das *EIF* ein Produkt des von der Europäischen Kommission beschlossenen *IDABC-Programms* (*Interoperable Delivery of pan-European Services to Public Administrations, Businesses and Citizens*) und in Kombination mit anderen Modulen zu betrachten: *European Interoperability Strategy* (*EIS*), *European Interoperability Architecture Guidelines* (*EIAG*) *und European Interoperability Infrastructure Services* (*EIIS*). [IDABC 2008 S. 6]

Versionsverlauf: 2004 erfolgte die Veröffentlichung der Version 1.0. Bis Ende 2008 konnte der Entwurf der EIF Version 2.0 kommentiert werden.

Die **Art** des EIF ist konzeptuell.

Das EIF **orientiert** sich auf die Gesamtarchitektur mit Schwerpunkt auf Interoperabilität und damit auf Extended Enterprise Architectures.

Verfügbarkeit: Die Konzeptbeschreibungen in der Version 1 und 2 können auf der Internetseite der Europäischen Kommission kostenlos (http://ec.europa.eu/idabc/) eingesehen werden.

Dokumentationsumfang: Die Version 2 umfasst 85 A4-Seiten.

METAMODELL

Das EIF führt folgende Interaktionsszenarien aus, um die vom Rahmenwerk berücksichtigten Interaktionstypen zu beschreiben:

(1) *Administration to Administration* (*A2A*) beschreibt den Datenaustausch zwischen Verwaltungen unterschiedlicher Mitgliedsstaaten bzw. zwischen EU-Institutionen oder zwischen einer EU-Institution und einer Verwaltung eines Mitgliedsstaates. Typisches Beispiel für A2A-Interaktion ist die europaweite Verknüpfung des Zolls und der damit verbundenen Dienste (bspw. Informationen zu Zollstrafen).
(2) *Administration to Business* (*A2B*) und (3) *Administration to Citizen* (*A2C*) beschreiben die Interaktionen zwischen Unternehmen und Bürgern eines bestimmten EU-Mitgliedsstaates und EU-Institutionen bzw. Verwaltungen in einem anderen Mitgliedsstaat. Die Gründung eines Unternehmens oder die Registrierung von Patenten und Handelsmarken sind typische Dienste einer A2B-Interaktion. Europaweites Handling von Geburts- und Heiratsurkunden, Fahrerlaubnis, Personalausweis, Fahrzeugregistrierung oder auch die grenzüberschreitende Job-Suche sind Dienste einer A2C-Interaktion. [IDABC 2008 S. 19]

Das EIF separiert die Bemühungen um Interoperabilität auf vier Ebenen. Diese Ebenen sind in einen politischen Kontext eingebettet. Da das EIF kein verpflichtendes Rahmenwerk darstellt, ist die Definition des *Political Context* und damit die Erklärung der gemeinsamen Vision und der Schwerpunkte für die kooperierenden Partner erforderlich.

(a) *Legal Interoperability* erfasst die Gesetzgebungen und Richtlinien der Partner (bspw. im Bezug auf Datenschutz).
(b) *Organisational Interoperability* erfasst die gemeinsame Ausrichtung von Organisation und Prozessen der Partner.
(c) *Semantic Interoperability* erfasst die für die Partner verbindliche semantische Definition, um Verständlichkeit zu gewährleisten.
(d) *Technical Interoperability* erfasst die syntaktische Definition sowie technischen Erfordernisse (verknüpfte Hardware und Dienste inkl. offenen Schnittstellenspezifikationen, Middleware-Lösungen usw.).

Das EIF benennt drei wesentliche Schritte zur Realisierung von *pan-European e-government services* (*PEGS*): (1) Business Description, (2) Erkennen von Problemen durch (a) Definition des Kontexts (Vision, Schwerpunkte usw.), (b) Modellierung von IS-Ausschnitten und (c) Analyse von Standards, die verwendet werden können, und (3) Entwicklung anhand (1) und (2) der *PEGS*. [IDABC 2008 S. 19]

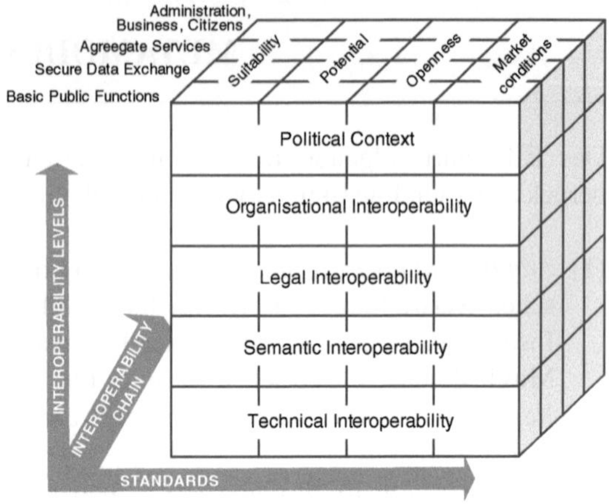

Abb. 4.18 Die drei Dimensionen des EIF [IDABC 2008 S. 20]

	JA	NEIN	BEMERKUNGEN
Stakeholder-Berücksichtigung	•		
Zertifizierungen		•	
Abb. der Geschäftsprozesse	•		
Berücksichtigung von Entitäten	•		
KOMPLEXITÄTSREDUZIERUNG			
Sichtweisen	4		Vier Sichtweisen: (1) Administration, Business, Citizens, (2) Secure Data Exchange, (3) Aggregate Services und (4) Basic Public Functions
Ebenentrennung	•		Vier Ebenen werden unterschieden.
Ebenenbeziehungen	•		
BRÜCKSICHTIGUNG VON ANWENDUNGSSYSTEMEN			
rechnerbasierte	•		
konventionelle		•	
Kommunikationsbeziehung zw. Anwendungssystemen	•		

BRÜCKSICHTIGUNG VON PHYSISCHEN IS-KOMPONENTEN			
rechnerbasierte	•		
konventionelle		•	
Mensch als IS-Komponente		•	

4.1.16 FEAF – Federal Enterprise Architecture Framework

Das Federal Enterprise Architecture Framework (FEAF) offeriert ein eher einfaches Architektur- und ein ausführlicheres Vorgehens-Referenzmodell zur Entwicklung und Wartung einer EA.

Entwickelt vom *CIO Council* – bestehend aus den *Chief Information Officers* (*CIO*) verschiedener staatlicher Behörden der USA inkl. diverser Beratungstätigkeiten – u. a. von John Zachman (Zachman EA Framework) und Steven Spewak (Enterprise Architecture Planning).

Deckblatt des [FEAF 1999] ►

Historie: Auf Grundlage des Clinger-Cohen Act von 1996 fanden sich die behördlichen Chief Information Officers (CIO) im *CIO Council* zusammen und machten sich die Modernisierung, verbesserte Nutzung, Zusammenarbeit, Interoperabilität und Performance der staatlichen IT-Ressourcen zur Hauptaufgabe. Infolge dessen begann das CIO Council im April 1998 mit der Entwicklung vom FEAF. [FEAF 1999 S. 1]

Versionsverlauf: September 1999 erfolgte die Veröffentlichung der FEAF Version 1.1.

Vererbung: Das FEAF bildet die Basis für das *NIH Enterprise Architecture Framework.* [NIH 2009] Selbst leitet sich das FEAF vom Zachman EA Framework, von Spewak's Enterprise Architecture Planning (EAP) und von der NIST Enterprise Architecture ab.

Der **Marktanteil** beträgt nach [FEURER 2007 S. 6] 2 % und nach Erhebung von [SCHEKKERMAN 2005 S. 28] 9 %.

Die **Art** des Rahmenwerkes ist operationell mit übergreifendem Touch.

Das FEAF **orientiert** sich auf die Geschäftsprozessarchitektur.

Verfügbarkeit: Die Konzeptbeschreibung steht im PDF-Format auf der Website des CIO Council (www.cio.gov) kostenlos zum Download zur Verfügung.

Dokumentationsumfang: Das Konzept umfasst 80 Seiten.

Unterstützende **Tools** sind der EA Webmodeler vom Hersteller Agilense, die Metis Product Family des Herstellers Computas, der Corporate Modeler von Casewise, Flash-Pack von Flashline, System Architect von Telelogic, Troux Technologies Architect und FEAMS vom U.S. Government.

METAMODELL

Da die Entwicklung und Wartung einer Architektur ein kontinuierlicher Prozess der Bewertung des aktuellen Zustandes und von möglichen Zielzuständen ist, führt das FEAF aus, wie dies erfolgen kann. Dabei werden nicht die Architekturinhalte entwickelt. Vielmehr versteht sich das FEAF als Platzhalter für bestimmte Inhalte. Hierfür beschreibt das FEAF drei grundlegende Ansätze:

(1) Das FEAF teilt eine Architektur in vier Ebenen: *Business, Data, Applications* und *Technology Architecture*. Wobei letztere drei als Entwurfsarchitekturen und Grundlage für die *Business Architecture* betrachtet werden.
(2) Das FEAF ordnet sich in das *Zachman EA Framework* ein. Dabei werden die Spalten *What* (*Data Architecture*), *How* (*Applications Architecture*), *Where* (*Technology Architecture*) und die fünf oberen Zeilen berücksichtigt.
(3) Das FEAF beschreibt den Prozess der Entwicklung und Wartung einer Architektur in vier Schritten. Dabei beschränkt sich das FEAF auf acht Komponenten: (1) die treibenden Kräfte, (2) die strategische Ausrichtung, (3) die aktuelle Architektur, (4) die Zielarchitektur, (5) den Übergangsprozess, (6) Architekturelemente (*Business, Data, Applications* und *Technology*), (7) das Architekturmodell (definiert Geschäfts- und Entwurfsmodelle mit Bezug auf die Architekturelemente) und (8) Standards inkl. Anleitungen und Best Practices.

Schritt (1) ist am aufwendigsten – alle acht Komponenten werden wie folgt initialisiert:

- Die für die Architekturveränderung verantwortlichen treibenden Kräfte werden benannt.
- Die strategische Ausrichtung stellt sicher, dass die Unternehmensausrichtung gewahrt bleibt.
- Die vollständige Charakterisierung und Beschreibung des Zustandes der aktuellen Architektur.
- Beschreibung der Zielarchitektur unter Berücksichtigung der strategischen Ausrichtung.
- Der Übergangsprozess beschreibt den Wechsel vom aktuellen zum Zielzustand unter Berücksichtigung von Standards, Beschlussfassungen, Migrationsplänen und Budgets.
- Bzgl. der Architekturelemente erfolgt vorerst die Konzentration auf ein Subsystem oder eine kleinere Unternehmung.
- Das Architekturmodell liefert die Dokumentation und Basis für das Management und die Implementierung.
- Standards und Richtlinien sind mit Blick auf Interoperabilität zu definieren.

Im Schritt (2) wird mit Blick auf die geschäftliche Tätigkeit und die bisherigen Entwürfe der Level-of-Detail angehoben. So wird die aktuelle und zukünftige *Business Architecture* definiert.

Schritt (3) erweitert die Architekturbeschreibung, indem die *Data, Applications* und *Technology Architecture* von der aktuellen und der zukünftigen Architektur beschrieben werden.

Schritt (4) definiert die *Enterprise Architecture Planning.* Dabei gibt der Schritt 4 an, wie die *Business Architecture* durch die drei Entwurfsarchitekturen (*Data, Applications* und *Technology Architecture*) unterstützt wird und sich herausbildet.

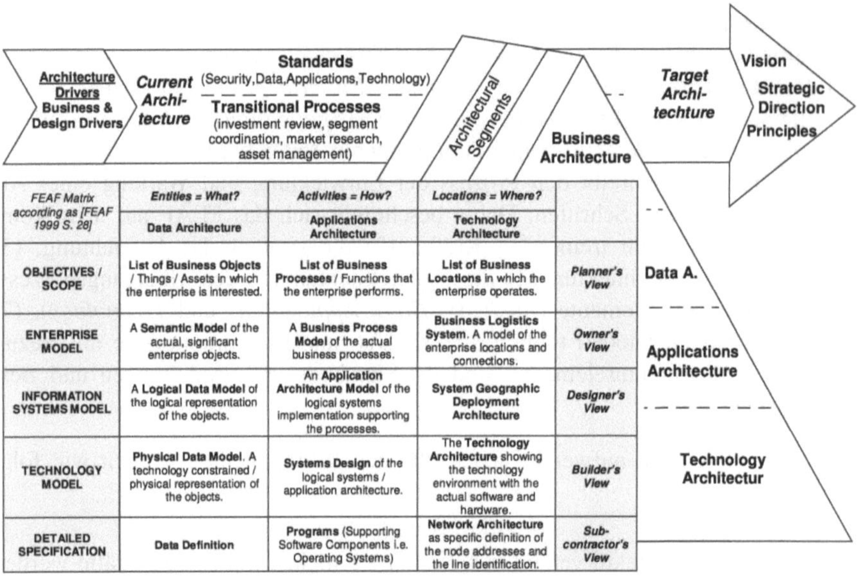

Abb. 4.19 Methodik und Architektur des FEAF [Eigene Darstellung nach FEAF 1999 S. 17]

	JA	NEIN	BEMERKUNGEN
Stakeholder-Berücksichtigung	•		
Zertifizierungen	•		Das Federated Enterprise Architecture Certification Institute bietet Schulungen, Trainings und Zertifizierungen für Zivilverwaltungen, Wehrbehörden sowie für den kommerziellen Bereich an (www.feacinstitute.org). So sind am Institut Zertifizierungen zum Certified Enterprise Architect möglich.
Abb. der Geschäftsprozesse	•		
Berücksichtigung von Entitäten	•		
KOMPLEXITÄTSREDUZIERUNG			
Sichtweisen	3		Es werden drei Spalten des Zachman EA Frameworks und damit drei Sichtweisen berücksichtigt.
Ebenentrennung	•		Es werden mindestens vier, mit Blick auf die berücksichtigten Zeilen des Zachman EA Frameworks auch fünf Ebenen unterschieden.
Ebenenbeziehungen	•		
BRÜCKSICHTIGUNG VON ANWENDUNGSSYSTEMEN			
rechnerbasierte	•		
konventionelle	•		
Kommunikationsbeziehung zw. Anwendungssystemen	•		
BRÜCKSICHTIGUNG VON PHYSISCHEN IS-KOMPONENTEN			
rechnerbasierte	•		
konventionelle		•	
Mensch als IS-Komponente		•	

4.1.17 GERAM – Generalised Enterprise Reference A. and M.

GERAM ist die Abkürzung *für Generalised Enterprise Reference Architecture and Methodology*.

Dieses Rahmenwerk stellt Komponenten zur Verfügung, mit deren Hilfe man Enterprise Engineering and Integration Projects durchführt. Entwicklung, Umsetzung und Veränderung von Unternehmensprozessen sind mit bestimmten Tätigkeiten verbunden. Diese sollen mit der GERAM abgebildet werden. [SCHMIDT 1999 S. 5]

Deckblatt von [GERAM 1999] ►

IFIP

IFAC

GERAM:

Generalised Enterprise Reference Architecture and Methodology

IFIP–IFAC Task Force on

Architectures for Enterprise Integration

March 1999

GERAM V1.6.3

©IFIP-IFAC Task Force, 1999

Entwickler: GERAM wurde von der Arbeitsgruppe für *Architectures for Enterprise Integration*, bestehend aus der internationalen Informatikorganisation *International Federation for Information Processing* (*IFIP*) und dem Verband *International Federation of Automatic Control* (*IFAC*), entwickelt.

Historie: 1990 gründeten IFAP und IFAC eine Arbeitsgruppe. Bei der Analyse der Konzepte CIMOSA, GRAI/GIM und PERA stellte die Arbeitsgruppe fest, dass jedes Konzept für sich eine Besonderheit aufweist. Die Arbeitsgruppe erkannte den Bedarf an einer allgemeingültigen Architektur. So begannen die Mitglieder mit der Entwicklung der GERAM. [GERAM 1999 S. 4] Ziel von GERAM ist die Beschreibung von Informations- und Kommunikationssystemen.

Versionsverlauf: März 1999 wurde GERAM Version 1.6.3 veröffentlicht.

Vererbung: GERAM stellt die Basis für ISO 15704:2000 *Requirements for enterprisereference architectures and methodologies* dar. [STANFORD-SMITH und KIDD 2000 S. 393] Dabei leitet sich GERAM selbst von CIMOSA, GRAI/GIM und PERA ab. [GERAM 1999 S. 4] Die *Generalised Enterprise Reference Architecture* (*GERA*) von GERAM beschreibt eine Erweiterung des *CIMOSA Modelling Framework*. [STANFORD-SMITH und KIDD 2000 S. 393]

Die **Art** des Rahmenwerkes ist operationell.

GERAM **orientiert** sich auf die Gesamtarchitektur.

Verfügbarkeit: GERAM 1.6.3 steht im PDF-Format als Download kostenfrei zur Verfügung. Auch ist GERAM als Anhang in der ISO 15704:2000 publiziert.

Dokumentationsumfang: 31 A4-Seiten

Referenzmodelle: Das GERAM-Rahmenwerk stellt Komponenten zur Verfügung, mit deren Hilfe man *Enterprise Engineering and Integration Projects* durchführt. Eine Komponente ist *GERA*, welche ein Vorgehens-Referenzmodell für den Lifecycle von *Enterprise Models* (*EM*) – also den Subsystemen eines Unternehmens – darstellt. *GERA* ist dabei stark vom *PERA*-Vorgehens-Referenzmodell geprägt.

Ein unterstützendes **Tool** steht vom Hersteller IDS Scheer mit dem ARIS Toolset zur Verfügung. [SCHMIDT 1999 S. 5]

METAMODELL

Das GERAM-Rahmenwerk besteht aus neun Komponenten. Abbildung 4.20 zeigt, wie diese zusammenhängen und so das *Enterprise Engineering and Integration Project* unterstützen. Die Basiskomponente GERA ist mit den drei grundlegend berücksichtigten Dimensionen dargestellt.

(1) *Generalised Enterprise Reference Architecture* (*GERA*) ist die Basiskomponente des Rahmenwerkes. Sie beinhaltet unternehmensbezogene Konzepte, die für die Projektarbeit empfohlen werden und die in das von *GERA* beschrie-

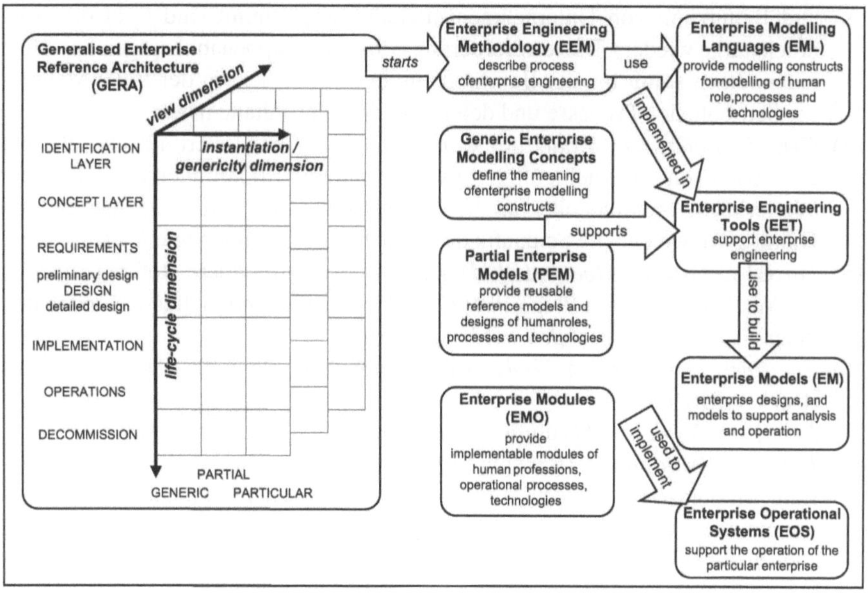

Abb. 4.20 Zusammenhänge der GERAM-Komponenten [Eigene Darstellung nach GERAM 1999 S. 18]

bene Vorgehens-Referenzmodell zum Lifecycle von *Enterprise Models* (*EM*) einfließen:

- *Human oriented concepts* beschreiben die menschliche Rolle im Unternehmen und bei der Integration sowie die Unterstützung des Menschen beim Entwurf, der Inbetriebnahme und der Wartung.
- *Process oriented concepts* für die Beschreibung der Geschäftsprozesse.
- *Technology oriented concepts* zur Beschreibung der Technologien, die die Geschäftsprozesse unterstützen.
- Grundlegend beschreibt GERA drei Dimensionen, welche den Inhalt und Umfang der *Enterprise Models* (*EM*) repräsentieren: [GERAM 1999 S. 18]

  - *Lifecycle Dimension* beschreibt die einzelnen Aktivitäten innerhalb des Lebenszyklus.
  - *Genericity Dimension* unterstützt die kontrollierte Betrachtung der drei Instanzen *Allgemein, teilweise Allgemein* und *Speziell.*
  - *View Dimension* unterstützt die spezifischen Betrachtungsweisen auf die *Enterprise Models* (*EM*).

(2) *Enterprise Engineering Methodology* (*EEM*) beschreibt das Projektvorgehen und gibt für die einzelnen Schritte Hinweise, u. a. zur Berücksichtigung der Mitarbeiter oder des Managements.
(3) *Enterprise Modelling Languages* (*EML*) definiert allgemeine Modellierungskonstrukte (Sprachen), die auf die jeweiligen Erfordernisse für die Erzeugung und Benutzung von Unternehmensmodellen abgestimmt sind (gibt die Ausdruckstärke wieder). Diese anforderungs- und zielgruppenabhängigen Sprachen unterstützen somit bei der Beschreibung und Modellierung der Rolle Mensch, der betrieblichen Prozesse und deren funktioneller Inhalte usw.
(4) *Generic Enterprise Modelling Concepts* (*GEMC*) definiert für das Projekt drei Arten von allgemeingültigen Beschreibungen: Erklärungen ähnlich einem Wörterbuch, Metamodelle für die Beschreibung von Zusammenhängen und Ontologien, welche die Semantik der Sprachen der Komponente *EML* erklären.
(5) *Partial Enterprise Models* (*PEM*) stellt wiederverwendbare Referenzmodelle zur Verfügung, die mit Plug&Play-Charakter zu allen möglichen Komponenten unterstützend hinzugezogen werden können.
(6) *Enterprise Engineering Tools* (*EET*) beinhaltet alle unterstützenden Tools (bspw. ARIS Toolset).
(7) *Enterprise Models* (*EM*) umfasst alle Submodelle des Unternehmens.
(8) *Enterprise Modules* (*EMO*) sind fertige Subsysteme, die bei der Implementierung herangezogen werden können (bspw. Browser, Datenbankmanagementsystem usw.).
(9) *Enterprise Operational Systems* (*EOS*) unterstützt die Bedienung der Subsysteme und somit die Leistungserbringung des Unternehmens. Es werden Hardware, Software, Menschen, Betriebsmittel und Werkstoffe zu einem System verbunden.

	JA	NEIN	BEMERKUNGEN
Stakeholder-Berücksichtigung	•		
Zertifizierungen		•	Jedoch hat sich GERAM durch die Berücksichtigung in der ISO 15704:2000 den Status eines Quasi-Standards erarbeitet.
Abb. der Geschäftsprozesse	•		
Berücksichtigung von Entitäten	•		
KOMPLEXITÄTSREDUZIERUNG			
Sichtweisen	>1		Durch die View Dimension der GERA berücksichtigt.
Ebenentrennung		•	GERAM führt kein Architektur-Referenzmodell im Sinne der anderen Rahmenwerke an. Die angeführten Ebenen (Lifecycle Dimensions) beschreiben die einzelnen Aktivitäten innerhalb des Lebenszyklus
BRÜCKSICHTIGUNG VON ANWENDUNGSSYSTEMEN			
rechnerbasierte	•		
konventionelle	•		
Kommunikationsbeziehung zw. Anwendungssystemen	•		
BRÜCKSICHTIGUNG VON PHYSISCHEN IS-KOMPONENTEN			
rechnerbasierte	•		
konventionelle	•		
Mensch als IS-Komponente	•		

4.1.18 GIM – GRAI Integrated Methodology

GIM ist die Abkürzung von *GRAI Integrated Methodology*. GRAI wiederum ist die Abkürzung von *Graphe Résultats et Activitées Interreliées* (*Graphs with Results and Activities Interrelated*) – was auf die französische Herkunft des Rahmenwerkes hinweist. [GERAM 1999 S. 8] Publiziert ist das Konzept jedoch in englischer Sprache.

Die Stärke der GIM liegt auf dem definierten Vorgehens-Referenzmodell zur Entwicklung von CIM-Systemen.

Entwickler: GIM wurde im *Laboratory of Automation and Productics* (*LAP*) der französischen Universität in Bordeaux entwickelt.

Historie: Grundlagen für GIM bildeten Studien zum Produktionsmanagement, die bis 1970 zurückgehen. Das damalige Ziel bestand in der Entwicklung eines Produktionsmanagementsystems, welches Anforderungen an ein Softwareprodukt (*Computer Aided Production Management System – CAPM*) definiert und bei der Auswahl unterstützt. Zu jener Zeit war GRAI fest in der Industrie etabliert. Der ursprüngliche Gedanke von *GRAI* half den Entwicklern ein System für das Produktionsmanagement zu modellieren. Erst mit der wachsenden Bedeutung von *Computer Integrated Manufacturing* (*CIM*) fand der Faktor *Computer-Aided* eine stärkere Berücksichtigung: *GRAI* wurde auf das gesamte Produktionssystem erweitert. Die *GRAI Method* wurde für die Entwicklung von CIM-Systemen erweitert. Somit entstand die *GRAI Integrated Methodology* (*GIM*). [CHEN et al. 1996 S. 102]

Versionsverlauf: 1980 startete die erste Anwendung der *GRAI Method* in der Industrie. 1986 begann die Arbeit an den von der Europäischen Union geförderten *ESPRIT-Projekten* (*European Strategic Program for Research and Development in Information Technology*). Daraus und aus den Ergebnissen verschiedener anderer Projekte entstand die GIM. Durch das Industriekonsortium *AUGRAI* (*Association of the Users of GRAI Method*) erfolgte die Weiterentwicklung von GIM. Das Konsortium bestand aus Aerospatiale, Cap Gemini usw. [CHEN et al. 1996 S. 103]

Mai 1992 wurde die GIM Version 1.0 in einem Report LAP veröffentlicht. Der Titel lautete *GIM, GRAI Integrated Methodology – A Methodology for designing CIM systems.*

Literatur: Die originale Konzeptbeschreibung von 1992 ist auch seitens der Urheber G. Doumeingts, B. Vallespir, M. Zanettin und D. Chen nicht mehr verfügbar. Alternativ kann [CHEN et al. 1996] empfohlen werden.

Vererbung: GERAM stellt eine Verallgemeinerung von GIM, CIMOSA und PERA dar. [GERAM 1999 S. 4] GIM selbst ist eine Erweiterung von *GRAI.*

Die **Art** des Rahmenwerkes ist operationell.

GIM **orientiert** sich auf technische Architekturen mit Schwerpunkt auf Modellierung von Produktionssystemen.

Unterstützende Tools: CAGIM (Computer Aided GIM)

METAMODELL

GIM unterstützt den Entwickler eines CIM-Systems u. a. bei der Erfassung des Leistungsumfanges dieses Systems. Entsprechende Komponenten können aufgrund dieser mittels GIM erstellten Spezifikation eingekauft oder „inhouse" entwickelt werden. GIM besteht aus vier Elementen:

(1) Das *Conceptual Reference Model* (*GRAI*) repräsentiert das Basiskonzept für Produktionssysteme. Dabei besteht jedes Produktionssystem aus einem *Physical System* – es realisiert die Überführung der Rohmaterialien ins finale Produkt und berücksichtigt dabei Menschen, Anlagen, Materialien und Techniken – und einem *Control System*, welches das *Physical System* auf Einhaltung der Zielvorgaben kontrolliert. Letzteres gliedert sich in die zwei Subsysteme *Decision* (entscheidet, welche Anfragen an das *Physical System* gestellt werden) und *Information System* (dient der Übermittlung, Abarbeitung und Speicherung von Informationen). [CHEN et al. 1996 S. 103]

(2) Das *GIM Modeling Framework* repräsentiert die zwei Dimensionen *Functional Decomposition* (*Views, Life Cycle*) und *Abstraction Level.* [CHEN et al. 1996 S. 114]

(3) Der *GIM Structured Approach* stellt eine Entwicklungsanleitung für die Analyse und den Entwurf von Produktionssystemen dar; dabei wird in *Initialization, Analysis, Useroriented Design* sowie *Technicaloriented Design* und *Implementation* unterschieden. *Useroriented Design* erlaubt die Modellierung von Nutzeranforderungen an das Produktionssystem. Die daraus entstehenden Modelle drücken vier Sichtweisen aus: *Functional* (beschreibt die Funktionen des Systems), *Decisional, Physical* und *Information Model* (letztere drei beschreiben das *Conceptual Reference Model*). [CHEN et al. 1996 S. 120]

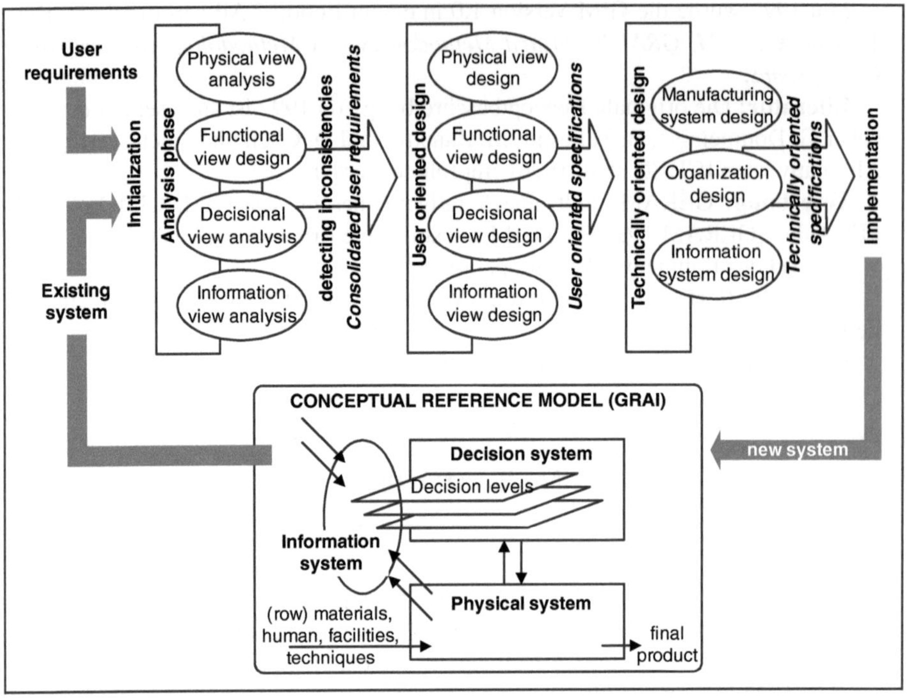

Abb. 4.21 GIM Structured Approach [Eigene Darstellung nach BERNUS et al. 1996 S. 105, 113]

(4) Die *GIM Modeling Formalisms* stellen „Languages" für die Beschreibung des *Conceptual Reference Model* (*GRAI*) dar – bspw. *GRAI grid* und *GRAI nets* für die Modellierung des *Decision System* oder *ER* für die Modellierung des *Information System.*

	JA	NEIN	BEMERKUNGEN
Stakeholder-Berücksichtigung		•	
Zertifizierungen		•	
Abb. der Geschäftsprozesse	•		
Berücksichtigung von Entitäten	•		

KOMPLEXITÄTSREDUZIERUNG			
Sichtweisen	4		Vier Sichtweisen auf die Entwicklungsmethode und damit auf den Produktionsprozess werden berücksichtigt.
Ebenentrennung		•	

BRÜCKSICHTIGUNG VON ANWENDUNGSSYSTEMEN			
rechnerbasierte	•		
konventionelle	•		
Kommunikationsbeziehung zw. Anwendungssystemen	•		

BRÜCKSICHTIGUNG VON PHYSISCHEN IS-KOMPONENTEN			
rechnerbasierte	•		
konventionelle	•		
Mensch als IS-Komponente	•		

4.1.19 HIF – Healthcare IF (DIN V ENV 12443)

Ein großer Nutzen liegt in der grundlegenden Idee dieses Rahmenwerkes: Referenzarchitekturen als Spezifikationsdokumentation. Abbildung der eigenen Anforderungen an Komponenten seiner IS-Architektur auf eine Referenzarchitektur (RA). Anbieter von IS-Komponenten beschreiben ihre Produkte ebenfalls mittels RA. Das Unternehmen kann sich RA auswählen und diese kombinieren sowie spezialisieren und so in ihre IS-Architektur einbinden. Ziel dieser Methodik ist die Schaffung eines vom Wettbewerb geprägten und damit von Angebot und Nachfrage geregelten Marktes.

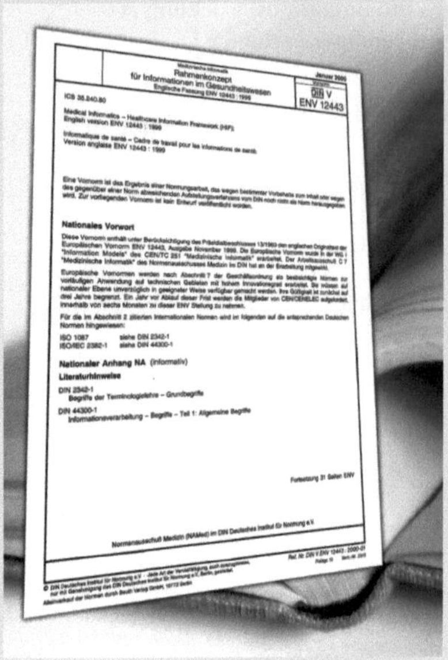

[DIN V ENV 12443:2000-01] ►

Name: Der englische Titel lautet *Medical Informatics – Healthcare Information Framework (HIF) ENV 12443:1999.* Der deutsche Titel lautet *Medizinische Informatik – Rahmenkonzept für Informationen im Gesundheitswesen* DIN V ENV 12443:2000-01.

Entwickler ist das Comité Européen de Normalisation (CEN – Europäisches Komitee für Normung).

HIF ist in englischer und französischer **Sprache** publiziert.

Historie: Im November 1999 wurde die ENV 12443 als *Europäische Vornorm* vom *Comité Européen de Normalisation (CEN)* herausgegeben. Diese Vornorm[6] ist das Ergebnis der *CEN* Arbeitsgruppe *Working Group I „Information Models“* des Technical Committee of *„Health Informatics“ (CEN/TC251)*. Die *CEN/TC251* verfolgt mit ihren Arbeitsgruppen die Standardisierung in den Bereichen Medizininformatik und Kommunikationstechnologie, um Kompatibilität und Interoperabilität zwischen unabhängigen Systemen zu erreichen und somit Modularisierung zu ermöglichen.

---

[6] Eine Vornorm bezeichnet eine Normungsarbeit, die vom DIN infolge inhaltlicher Vorbehalte oder wegen Abweichungen gegenüber anderen Normen noch nicht als Norm herausgegeben wurde. [DIN V ENV 12443:2000-01 S. i]

Der DIN *Deutsche Institut für Normung e. V.* (kurz *DIN*) als nationale Normungsorganisation der Bundesrepublik Deutschland – speziell der *Arbeitsausschuss C7 „Medizinische Informatik“* des *Normenausschusses Medizin* (*NAMed*) – hat an dieser Erarbeitung mitgewirkt und im Januar 2000 die DIN V ENV 12443:2000-01 unter deutschem Titel, aber mit englischem Originaltext als Vornorm herausgegeben. [DIN V ENV 12443:2000-01 S. i]

Versionsverlauf: Die ENV 12443 wurde am 07. November 1999 vom CEN bestätigt.

Vererbung: HIF ist die Basis für DIN EN(V) 12967 Teile 1–3.

Literatur: [DIN V ENV 12967-1:1998-04] beschreibt zur Architektur von Informationssystemen im Gesundheitswesen – der *Healthcare Information System Architecture* (*HISA*) – die Spezifikation der *Healthcare Middleware Layer* mit Fokus auf gemeinsame Dienste des Gesundheitswesens.

Die DIN EN 12967-1:2008-02 hebt den Vornormcharakter der [DIN V ENV 12967-1:1998-04] auf und strukturiert die Sichtweise auf eine Architektur gemäß ISO/IEC 10746. Entsprechend ersetzen die folgenden drei Teile diese Vornorm von 1998:

(a) Die *Unternehmenssicht* (*DIN EN 12967-1*) gibt generelle Anforderungen auf Unternehmensebene an (entsprechend den geschäftlichen Zielen und Verfahrensregeln), die von den Informationen und Diensten der *Healthcare Middleware Layer* unterstützt werden müssen.
(b) Die *Informationssicht* (*DIN EN 12967-2*) legt die generelle Semantik des Informationsmodells fest, welches in der *Healthcare Middleware Layer* implementiert ist, um Anforderungen der Unternehmenssicht zu unterstützen und gemeinsame Unternehmensdaten zu integrieren.
(c) Die *Verarbeitungssicht* (*DIN EN 12967-3*) definiert den Umfang und die Charakteristik der Dienste der *Healthcare Middleware Layer*, welche den Zugriff auf gemeinsame Daten und die Ausführung der Anwendungsbausteine ermöglichen, um die in der Unternehmens- und Informationssicht identifizierten Geschäftsprozesse zu unterstützen.

Die **Art** des Rahmenwerkes ist konzeptuell.

HIF **orientiert** sich auf technische Architekturen. Der Fokus liegt dabei auf die Spezifikation gemeinsamer, Gesundheitswesen spezifischer Dienste auf Middleware-Ebene.

METAMODELL

Das *Healthcare Information Framework* (*HIF*) versteht sich als abstrakte Struktur, um die fürs Gesundheitswesen unterstützenden Informationssysteme und Informationsdienste zu spezifizieren. Es reflektiert alle grundlegenden und wesentlichen

Funktionalitäten der Organisationen, die menschlichen Interaktionen sowie die Prozesse und Informationen im Gesundheitswesen. Als Ergebnis liefert es einen konsistenten konzeptuellen, logischen und methodischen Ansatz für die Entwicklung von spezifischen Architekturen für Bereiche im Gesundheitswesen. Es erlaubt eine IS-Entwicklung, welche die Kooperation von Unternehmen des Gesundheitswesens inkl. inkrementeller Systementwicklung und Abkapselung von Legacy-Systemen ermöglicht. [DIN V ENV 12443:2000-01 S. 14]

Eine ***Healthcare Domain*** beschreibt einen Bereich bzw. einen Schwerpunkt im Gesundheitswesen. Dieser ist durch bestimmte Funktionalität, die unternehmensübergreifend anliegt, gekennzeichnet. Derartige Bereiche sind in der Diagnostik und Orthopädie zu finden. Aber auch die digitale Archivierung im Gesundheitswesen kann genannt werden. Die Healthcare Domain ist gekennzeichnet durch:

(a) einen oder mehrere Prozesse des Gesundheitswesens, welche von einem oder mehreren Organisationen umgesetzt werden. Dabei variiert die Größe und Komplexität einer *Healthcare Domain* bspw. von der Patientenverwaltung innerhalb einer ambulanten Tagesstätte, einer Krankenhausabteilung, über verbundweite Dienste, bis zu regionalen, nationalen und ggf. auch europäischen Diensten und Administrationen;
(b) komplexe Systeme, in denen Akteure (medizinisches Fachpersonal, Manager, Techniker, Patienten usw.) in verschiedenen Rollen interagieren;
(c) eine Gruppe von autonomen, vereinigten oder behördlichen *Healthcare Domains*. [DIN V ENV 12443:2000-01 S. 15]

Das *HIF* beinhaltet das *Conceptual Architectural Framework* (*CAF*), die *Healthcare Reference Architectures* (*HRA*), ihre Interaktionen und Konformitätsüberprüfung. [DIN V ENV 12443:2000-01 S. 6]

Nach [DIN V ENV 12443:2000-01 S. 16] sollte ein Rahmenwerk für Architekturen (*Architecture Framework*) das (a) *ISO/OSI Reference Model for Open Systems Interconnection*, das (b) *ISO/IEC Conceptual Model for Open Electronic Data Interchange* und das (c) *ISO/IEC Reference Model for Open Distributed Processing* berücksichtigen. Das *Conceptual Architectural Framework* (*CAF*) versteht sich eher als Diskussionsgrundlage bzgl. der Anforderungen an die Auswahl eines *Architecture Framework*. Dabei ist grundlegend angedacht, für das Gesundheitswesen die Standards aus dem betriebswirtschaftlichen Umfeld zu verwenden. Ist dies nicht möglich, so sind lediglich für einmalige, individuelle Anforderungen spezifische Architekturkomponenten zu entwickeln. Das CAF beschreibt drei getrennte, aber in Wechselbeziehung stehende Sichtweisen.

(1) *Healthcare Domain View*

Diese Sichtweise bildet Objekte, Wissen, Prozesse, das Änderungsmanagement und Grenzen einer Healthcare Domain ab.

Unter Objekten lassen sich Akteure und Ressourcen wie Gebäude, Ausrüstung und Materialien verstehen. Zu den Akteuren zählen bspw. Patienten und andere Personengruppen inkl. deren Verantwortungen, Rollen und Interaktionen innerhalb der Prozesse.

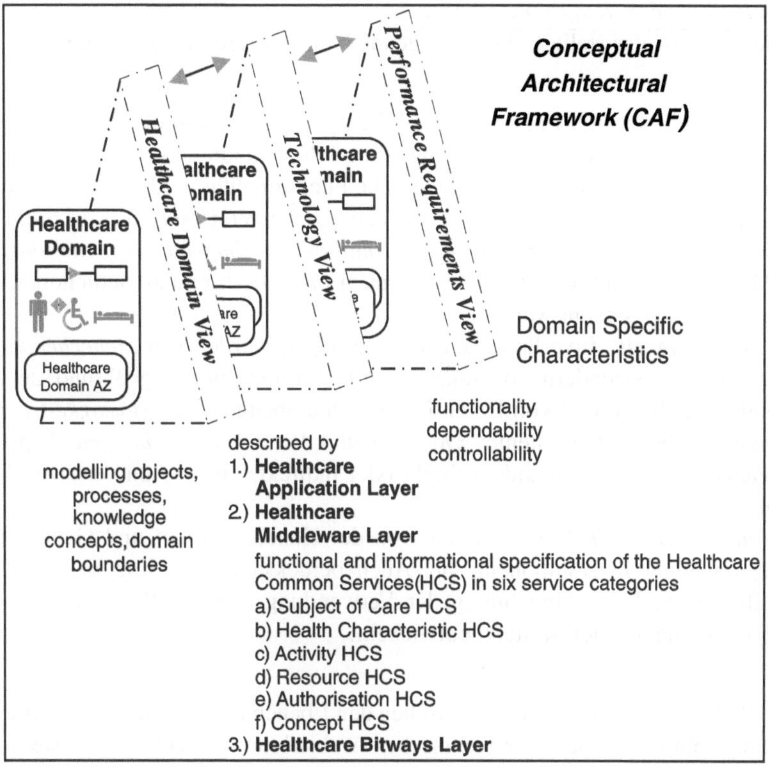

Abb. 4.22 Conceptual Architectural Framework [Eigene Darstellung u. a. nach DIN V ENV 12967-1:1998-04 S. 10]

Das Wissen meint die Kenntnis über Beziehungen und damit über Ursachen und Wirkungen.

Unter Prozessen versteht man ein Netzwerk menschlicher Interaktionen. Hierzu zählt zum Beispiel die Modellierung von Workflows mit Verknüpfung zu Informations- und Materialprozessen. Die Analyse der Prozesse berücksichtigt In- und Outputs, Vor- und Nachbedingungen.

Grenzen können örtlicher, funktioneller, ätiologischer oder auch institutioneller Art sein. Ganz gleich ob Chirurgie, Allgemeinmedizin, Geburtshilfe, Orthopädie, Hauskrankenpflege oder Krankenhaus – alle Bereiche sind durch ihre Grenzen bestimmt.

Diese Sichtweise konzentriert sich auf globale operationelle Aspekte der Healthcare Domain. Der Fokus liegt auf Interaktionen der Healthcare Domain mit deren Komponenten – sprich dem IS, das die Healthcare Domain unterstützt.

(2) *Technology View*

Diese Sichtweise bildet als Architektur-Referenzmodell das Informationssystem ab. Dabei werden drei Ebenen unterschieden: *Healthcare Application Layer* (Anwendungsebene), *Healthcare Middleware Layer* und *Healthcare Bitways Layer* (Ebene der Datenübermittlung).

(3) *Performance Requirements View*

Diese Sichtweise stellt drei grundlegende Nutzeranforderungen an ein IS.

(a) *Funktionalität.* Gibt in Form eines Pflichtenhefts den Zweck, den Beitrag fürs Gesamtsystem und die für den Zugriff und die Nutzung notwendigen Informationen einer IS-Komponente wieder. Die Funktionalität wird von drei charakteristischen Merkmalen eines IS abgeleitet: *Nutzbarkeit* (*Usability*) aus Sicht aller denkbaren Nutzer, *Performance* und *Relation zur Umgebung* (*to environment*). Als Beispiel kann die Anforderung nach einer bestimmten Bedienoberfläche und Sprache genannt werden.

(b) *Zuverlässigkeit.* Zuverlässigkeitsanforderungen werden von *Sicherheitsaspekten* (bspw. verhindern von unautorisierten Informationszugriff und der Veränderung/Zerstörung von Daten/Nachrichteninhalten), *Zuverlässigkeitsbestimmungen* (bspw. konsistenter Qualität) und *Vorsichtsbestrebungen* (bspw. inwieweit ein Gerät jemandem direkt oder indirekt schaden/ihn verletzen kann) abgeleitet.

(c) *Kontrollierbarkeit.* Sie leitet sich von der Handhabbarkeit und Gebrauchsfähigkeit einer IS-Komponente ab. Auch berücksichtigt sie die Erfassung der Effizienz und die Abrechnung der Verwendung einer IS-Komponente sowie deren Fähigkeit sich weiterzuentwickeln.

Die Schnittstellenbetrachtung zwischen den Ebenen ist der Schlüssel für die Entwicklung robuster, kohärenter technischer Architekturen zwecks der System- und Anwendungsentwicklung zur Unterstützung der Prozesse im Gesundheitswesen. Genau wie die Offenlegung der funktionellen Spezifikation der Technologieebenen (mittels Pflichtenheft), sollte die Veröffentlichung der Schnittstellenspezifikationen zur Überbrückung der Ebenen gang und gäbe sein. [DIN V ENV 12443:2000-01 S. 23] Die Schnittstellendefinition beschreibt die *Syntax* (Wie sieht die Schnittstelle aus?) und die *Semantik* (Wie verhält sich die Schnittstelle?).

Die ***Healthcare Reference Architecture*** (***HRA***) stellt eine Spezialisierung des *Conceptual Architectural Framework* (*CAF*) auf eine *Healthcare-Domain* dar. Sie gibt nationale, regionale oder lokale Eigenschaften des Gesundheitssystems und der spezifischen *Healthcare-Domain* wieder. Während des Spezialisierungsprozesses dient das *CAF* der Anforderungsspezifikation für die spezifische *Healthcare-Domain* und infolge der Identifikation, Spezifikation und Anwendung der Methoden und Konzepte des *HIF* ergeben sich eine oder mehrere *HRA*-Definitionen. Die *HRA* ist sowohl für den Auftraggeber als auch für den Anbieter nützlich: Der Auftraggeber definiert eine *HRA*, welche auf die Bedürfnisse seiner *Healthcare-Domain* am besten passt. Die Anbieter richten auf diese *HRA* ihre Produkte aus. Es ergibt sich ein wettbewerbsfähiger Markt, auf dem Lieferanten um Kunden konkurrieren. Kunden können zwischen mehreren Produktlösungen. Die Anwendung der Produkte (also die Summe der HRA) und damit das IS im Unternehmen (*Healthcare*

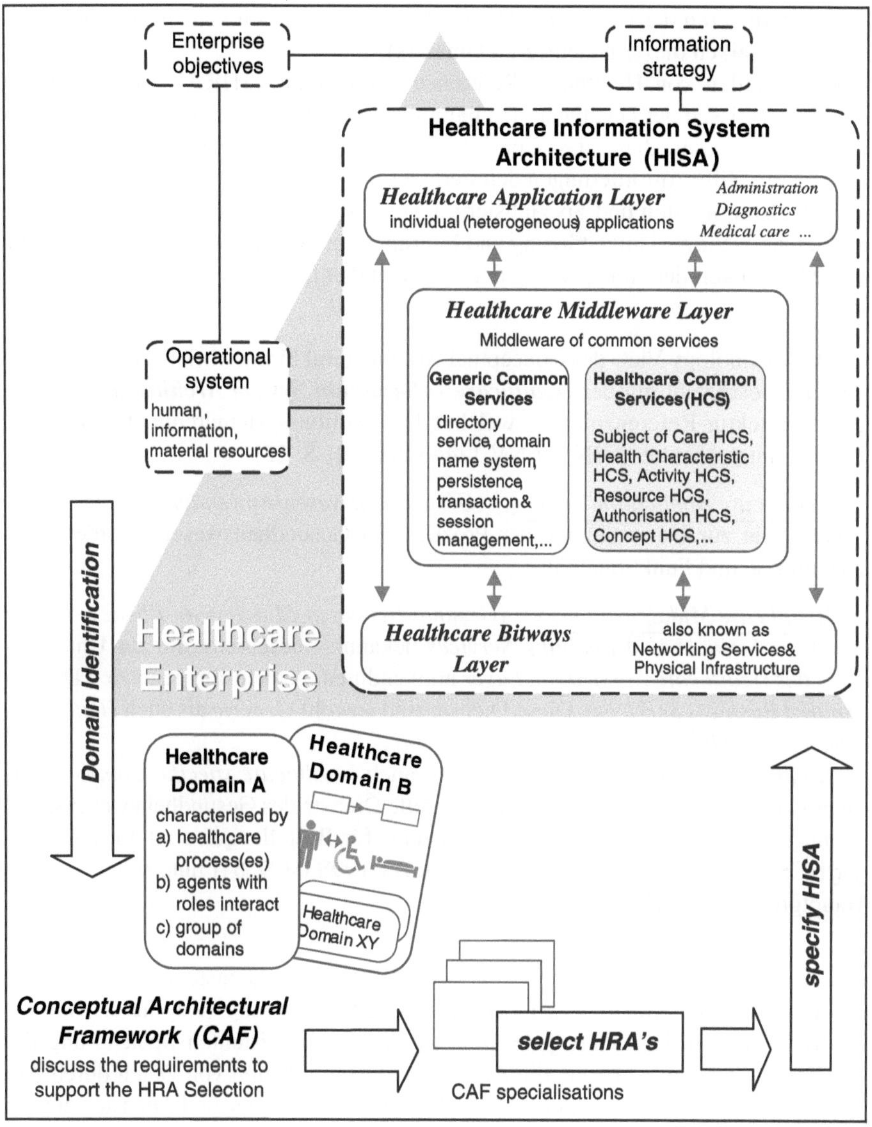

Abb. 4.23 Entwicklung einer spezifischen HISA [Eigene Darstellung u. a. nach DIN V ENV 12967-1:1998-04 S. 10]

Enterprise) bildet die *Healthcare Information System Architecture (HISA)*. [DIN V ENV 12443:2000-01 S. 25]

Weiterhin wird ein Vorgehens-Referenzmodell zur Entwicklung einer spezifischen *Healthcare Information System Architecture* (*HISA*) angeführt. [DIN V ENV 12443:2000-01 S. 26]

(1) Identifizieren der Healthcare Domain(s) inkl. Definition von spezifischen Charakteristiken dieser Healthcare Domain(s).
(2) Auswählen von Healthcare Reference Architectures (HRA), welche zu den Bedürfnissen der Healthcare Domain(s) passen. Zur Unterstützung dieses Auswahlprozesses dient das Conceptual Architectural Framework (CAF), mit dessen Hilfe Anforderungen definiert werden.
(3) Die Kombination und Spezialisierung von HRA führen zu einer HISA, welche die notwendige Unterstützung und Interoperabilität zur Verfügung stellt und die Möglichkeit der Abkapselung der existierenden Legacy-Systeme bietet.

Die Technology View des Conceptual Architectural Framework (CAF) und damit des HIF beschreibt mit der ***Healthcare Information System Architecture (HISA)*** ein Architektur-Referenzmodell, welches Informationssystemarchitekturen in drei Ebenen unterscheidet: [DIN V ENV 12443:2000-01 S. 23]

Healthcare Application Layer (*Gesundheitswesen-Anwendungsebene*) beschreibt die zur Unterstützung der Prozesse im Gesundheitswesen erforderlichen Datenflüsse und Funktionalitäten.

Healthcare Middleware Layer (*Gesundheitswesen-Middleware-Ebene*) – auch als *Basic Services* und *Enabling Services* bekannt – beschreibt die zur Unterstützung der *Healthcare Application Layer* notwendigen, gemeinsam genutzten Dienste (*Shared Business Services*). Diese Dienste sind sowohl *Generic* als auch *Healthcare Common Services* (*HCS*).

Healthcare Common Services (*HCS*) – auch *Healthcare specific Common Services* genannt – sind spezifische aber generelle Dienste des Gesundheitswesens. Das Managen von Gesetzgebungen und der Dienst für Bestellungen sind nur zwei dieser HCS. Die Vornorm [DIN V ENV 12967-1:1998-04 S. 64] unterscheidet sechs Hauptgruppen von HCS.

(1) *Subject of Care Healthcare Common Services* sind Dienste zum Gegenstand (der Patient, Kunde usw.) der Gesundheitsversorgung. Zu dieser Kategorie zählen insbesondere jene Dienste, die zur konsistenten Speicherung der Patientendaten beitragen, die Abfrage und Manipulation von Daten durch Applikationen auf konsistente Art und Weise unterstützen und Dienste, die die Integrität der Daten sichern.
(2) *Health Characteristic Healthcare Common Services* sind Dienste zur Gesundheits-Charakteristika. Hierzu zählen Gesundheitsdaten wie Vitalwerte, Befunde usw. Die Gesundheitsdaten bestehen aus grundlegenden Informationen und nach bestimmten Kriterien strukturierten Patientendaten. Dienste dieser Kategorie ermöglichen den Softwaremodulen konsistente und umfassende Mechanismen, um Teile der Gesundheitsdaten zu definieren und abzufragen. Die schließt die Interpretation der Gesundheitsdaten und die Repräsentation nach verschiedenen Nutzeranforderungen ein.

(3) *Activity Healthcare Common Services* sind Dienste zu Aktivitäten wie Untersuchungen und Behandlungen. Die Struktur eines Versorgungszentrums ist durch seine Dienstleistungen gekennzeichnet. Unter Berücksichtigung aller Anforderungen an eine Einrichtung sind die Aktivitäten zur direkten und indirekten Versorgung eines Patienten sowie Aktivitäten zu organisatorischen und administrativen Zwecken durch Dienste zu unterstützen. Die Ausführung einer Aktivität kann in Abhängigkeit zu anderen Aktivitäten stehen. Eine Aktivität besteht aus mehreren Phasen und ist als Lifecycle formalisiert. Dieser ist durch verschiedene Zustände, beginnend bei der Initialisierung bis zur Fertigstellung und Berichterstattung der Ergebnisse der Aktivität, gekennzeichnet. Dienste dieser Kategorie stellen Mechanismen für die funktionale und informationelle Interaktion von Softwaremodulen während der verschiedenen Phasen des Aktivitäts-Lifecycle bereit. Darüber hinaus offerieren sie Informationen zu den Aktivitäten (insofern die Informationen für mehr als eine Applikation relevant sind) und stellen die Basis zur Unterstützung individueller Nutzeranforderungen, der Kostenabrechnung und zur Sicherung von Quality of Service (QoS) dar.

(4) *Resource Healthcare Common Services* sind Dienste zu allen Ressourcen (Personal, Ausrüstung, Materialien, Medikamente) innerhalb des Unternehmens. Dies umfasst auch Ressourcen der Pharmazie, Buchhaltung, Haustechnik usw. Dienste dieser Kategorie stellen Mechanismen zur Definition und Abfrage von aktuell verfügbaren Informationen zu Ressourcen sowie zu Kriterien und Regeln für die Einbindung von Ressourcen in die Arbeit bereit.

(5) *Authorisation Healthcare Common Services* sind Dienste zur Autorisierung. Dies umfasst die Verwaltung von Benutzerkennungen und Zugriffsrechten. Die Autorisierung der Nutzer gegenüber der Ausführung von Aktivitäten und dem Zugriff auf Informationen stellt ein Hauptanliegen im Gesundheitswesen dar. Neben der Unterstützung der Verteilung von Rollen und Verantwortlichkeiten werden kritische Aspekte zu Szenarien im Gesundheitswesen identifiziert. Dies impliziert auch ethische und rechtliche Aspekte. Die Hauptunterschiede bei den Verantwortlichkeiten und Rollen des behandelnden Personals sind durch die Länderspezifika und durch die Ausrichtung der Versorgungszentren gegeben. Dienste dieser Kategorie stellen einen Speicher zur Verfügung, in dem die Verantwortlichkeiten entsprechend den Rollen bei der Ausführung von Funktionen definiert sind.

(6) *Concept Healthcare Common Services* sind Begriffs-Dienste. So stellen Terminologieserver Begriffssysteme zur Verfügung. Dienste dieser Kategorie komplettieren die anderen HCS und unterstützen so das Definieren, Abfragen und Verändern von Daten durch die Definition der Semantik, ein gemeinsames Vokabular, ggf. zwischen Konzepten existierende Abhängigkeiten und Regeln und Regeln für die Instanziierung von Begriffen.

Generic Common Services sind generelle, nicht fürs Gesundheitswesen spezifische Dienste. Sie sind für jedes IS und jeden Geschäftsbereich grundlegende Dienste einer Middleware. Es sind Dienste für die Verteilung oder zur Zusammenarbeit von

Anwendungen. Hierzu zählen Namensdienste[7], Dienste zur Sitzungsverwaltung[8], zur Transaktionsverwaltung[9] und zur Persistenz[10].

Die *Healthcare Middleware Layer* stellt die Verbindung zwischen der *Healthcare Application Layer* und der *Healthcare Bitways Layer* her.

Healthcare Bitways Layer (*Gesundheitswesen-Datenübermittlungsebene*) – auch *Networking Services* und *Physical Infrastructure* genannt – beschreibt die Telematik-Infrastruktur (Zusammensetzung aus Telekommunikation und Informatik), die einen zuverlässigen, verteilten Datenfluss zur *Healthcare Middleware Layer* ermöglicht. Dies erfolgt unter Einhaltung der *Quality of Service* (*QoS*)-Anforderungen und ohne Berücksichtigung des tatsächlichen Inhalts des Datenflusses. Diese Ebene stellt die physikalische Verbindung und Interaktionsmöglichkeit für alle IS-Komponenten zur Verfügung.

[7] Namensdienst – auch Verzeichnisdienst genannt – ordnet den Adressen von Ressourcen (Hard- und Softwarekomponenten, auch verteilte Objekte innerhalb verteilter Anwendungen) innerhalb eines begrenzten Raumes (bspw. im Netzwerk des Krankenhauses) eindeutige Namen zu und liefert bei Anfragen entsprechende Referenzen. [HAMMERSCHALL 2005 S. 51]

[8] Der Sitzungsdienst verwaltet die Sitzungen mehrerer Anwender parallel und speichert die für eine Sitzung relevanten Daten zwischen (transient – flüchtig – ggf. auch persistent nach Sitzungsende). [HAMMERSCHALL 2005 S. 52]

[9] Die Transaktionsverwaltung sichert bspw. die Datenkonsistenz, wenn Nutzer zeitgleich auf die gleichen Daten zugreifen und arbeiten. Darüber hinaus werden Atomarität (es werden alle oder keine Aktionen innerhalb einer Transaktion ausgeführt), Isolation (Transaktionen laufen isoliert voneinander ab – sie stören sich nicht) und Dauerhaftigkeit (der Zustand am Ende einer Transaktion wird dauerhaft festgeschrieben) sichergestellt. [HAMMERSCHALL 2005 S. 53]

[10] Der Persistenzdienst bietet eine intelligente Schnittstelle für verteilte Anwendungen, um Daten dauerhaft zu speichern. [HAMMERSCHALL 2005 S. 57]

	JA	NEIN	BEMERKUNGEN
Stakeholder-Berücksichtigung		•	Das HIF versteht sich als Architektur-Referenzmodell. Bei der nur spärlich ausgeführten Beschreibung der schrittweisen Entwicklung einer spezifischen IS-Architektur werden Stakeholder als treibende Kräfte nicht erwähnt.
Zertifizierungen	•		Die ENV 12443 stellt eine Europäische Vornorm dar.
Abb. der Geschäftsprozesse	•		
Berücksichtigung von Entitäten	•		
KOMPLEXITÄTSREDUZIERUNG			
Sichtweisen	3		
Ebenentrennung	•		Die HISA unterscheidet drei Ebenen: Healthcare Application Layer (Gesundheitswesen-Anwendungsebene), Healthcare Middleware Layer (Gesundheitswesen-Middleware-Ebene) und die Healthcare Bitways Layer (Gesundheitswesen-Datenübermittlungsebene).
Ebenenbeziehungen	•		
BRÜCKSICHTIGUNG VON ANWENDUNGSSYSTEMEN			
rechnerbasierte	•		
konventionelle	•		
Kommunikationsbeziehung zw. Anwendungssystemen	•		
BRÜCKSICHTIGUNG VON PHYSISCHEN IS-KOMPONENTEN			
rechnerbasierte	•		
konventionelle	•		In der Healthcare Domain View werden aktive und passive Ressourcen – darunter Gebäude, Topologien, Equipment, Waren und Güter, verschiedene Materialien, Akteure und Informationen - berücksichtigt. [DIN V ENV 12443: 2000-01 S. 17]
Mensch als IS-Komponente	•		

4.1.20 IAF – Integrated Architecture Framework von Capgemini

Die Abkürzung *IAF* steht für *Integrated Architecture Framework.* Ein Rahmenwerk, das oftmals auch nur als *Capgemini* bezeichnet wird.

Das IAF führt zwar ein Architektur-Referenzmodell an, jedoch dient dieses Modell als Grundlage für die eigentliche Intention des IAF: Bereitstellung von Tools und Techniken zur inhaltlichen Erfassung, Entwicklung und Verknüpfung der Architekturelemente.

[CAPGEMINI 2007] ►

Entwickler: Capgemini ist ein weltweit für Beratung, Technologieentwicklung und Outsourcing agierendes Unternehmen, beschäftigt 68.000 Mitarbeiter und verbuchte 2006 einen Jahresumsatz von 7,7 Milliarden Euro. Haupt- und Gründungssitz ist Paris. [CAPGEMINI 2007 S. 33]

Historie: 1993 begann man zeitgleich in England, Frankreich und Holland mit der Entwicklung von Architekturdefinitionen und Entwicklungsmethoden, die später zusammen in das IAF mündeten. Die Entwicklung des IAF stützte sich dabei auf die Erkenntnisse des *Zachman EA Frameworks* und des *EAP*-Konzepts (*Enterprise Architecture Planning*) von Spewak. [SCHEKKERMAN 2003 S. 139] Bereits mit IAF-Version 3 aus dem Jahr 2001 wurde die Entwicklung von SOA berücksichtigt. [CAPGEMINI 2007 S. 10]

Das IAF liefert ein Modell für die Entwicklung und Anwendung einer Architektur, beschreibt das Format und die Inhalte der Architekturelemente und spezifiziert einen Weg, die einzelnen Architekturelemente miteinander zu verbinden. [CAPGEMINI 2007 S. 13]

Versionsverlauf: 1996 wurde IAF-Version 1 veröffentlicht. Anschließend folgte IAF-Version 2. Im Jahr 2001 ist die Version 3 und im Jahr 2006 die Version 4 publiziert.

Vererbung: IAF ist die Basis für das Extensible Architecture Framework (xAF). Selbst leitet sich das IAF vom Zachman EA Framework und Spewak's Enterprise Architecture Planning (EAP) ab.

Der **Marktanteil** beträgt nach [FEURER 2007 S. 6] 11 % und nach [SCHEKKERMAN 2005 S. 28] 3 %.

Die **Art** des Rahmenwerkes ist operationell.

IAF **orientiert** sich auf Geschäftsprozessarchitektur.

Verfügbarkeit: Um den Zugriff auf das Konzept zu erhalten, ist die Teilnahme am Schulungsprogramm bzw. die Inanspruchnahme von Beratungsdienstleistungen von Capgemini erforderlich.

Support: Capgemini ist ein kommerzieller Anbieter von Beratungen, Schulungen und Zertifizierungen. Dabei greift Capgemini auf breites Fachwissen aus langjähriger, praktischer Tätigkeit zurück.

METAMODELL

Die Kernstruktur des IAF gliedert sich in vier *Abstraction Levels* und sechs *Aspect Areas*. [CAPGEMINI 2007 S. 14]

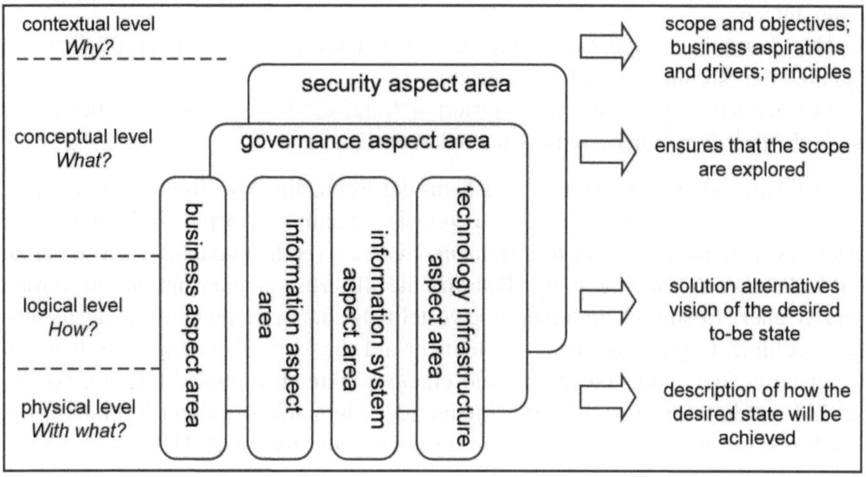

Abb. 4.24 Das Integrated Architecture Framework [Eigene Darstellung nach CAPGEMINI 2007 S. 13]

Die *Contextual Level* charakterisiert das *Why*. Infolgedessen definiert diese Ebene den Umfang der neuen Architektur, die Geschäftsanforderungen und Geschäftstreiber sowie die Erfassung der grundlegenden Architekturprinzipien. Diese Prinzipien sind formal niedergeschrieben und beinhalten die Beziehungen untereinander, Auswirkungen, Prioritäten und die Festschreibung zur garantierten Befolgung, um so Konflikte unter den Beteiligten zu vermeiden.

Die *Conceptual Level* charakterisiert das *What*. Diese Ebene stellt sicher, dass die Architektur gemäß den definierten Anforderungen realisiert wird.

Die *Logical Level* charakterisiert das *How*. Sie hilft bei der Suche nach einer Lösung, die unabhängig von der Implementierung ist. Die Lösungsalternativen werden begutachtet, priorisiert usw. Das Ergebnis dieser Ebene ist der Zielzustand der Architektur.

Die *Physical Level* (*With what*) zeigt wie der logische Zielzustand in die Implementierungsspezifikation überführt werden soll. Ergebnis dieser Ebene ist eine Beschreibung wie das Ziel unter Einhaltung bestimmter Standards, Spezifikationen und Richtlinien erreicht werden kann.

Die *Aspect Areas* teilen die komplexe Architektur in sechs Bereiche. Wichtigster Aspect Area ist der *Business aspect area*. Dieser Bereich beinhaltet das Wissen über die geschäftlichen Aktivitäten, Objekte und die Organisationsstruktur.

Der *Information aspect area* steuert das Wissen über die für den Geschäftsprozess notwendigen Informationen inkl. deren Strukturen und Beziehungen untereinander zur Gesamtarchitektur bei.

Der *Information System aspect area* beinhaltet Wissen über die Typen von Informationssystemen (bspw. maßgeschneidert), die die Informationsnutzung automatisieren bzw. unterstützen.

Der *Technology Infrastructure aspect area* beinhaltet das Wissen über Typen und Strukturen jener Komponenten, die die Informationssysteme und Akteure unterstützen.

Der *Governance aspect area* konzentriert sich auf die Managementfähigkeit und Qualität der Architekturimplementierung.

Der *Security aspect area* konzentriert sich auf die Berücksichtigung bekannter Sicherheitsrisiken in der Architekturimplementierung.

Die Anwendung des IAF ergibt sich aus der Benutzung von Tools (inkl. Templates und diversen unterstützenden Werkzeugen), Techniken (bspw. Workshops oder Interviewtechniken) und der *Engagement Roadmap* (enthält unabhängig von der zu entwickelnden Architektur einige Pattern), die alles zusammenbringt. Somit werden im IAF eher Hilfsmittel zur Verfügung gestellt als eine explizite Umsetzungsmethode angeführt. Capgemini verweist vielmehr auf die klare Trennung zwischen den Capgemini-Tools und -Techniken und einem konkreten Entwicklungsprozess. So sei IAF prädestiniert für die Unterstützung der Methodiken anderer Rahmenwerke wie bspw. für die *TOGAF Architecture Development Method* (*ADM*).

	JA	NEIN	BEMERKUNGEN
Stakeholder-Berücksichtigung	•		Die grundlegende Struktur des IAF ist nach [CAPGEMINI 2007 S. 13] so aufgebaut, dass es den Architekten erlaubt, mit den verschiedenen Beteiligten die Ergebnisse und Modellierungen zu diskutieren.
Zertifizierungen	•		The Open Group erkannte das IAF in ihrem IT Architecture Certification-Programm (ITAC) von 2006 als „Recognized IT Architecture Method" an. [CAPGEMINI 2007 S. 1] 1998 begann man bei Capgemini mit der Zertifizierung von Architekten. [CAPGEMINI 2007 S. 28]
Abb. der Geschäftsprozesse	•		
Berücksichtigung von Entitäten	•		

KOMPLEXITÄTSREDUZIERUNG			
Sichtweisen	6		
Ebenentrennung	•		
Ebenenbeziehungen	•		

4.1.21 IFW – Information Frame Work

Das IFW unterstützt bei der Analyse und Strukturierung von Informationen. Es definiert zehn Arten von Informationen die auf verschiedenen Abstraktionsebenen anhand von Modellen beschrieben werden. Im Ergebnis der Konzeptanwendung stehen Checklisten, Anforderungsspezifikationen, Entwurfsmuster, Anwendungsbausteine, Code usw. zur Verfügung.

Entwickler ist Roger Evernden aus Großbritannien.

[EVERNDEN 1996] ►

The Information FrameWork

by Roger Evernden

ABSTRACT

John Zachman's framework for information systems architecture has been widely discussed
since its publication in IBM's Systems Journal in 1987. This paper shows how the development
of the Information FrameWork (IFW) has built upon the ideas presented by Zachman.
However, the objectives and scope of IFW are broader than that of the original Zachman
framework. IFW is described and compared with the original Zachman structure, showing the
evolution, changes, and the rationale behind the changes based on experiences from within the
financial services industry. This paper also shows how the structure of IFW has been populated
by industry-wide models and supported by a distinctive methodology. It begins with a
description of the Zachman framework and the objectives of Information FrameWork.
followed by a comparison of the two frameworks, and history of the development of IFW. It
then describes the Structure of IFW through its components, the six dimensions of the IFW
architecture, and characteristics of IFW. The body of the paper comprises a detailed discussion
of each of the six dimensions and concludes by suggesting how IFW might evolve in the future.

The Information FrameWork
Paper for the IBM Systems Journal
Page 1
Roger Evernden

Historie: Bei der Entwicklung eines IS unterstützte das Zachman EA Framework bei der Klassifizierung der Architektur. Es diente der Systemanalyse und dem Datenbankentwurf. Roger Evernden nutzte in den Achtzigern als Information Architect das Zachman EA Framework. Er stellte jedoch fest, dass es nicht seinen Anforderungen entspricht. So entwickelte er das Information FrameWork. Anwendung fand das IFW überall dort, wo Informationen erzeugt oder genutzt wurden. IBM nutzte das IFW exklusiv im Finanzsektor. Das Konzept von IFW und die darauf beruhenden Produkte wurden weltweit in über 400 Finanzinstitutionen genutzt. Im Jahr 1996 erfolgte die Veröffentlichung des Artikels *„The information framework"* im IBM Systems Journal. [EVERNDEN 1996]

Vererbung: Das IAF basiert auf der Idee des Zachman EA Framework. Dient jedoch nicht der Systementwicklung sondern dem Informationsmanagement.

Die **Art** des Rahmenwerkes ist konzeptuell.

IAF **orientiert** sich auf Informationen in einer Gesamtarchitektur.

Verfügbarkeit:. Informationen zum IFW sind online verfügbar (www.evernden.net). Beim Entwickler kann der Artikel des IBM Systems Journal aus dem 1996 und die Konzeptüberarbeitung aus dem Jahr 2008 angefragt werden.

Support: Seitens des Entwicklers werden Workshops angeboten.

METAMODELL

Das IFW versteht sich als Werkzeug zur Analyse und Strukturierung von Informationen. Hierfür führt das IFW eine Matrix an. Zehn Arten von Informationen bilden die Spalten. Evernden gruppiert die Spalten in drei Sichtweisen. Damit sollen Interessengruppen verdeutlicht werden.

(1) *Organization View* beinhaltet Informationen zur Strategie, Organisationsstruktur und den Unternehmensfähigkeiten.
(2) *Business View* berücksichtigt Geschäftsfunktionen, Workflows und Lösungen sowie Daten von Beteiligten, zu Produkten und Vereinbarungen,
(3) *Technical View* beinhaltet Informationen zu Schnittstellen, dem Netzwerk und zu Plattformen.

Die Trennung der Spalten erlaubt die isolierte Betrachtung dieser. Somit können Daten getrennt von Prozessen analysiert werden.

Die Zeilen der Matrix zeigen die Informationen auf verschiedenen Abstraktionsebenen (Level-of-Detail). Das IFW unterscheidet drei Ebenen mit insgesamt fünf Zeilen. [GREEFHORST et al. 2006 S. 107]

(1) *Deconstruction* (*Domain Concept, Domain Classification*)
(2) *Composition* (*Generic Template, Design Context*)
(3) *Implementation* (*Operational Bound*)

Durch die zehn definierten Informationsarten und den Abstraktionsebenen mit den insgesamt fünf Zeilen ergeben sich 50 Zellen.

Verschiedene Modelle bilden die Inhalte der Zellen: *Organisation Model, Financial Services Data Model, Financial Services Function Model, Financial Services Workflow Model, DesignWare, Finance Industry Solutions, Technical Model, Financial Application Architecture*. [GREEFHORST et al. 2006 S. 107] Mit einfachsten Darstellungsformen werden so Informationselemente definiert und klassifiziert, Entwurfsvorgaben sowie technische und organisatorische Richtlinien repräsentiert. Entsprechend der aktuellen Konzeptüberarbeitung aus dem 2008 sind in der Abb. 4.25 beispielhaft Zelleninhalte angegeben.

Das IFW führt insgesamt sechs Dimensionen und damit Perspektiven auf eine Architektur an. Die Aufteilung in Spalten (*types of information*) und Zeilen (*levels of constraint*) stellen die ersten beiden Dimensionen dar. Die Inhalte der Zellen stellen die dritte Dimension dar. Mit der vierten Dimension wird die Überführung (*transformation*) und damit die zeitliche Betrachtung einer Architektur beschrieben: Aufstellen von Überführungsplänen, Ist- und Sollzustandsbeschreibungen, Versionsangaben. Der Inhalt einer Zelle wird einem bestimmten Eigentümer zugeordnet. *Ownership* (*Global, Industry, Enterprise, Local, Individual*) ist damit die fünfte Dimension des IFW. Oftmals werden die Inhalte einer Zelle auf verschiedenste Weise verwendet. Soll zum Beispiel eine Methode programmiert werden, greift der

Programmierer auf Informationen aus den Spalten Data, Function und Workflow gleichermaßen zu. *Route maps* zur Kombination von Inhalten wie auch zur Wiederverwendung der Materialien aus den Zellen werden durch Evernden als sechste Dimension angeführt.

		ORGANIZATION VIEW			BUSINESS VIEW				TECHNICAL VIEW		
levels of constraint	Information types	Strategy	Structure	Skills	Data	Function	Workflow	Solution	Interface	Network	Platform
DECON-STRUC-TION LEVEL	Domain Concept	Concepts important for understanding Organisation Strategies e.g. Target, Constraint, Key Indicators, Critical Success Factor	e.g. Socio Infrastructure, Role, and Culture	e.g. Experience, Ability, Characteristics, Training	e.g. Involved Party, Arrangement, Condition, Classification, Product	e.g. Direction Manag., Business Operat., Market Manag. and Resource Manag.	e.g. Activity Verbs, Activity, Trigger, Workflow	e.g. Product and Report Structure	e.g. Logic, Compo-nent Struct., Language, Interface	e.g. Device, Topology, Communi-cation Medium, Protocol	e.g. Storage, Resource Manager, Operating System, Platform
	Domain Classi-fication	Classification of Strategy knowledge based on Domain Concepts e.g. List of business goals/strategy	List of locations in which the business operates			List of processes the business performs	List of events significant to the business		List of locations in which the business operates		
COMPOSI-TION LEVEL	Generic Template	Cross-enterprise, generic model relating Organisation Strategy components e.g. Business Plan, Five Year Plan	e.g. Organisation Chart	e.g. Human Resource Development Plan	e.g. Entity/ Relationship Diagram	e.g. Function Context Diagram, Data Access Diagrams	e.g. Critical Business Processes, Scenario Diagrams	e.g. Activity Support Matrix	e.g. Application Structure	e.g. Network Archi-tecture	e.g. System Archi-tecture
	Design Context	Detailed or project specific logical model	e.g. Human Interface Architecture		e.g. Data Model	e.g. Data Flow Diagram	e.g. Workflow Model	e.g. Product / Activity Matrix	e.g. Structure Chart	e.g. Logistics Network	
IMPLEMEN-TATION LEVEL	Operational Bound	Implementation of the Organisation Strategy Concepts					e.g. Program				e.g. Timing Definition

Abb. 4.25 IFW-Matrix [Eigene Darstellung nach EVERNDEN 1996]

	JA	NEIN	BEMERKUNGEN
Stakeholder-Berücksichtigung		•	
Zertifizierungen		•	
Abb. der Geschäftsprozesse	•		
Berücksichtigung von Entitäten	•		

KOMPLEXITÄTSREDUZIERUNG			
Sichtweisen	3(10)		Für die zehn Arten von Informationen werden explizit drei Sichtweisen angeführt.
Ebenentrennung	•		
Ebenenbeziehungen	•		

BRÜCKSICHTIGUNG VON ANWENDUNGSSYSTEMEN			
rechnerbasierte	•		
Kommunikationsbeziehung zw. Anwendungssystemen	•		

BRÜCKSICHTIGUNG VON PHYSISCHEN IS-KOMPONENTEN			
rechnerbasierte	•		

4.1.22 ISO/IEC 42010 (IEEE Std 1471-2000)

Im Jahr 2000 erfolgte die Veröffentlichung des IEEE Std 1471-2000. Dieser Standard ist in englischer und französischer Sprache publiziert. Den Kern der ISO stellt die Architekturbeschreibung dar. Für diese werden die minimal erforderlichen Inhalte genannt.

Deckblatt des Internationalen Standards ISO/IEC 42010:2007 ►

Name: ISO/IEC International Standard: Systems and software engineering – Recommended practice for architectural description of softwareintensive systems.

Entwickler: IEEE *Architecture Working Group* (*AWG*) unter der Schirmherrschaft des IEEE Software Engineering Standards Committee

Historie: Am 21. September 2000 wurde das Rahmenwerk seitens IEEE als „empfohlene Praxis" genehmigt (IEEE Std 1471-2000). Das Konzept sollte sich als Standard mit breiter Anwendung etablieren. Am 15. Juli 2007 erfolgte die Publikation der inhaltlich identischen ISO/IEC 42010:2007. Die gemeinsame Revisionsarbeit von ISO und IEEE kann sich positiv für die Etablierung des Rahmenwerkes im Sinne eines internationalen Standards auswirken.

Vererbung: Dieser Standard wird von einigen Rahmenwerken wie TOGAF und ArchiMate erfüllt.

Die **Art** des Rahmenwerkes ist konzeptuell.

Das Rahmenwerk **orientiert** sich auf technische Architekturen – speziell auf Architekturen softwareintensiver Systeme.

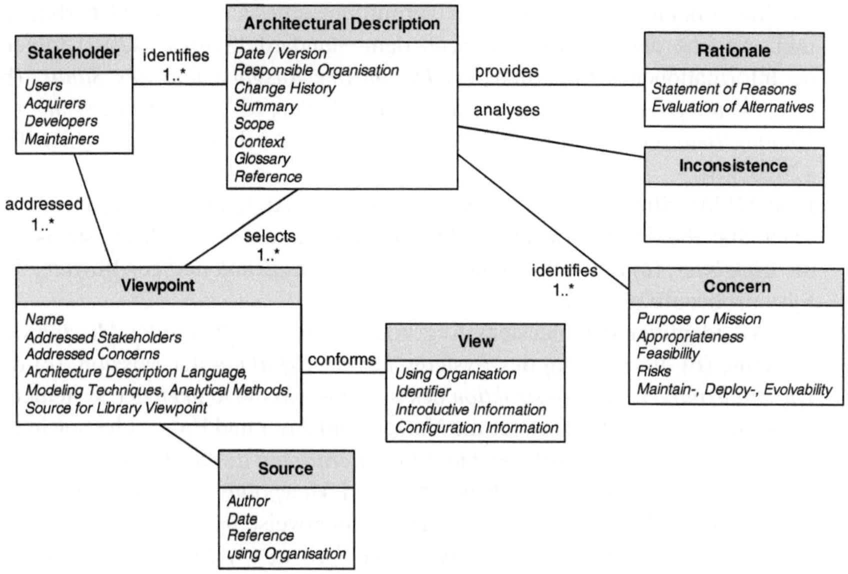

Abb. 4.26 Inhaltselemente einer standardisierten Architekturbeschreibung [angepasste Darstellung nach ISO/IEC 42010:2007 S. 5]

METAMODELL

ISO/IEC 42010 berücksichtigt softwareintensive Systeme – also Softwareentwicklungen sowie Integrationen in komplexe Systeme. Dies betrifft u. a. individuelle Softwareanwendungen, Embedded Systems[11], Systems-of-Systems oder eben auch Informationssysteme. Dabei sollte dieser Standard als Basis zur Beschreibung von derartigen Systemen angesehen werden. [MASAK 2005 S. 19]

Hierfür standardisiert das Rahmenwerk die Inhalte einer *Architekturbeschreibung* (*AB*). Hauptaugenmerk erlangen dabei Sichten (*Views*) und Sichtweisen (*Viewpoints*). Der *Viewpoint* beschreibt die Art, ein System zu betrachten. *View* beschreibt, was man mit dem gewählten *Viewpoint* sieht.

[11]Embedded Systems: Im Gegensatz zu IS konzentrieren sich Eingebettete Systeme auf Steuerungsaufgaben von Hardware und Elektronik. Dabei sind sie allgegenwärtig: In Fahrzeugen (Türverriegelung, Höhenverstellung Fahrersitz, Einparkhilfe usw.), bei Produktionsanlagen (bspw. Vorschubdefinition) oder im Haushalt (Waschmaschinen, Geschirrspüler usw.). [HAMMERSCHALL 2005 S. 18]

(1) Zur Identifikation der AB sowie der Vermittlung eines allgemeinen Überblickes inkl. Angabe der Version sind nach dem Standard ISO/IEC 42010 folgende Informationen erforderlich: (a) *Datum der Ausgabe und des Status*, (b) *ausgebende Organisation*, (c) *Änderungsgeschichte*, (d) *Zusammenfassung*, (e) *Umfang/Betätigungsfeld*, (f) *Kontext*, (g) *Glossar* und (h) *Referenzen*. [ISO/IEC 42010 S.8]
(2) Eine AB identifiziert die bei der Formulierung des Architekturkonzeptes betroffenen Stakeholder. Minimal betrachtet sind dies (a) die *Nutzer* des Systems, (b) die *Einkäufer*, (c) *Entwickler* und (d) jene, die dem *Erhalt und der Wartung* des Systems beauftragt sind.
(3) Die AB identifiziert mindestens folgende Inhalte: (a) *Ziele oder Mission* des Systems, (b) die *Eignung* des Systems *für die Erfüllung* der Mission, (c) die *Durchführbarkeit der Konstruktion* des Systems, (d) die *Risiken* der Systementwicklung und des Betriebes für die Nutzer, Einkäufer und Entwickler sowie (e) die *Wartbarkeit, Einsatzfähigkeit und Erweiterbarkeit* des Systems.
(4) Für die Verwendung innerhalb der AB sind *Viewpoints* zu definieren. Diese sind durch (a) ihren *Namen*, (b) die an der Sichtweise *interessierten Stakeholder*, (c) die *Anliegen der Viewpoints*, (d) die *Sprache* (*Architecture Description Language*[12]), *Modellierungstechnik* oder *Analysemethode*, welche genutzt werden, um eine Sicht (*View*) auf der Basis einer Sichtweise zu konstruieren, und (e) deren *Quelle* gekennzeichnet. Letzteres wird bei so genannten *„Library Viewpoints"* angegeben. Eine korrekte Quellenangabe besteht aus dem Autor, Datum, Referenzen zu anderen Dokumenten und aus der Angabe von nutzenden Organisationen. Darüber hinaus ist die Begründung für die Wahl der Sichtweise anzugeben. Jeder identifizierte Stakeholder und jeder Inhaltspunkt sollte von mindestens einer Sichtweise repräsentiert werden. [ISO/IEC 42010 S. 9]
(5) Eine AB beinhaltet mindestens eine Sicht (*View*). Eine Sicht entspricht genau einer Sichtweise, ist konform zu deren Spezifikation und besteht aus (a) *Identifikation und einführenden Informationen*, (b) den für die Konstruktion *verwendeten Sprachen, Methoden, Modellierungs- und Analysetechniken* und (c) den *Konfigurationsinformationen*. [ISO/IEC 42010 S. 10]
(6) Aufzeichnung aller bekannter inkonsistenter Punkte bzgl. der erforderlichen Bestandteile einer AB.
(7) Die AB sollte eine Begründung für das gewählte Architekturkonzept gegenüber alternativen Konzepten liefern. Existiert bereits vor der Entwicklung der AB ein System, so ist dieses Legacy System so weit wie möglich zu erfassen.

[12]ADL beschreiben in grafischer und textueller Form möglichst leicht verständlich Software-Architekturen. Unified Modeling Language (UML) ist eine dieser ADL, um Softwaresysteme vor der tatsächlichen Implementierung zu beschreiben.

4.1.23 *JTA – DoD Joint Technical Architecture*

Die Abkürzung DoD JTA steht für *Department of Defence Joint Technical Architecture.* Dies kann als „gemeinsame technische Architektur“ übersetzt werden. Und tatsächlich stellt das JTA stellt eine Art Wissensbaustein zur Unterstützung anderer Rahmenwerke dar.

Deckblatt von [JTA 2003] ►

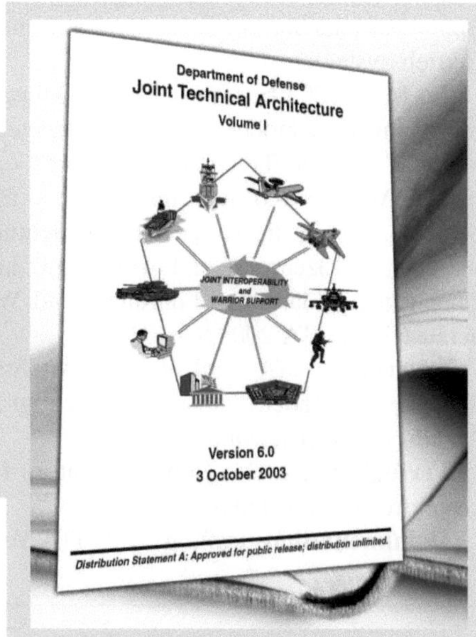

Historie: Ein erkannter Bedarf an gemeinsamen Kampfeinsätzen einerseits und zurückgehende Budgets andererseits veranlassten den Assistant Secretary of Defense zur Veröffentlichung eines Memorandums. So entstand am 14. November 1995 die Forderung, Befehle-, Dienste- und Vermittlungsprinzipien bei der Entwicklung von *C4I*-Systemen (*Command, Control, Communications, and Intelligence*) zu involvieren. Das Ziel dieser Forderung bestand darin, eine gebrauchsfähige Menge von Standards zu erreichen und eine einzige, einheitliche DoD *Technical Architecture* (*TA*) zu etablieren. Dies sollte für alle zukünftigen DoD *C4I*-Anschaffungen bindend sein. Neue Systeme werden somit gemeinsam und kompatibel und existierende Systeme erhalten eine Basislinie für deren Interoperabilitätsausrichtung.

Die *Joint Technical Architecture Working Group* (*JTAWG*) gründete sich und beschloss, die *U.S. Army Technical Architecture* (*ATA*) als Ausgangspunkt für die JTA zu verwenden. [JTA 2003 S. 1–4]

Versionsverlauf: Am 22. August 1996 erfolgte die Veröffentlichung von JTA Version 1. Im März 1997 begann die Entwicklung für JTA 2.0 und zum 26. Mai 1998 erfolgte dann die Ausgabe dieser Version. Juni 1998 begann man bereits mit den Entwicklungsarbeiten der dritten Version. Als diese 1999 veröffentlich wurde, beinhaltete das Konzept das neu entwickelte DoD *Technical Reference Model* (*TRM*). Version 3.1 berücksichtigte Gigabit Ethernet Standard.

Die Entwicklung von JTA 4.0 begann im November 1999. Diese Version ersetzte das *Orange Book*[13] und vertrat nun die *Common Criteria.*

2001 begann die Entwicklung von JTA 5.0. Diese Version schloss den *Nuclear Command* und *Control Subdomain* aus und vertritt seither *Linux* als eines von drei Betriebssystemen.

Im März 2003 begann die Entwicklung von JTA 6.0. Die Veröffentlichung erfolgte am 03. Oktober 2003. Das *Volume I* beinhaltet Standards und Richtlinien. *Volume II* listet aufkommende Standards.

Die Version 6.0 legt ihren Fokus auf die DoD IT-Infrastruktur und IT-Systeme, um so die *net-centric*-Ausrichtung zu realisieren. Networkcentric steht für netz(werk)zentriert und wird bspw. konzeptuell genutzt, um mittels Vernetzung von Aufklärungs-, Führungs- und Wirksystemen Informationsüberlegenheit herzustellen. [JTA 2003 S. 1–3]

Vererbung: JTA wird als eine Art Standardisierungs-Baustein für alle DoD Systeme verwendet. Selbst berücksichtigt JTA den Architekturansatz vom *C4ISR Architecture Framework.*

Verfügbarkeit: Das Konzept steht im Internet zum Download im PDF-Format kostenfrei zur Verfügung.

Dokumentationsumfang: DoD JTA Volume I umfasst 218 A4-Seiten.

METAMODELL

JTA selbst sollte entgegen dem allgemeinen Empfinden weniger als Rahmenwerk im typischen Sinne wie TOGAF, Zachman EAF usw. verstanden werden. Sie ist vielmehr als Baustein für Rahmenwerke – insbesondere für alle DoD Systeme – zu sehen. Dabei liefert JTA ein Minimum an wesentlichen Standards, Schnittstellen und Dienstbereichen, was den Informationsfluss bei Implementierungen vereinfachen soll.

JTA *Volume I „Mandated Standards"* liefert folgende Standards:

- *Information Processing Standards* beschreiben behördliche und kommerzielle Standards von Informationsprozessen, die zur Entwicklung von integrierten, interoperablen Systemen genutzt werden können.
- *Information Transfer Standard* beschreibt Standards zur Unterstützung von Interoperabilität und nahtloser Kommunikation.
- *Information Modeling, Metadata, and Information Exchange Standards*

[13] TCSEC (Trusted Computer System Evaluation Criteria) [BÄRWOLFF et al. 2006 S. 225] wird infolge des orangefarbenen Umschlags als *Orange Book* bezeichnet. Es ist ein von der US-Regierung herausgegebener Standard für die Bewertung und Zertifizierung der Sicherheit von Computersystemen. Dieser und andere Standards sind in dem neuen Standard, den *Common Criteria*, aufgegangen.

- *Human-Computer (HCI) Interface Standards* unterstützen in Form eines allgemeinen Rahmenwerks beim Entwurf und der Implementierung von Mensch-Maschinen-Schnittstellen.
- *Information Security Standards* schreibt Protokolle und Standards vor, um Sicherheitsanforderungen gerecht zu werden. [JTA 2003 S. 1–6]

JTA *Volume II „Emerging Standards"* beschreibt Standards, die möglicherweise in die von JTA vertretenen Standards (Volume I) aufgenommen werden.

JTA legt das Architekturverständnis vom *C4ISR Architecture Framework* zugrunde und unterscheidet folglich in

- *Operational Architecture View (OA)* beschreibt Aufgaben und Aktivitäten sowie operationelle Elemente und den Informationsfluss, um die Militäroperationen auszuführen bzw. zu unterstützen.
- *Technical Architecture View (TA)* beinhaltet Regularien zum Leiten der Anforderungen und Interaktionen sowie zur Unabhängigkeit von Systemteilen oder Systemelementen.
- *Systems Architecture View (SA)* ist eine Beschreibung inkl. Grafiken der Systemverbindungen, zur Unterstützung der Anwendungsfunktionen (Kampfeinsätze). [JTA 2003 S. 1–4]

4.1.24 MoDAF – UK Ministry of Defence AF

MoDAF ist das britische Pendant zu DoDAF.

Das Rahmenwerk unterteilt eine Architektur wird in sieben Sichtweisen. Jede Sichtweise besteht aus einer bestimmten Anzahl an Views, welche die Sachverhalte weiter differenzieren. Darüber hinaus wird ein Architekturentwicklungsprozess bestehend aus sechs Schritten angeführt.

www.mod.uk/MODAF/ ►

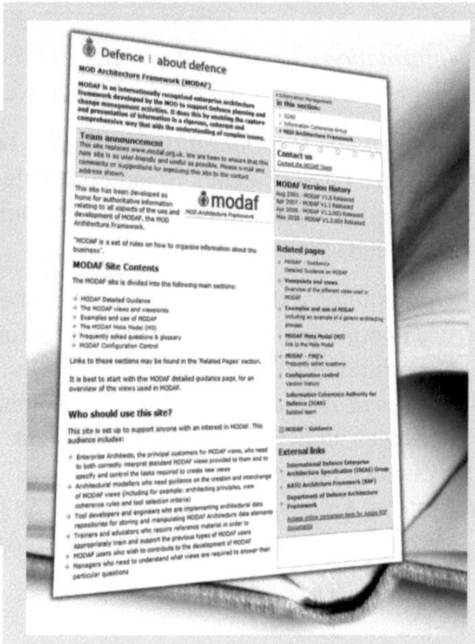

Entwickler: MoDAF wurde für das *Ministry of Defence* (*MoD*) von einem Konsortium bestehend aus Beratungsfirmen entwickelt.

Historie: Infolge der komplizierter werdenden militärischen Strategien und Systeme sowie der Anforderungen nach verbesserte Flexibilität, Reaktionszeit und Kooperation wurde die Entwicklung von MoDAF in Auftrag gegeben. Das Rahmenwerk sollte zum Verständnis, zur Analyse und zur Spezifikation von Kapazitäten, Systemen sowie Subsystemen, Organisationsstrukturen und Geschäftsprozessen beitragen. Die Basis für die Entwicklungsarbeiten bildete das DoDAF. [CROWN 2008 S. 9] Seit der Version 1.2 unterstützt MoDAF die Entwicklung von Serviceorientierten Architekturen (SOA). [CROWN 2008 S. 4]

Versionsverlauf: Im April 2007 wurde die MoDAF Version 1.1 veröffentlicht. Im Juli 2008 folgte die Version 1.2.

Vererbung: MoDAF bildet die Basis für das NATO Architecture Framework (NAF). Die Version 3 des NAF ist im Kern dem MoDAF identisch, erweitert dieses jedoch um drei *Views*: *Bandwidth Analysis*, *SOA* und *Standard Configurations*. [CROWN 2008 S. 3] TRAK des UK Department for Transport versteht sich als Vereinfachung des MoDAF 1.2.

MoDAF selbst ist eine Spezialisierung des amerikanischen DoDAF. Dabei behält MoDAF seine Kompatibilität mit den DoDAF-Kerngesichtspunkten, um den Austausch der architektonischen Information mit den Vereinigten Staaten zu erleichtern. Dies unterstützt die gemeinsame Durchführung internationaler Interoperabilitätsanalysen. Gegenüber DoDAF hat MoDAF drei neue *Viewpoints* (*Strategic*,

Acquisition und *Service Views*), welche einen besseren Support der MoD-Prozesse und -Lebenszyklen bewirken sollen.

Die **Art** des Rahmenwerkes ist übergreifend.

MoDAF **orientiert** sich auf die Gesamtarchitektur.

Verfügbarkeit: Das originale Rahmenwerk ist als Online-Handbuch und als PDF-Print kostenfrei auf der Internetseite www.mod.uk/modaf verfügbar.

Der **Dokumentationsumfang** des PDF-Prints beträgt 256 A4-Seiten.

Unterstützende **Tools** sind Artisan Real-time Studio, Corporate Modeler von Casewise, EA WebModeler von Agilense, IBM Rational, METIS von Troux Technologies, MooD von Salamander, Proforma und Telelogic's modelling tools suite (comprising Tau, Rhapsody and System Architect). SSE von Vega ist das MOD inhouse Tool.

METAMODELL

MoDAF stellt ein Architektur-Referenzmodell dar, welches eine Architektur in sieben Sichtweisen aufteilt.

(1) *Strategic Viewpoint* beschreibt das gewünschte Geschäftsziel mit den dafür zu erreichenden Leistungen und Fähigkeiten des Unternehmens (*Capabilities*). Hierfür werden sechs *Strategic Views* berücksichtigt: *StV-1 – Enterprise Vision* beschreibt auf höchster Abstraktionsebene den Umfang der Architektur. *StV-2 – Capability Taxonomy* ordnet die notwendigen Fähigkeiten des Unternehmens hierarchisch. *StV-3 – Capability Phasing* ordnet das Erreichen von Fähigkeiten zeitlich. *StV-5 – Capability to Organisation Deployment Mapping* beschreibt für einen bestimmten zeitlichen Abschnitt die Entwicklung von Leistungen. *StV-6 – Operational Activity to Capability Mapping* beschreibt Standardaktivitäten und Standardprozesse zur Unterstützung der Unternehmensleistungen.

(2) *Operational Viewpoint* beinhaltet insgesamt elf *Operational Views* zur logischen Architekturbeschreibung. Es werden die zur Zielerfüllung notwendigen Prozesse, Informationen und Entitäten definiert. *OV-1a – High-Level Operational Concept Graphic* adressiert die Stakeholder und stellt die örtliche Verteilung grafisch dar. *OV-2 Operational Node Relationship Description* beschreibt die Interaktionen zwischen den logischen Knotenpunkten der Architektur. *OV-3 – Operational Information Exchange Matrix* präzisiert den Informationsaustausch zwischen den Knoten. *OV4- Organisational Relationships Chart* stellt Organisationsstruktur und Interaktionen dar. *OV-5 – Operational Activity Model* beschreibt Prozesse und Aktivitäten, die zum Erreichen eines bestimmten Ziels erforderlich sind. *OV-6a – Operational Rules Model* beschreibt Geschäftsanforderungen. *OV-6b – Operational State Transition Description* beschreibt Zustandsänderungen in Form von Zustandsdiagrammen.

(3) *Service Oriented Viewpoint* beschreibt Dienste, die in SOA verwendet werden. Dabei werden sieben *Service Oriented Views* berücksichtigt: *SOV-1 – Service*

Taxonomy zur Darstellung der Dienste-Hierarchie; *SOV-2 – Service Interface Specification* zur Definition der Dienste-Schnittstellen; *SOV-3 – Capability to Service Mapping* stellt jene Dienste dar, welche zum Erreichen bestimmter Ziele/Leistungen benötigt werden; *SOV-4a – Service Contraints* beschreibt Forderungen an die Dienste-Implementierung; *SOV-4b – Service State Model* beschreit mögliche Zustände von Diensten sowie die Zustandsübergänge; *SOV-4c – Service Interaction Specification* beschreibt Interaktionen, Sequenzen und Abhängigkeiten von Diensten; *SOV-5 – Service Funtionality* beschreibt das Verhalten eines Dienstes.

(4) *System Viewpoint* beinhaltet 17 *System Views.* Diese beschreiben notwendige Ressourcen, Systemschnittstellen und Funktionen für die Unternehmensfähigkeiten. Dabei werden auch menschliche Handlungsträger als Ressource berücksichtigt. Primäre Aufgabe der System Views ist die Entwicklung von Systemlösungen gemäß Nutzer- und Systemanforderungen. *SV-1 – Resource Interaction Specification* beschreibt das Zusammenwirken der Ressourcen. *SV-3 - Resource Interaction Matrix* erlaubt einen schnellen Überblick über diese Zusammenhänge. *SV-4 – Functionality Description* beschreibt die Funktion der jeweiligen Ressource. *SV-6 – Systems Data Exchange Matrix* beschreibt den Datenaustausch zwischen Systemen. *SV-8 – Capability Configuration Management* stellt den Lebenszyklus einer Ressource dar und wie diese für die Verwendung zu konfigurieren ist. *SV-11 – Physical Schema* beschreibt eine Struktur der verschiedenen Arten von Systemdaten.

(5) *Technical Standards Viewpoint* beinhaltet zwei *Technical Standards Views.* welche tabellarische Auflistungen von Standards, Regeln und Anleitungen darstellen. *TV-1 – Standards Profile* listet alle ratifizierten Standards auf, die durch die Architektur genutzt wurden. *TV-2 – Standards Forecast* listet im Gegensatz zur Sicht TV-1 auch nicht-ratifizierte Standards auf.

(6) *Acquisition Viewpoint* beinhaltet zwei *Acquisition Views.* Zu den einzelnen Programmen und Projekten werden Informationen, Stakeholder, Abhängigkeiten usw. beschrieben. *AcV-1 – Acquisition Clusters* gruppiert Projekte zu Programmen. Diese werden einer Organisationseinheit zugeordnet, welche das Management übernehmen. *AcV-2 – Programme Timelines* ordnet die einzelnen Programmpunkte zeitlich.

(7) *All-Views Viewpoint* beinhaltet zwei *All-Views. AV-1 – Overview & Summary Information* liefert eine allumfassende Beschreibung der Architektur, deren Umfang, den Verantwortungsbereichen sowie Informationen zum zeitlichen Rahmen. Dies ermöglicht die Protokollierung von Ergebnissen des EA-Entwicklungsprozesses. *AV-2 – Integrated Dictionary* stellt ein Wörterbuch für das verwendete Vokabular dar. [CROWN 2008 S. 20]

Technical Standards Viewpoint und *All-Views Viewpoint* können keiner spezifischen Zeile des Zachman EA Frameworks zugeordnet werden. Vielmehr dient diese Sichtweise dem Unternehmen als Ganzes. *Acquisition Viewpoint* konzentriert sich auf den Unternehmensplanungsprozess und ist somit im Vergleich zum Zachman EA Framework in der Ebene „Planner“ anzusiedeln. [CROWN 2008 S. 38]

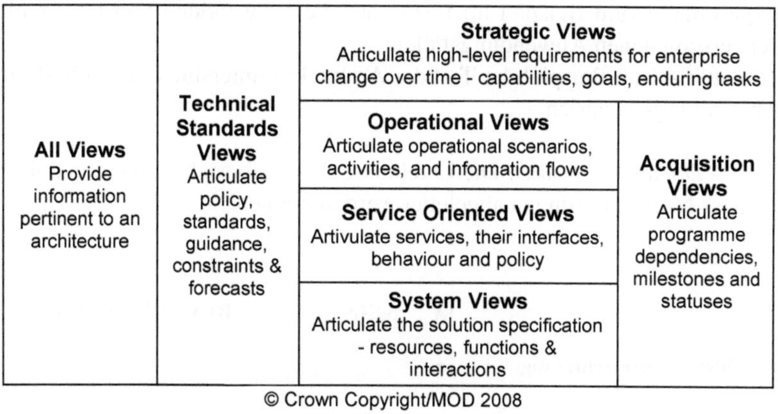

Abb. 4.27 The seven MODAF Viewpoints [Anpassung von CROWN 2008 S. 4]

Das MoDAF beschreibt neben dem Architektur-Referenzmodell auch ein Vorgehens-Referenzmodell zur Entwicklung einer Architektur. [CROWN 2008 S. 42]

Prerequisites: Als Vorbedingung für eine Architekturentwicklung wird die Einbindung aller Beteiligten angeführt.

Step 1 – Establish Intended Use: Der erste Schritt beschreibt die Notwendigkeit zur klaren Zweckdefinition der beabsichtigten Architekturentwicklung. Weiterhin werden die zu berücksichtigenden Anforderungen, zu verwendende Konzepte, die zu erfüllenden unternehmerischen Aufgaben sowie die Grenzen und Schnittstellen erfasst.

Step 2 – Define Architecture Scope: Im zweiten Schritt werden Inhalt und Grenzen der zu entwickelnden Architektur definiert (bspw. Prozess- und Organisationsumfang, beteiligte Standorte, Zeitfenster, Detaillierungsgrad).

Step 3 – Develop Data Requirements: In diesem Schritt wird ein Datenerfassungsplan erstellt, welcher notwendige Daten und deren Granularität definiert, mehrfache oder redundante Datenquellen benennt und Lösungen zur Datensicherung anführt.

Step 4 – Capture Architecture: Der vierte Schritt beinhaltet den Import, die Editierung vorhandener Architekturmodelle sowie die Erfassung zusätzlicher Daten.

Step 5 – Conduct Analyses: Auf Grundlage der im ersten Schritt definierten Anforderungen und der letztlich im vierten Schritt eingebrachten Daten erfolgen diverse Analysen. Dabei wird bspw. unterschieden in:

(a) Statische Analysen – Analysen des strategischen Managements zum Erkennen von Lücken oder Überlappungen.
(b) Dynamische Analysen sind zum Beispiel Analysen hinsichtlich der verfügbaren Bandbreite des Netzwerkes.
(c) Analyse der Systeminteroperabilität, um zum Beispiel Schnittstellenprobleme zu identifizieren.

(d) Experimente zum Beispiel im Bezug auf die Verwendung von Informationen bei verschiedenen Anwendungsfällen.
(e) Testläufe – zum Beispiel der Test der Architekturunterstützung bei bestimmten Anwendungsszenarien.

Step 6 – Document Results: Die Ergebnisse der Analysephase werden dokumentiert, sodass Nachbesserungen abgeleitet werden können.

	JA	NEIN	BEMERKUNGEN
Stakeholder-Berücksichtigung	•		
Zertifizierungen		•	
Abb. der Geschäftsprozesse	•		
Berücksichtigung von Entitäten	•		
KOMPLEXITÄTSREDUZIERUNG			
Sichtweisen	7		
Ebenentrennung	•		Bei der Architekturbetrachtung werden mindestens drei Ebenen unterschieden: die obere Ebene Strategic, die mittlere Ebene Operational und die untere Ebene System.
Ebenenbeziehungen	•		
BRÜCKSICHTIGUNG VON ANWENDUNGSSYSTEMEN			
rechnerbasierte	•		
konventionelle	•		
Kommunikationsbeziehung zw. Anwendungssystemen	•		
BRÜCKSICHTIGUNG VON PHYSISCHEN IS-KOMPONENTEN			
rechnerbasierte	•		
konventionelle		•	
Mensch als IS-Komponente	•		

4.1.25 NIH Enterprise Architecture Framework

Die *National Institutes of Health* (*NIH*) des *U.S. Department of Health and Human Services* (Gesundheitsministeriums) sind ein weltweit führendes medizinischen Forschungszentrum sowie Dreh- und Angelpunkt für die medizinische Forschung in den USA.

Das NIH EAF führt ein Architektur-Referenzmodell sowie eine *Business Architecture Modeling Methodology* an.

enterprisearchitecture.nih.gov ►

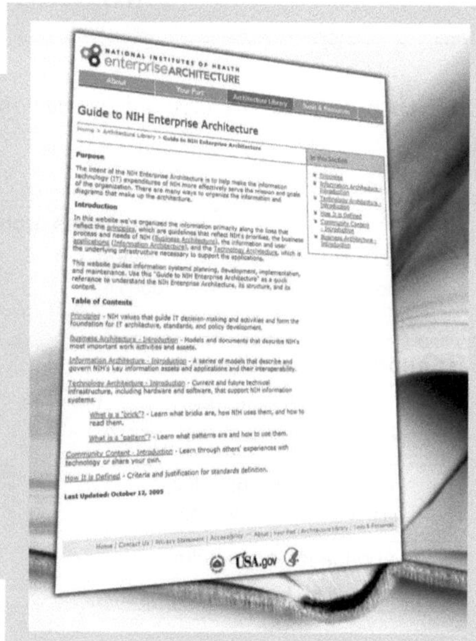

Historie: Ziel war die Schaffung einer Unternehmensarchitektur, die effiziente Geschäftsprozesse und Informationszugriffe für alle Institute und Zentren der NIH ermöglicht. So 2002 begannen Jack Jones als damaliger *Chief IT Architect* und Gary Long von Gartner Inc. mit den Entwicklungsarbeiten.

Versionsverlauf: Seit 2002 erfolgt eine kontinuierliche Weiterentwicklung.

Vererbung: Das NIH EAF basiert auf dem Federal Enterprise Architecture Framework (FEAF) von 1999.

Die **Art** des Rahmenwerkes ist übergreifend.

Das NIH EAF **orientiert** sich auf Geschäftsprozessarchitekturen.

Verfügbarkeit: Das Konzept ist nicht in gedruckter Form verfügbar. Als Ursache wird das Schlüsselerlebnis des ehemaligen *NIH Chief IT Architect* angeführt: Er überreichte jemandem einen großen Ordner mit der gesamten Konzeptdokumentation und sah ihn beim Verlassen des Büros den Ordner in den Müll werfen. Nach einer Nutzerumfrage stand für das NIH fest: Jedem soll der Informationszugriff auf das Konzept ganz einfach und kostenfrei ermöglicht werden. Eben übers Internet: http://enterprisearchitecture.nih.gov

Unterstützende **Tools** sind der EA Webmodeler vom Hersteller Agilense, die Metis Product Family von Computas, der Corporate Modeler von Casewise, FlashPack von Flashline, System Architect von Telelogic, Troux Technologies Architect und FEAMS von der U.S. Regierung.

METAMODELL

Das *NIH Enterprise Architecture Framework* führt drei übergeordnete Architekturen an.

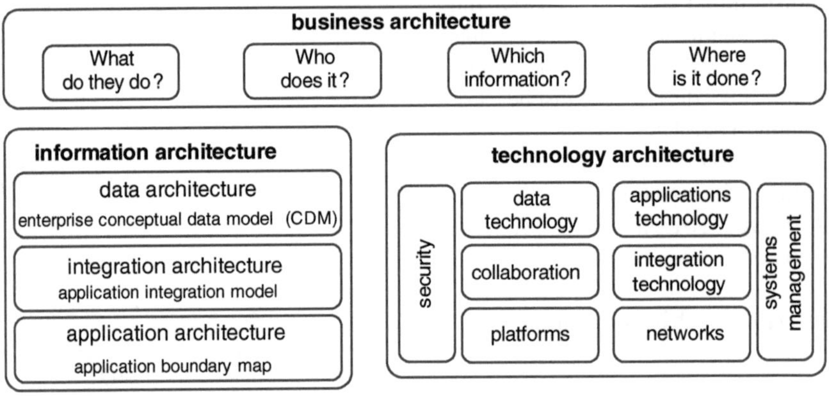

Abb. 4.28 Architekturverständnis des NIH EAF [Eigene Darstellung nach NIH 2010]

1. Die *Business Architecture* erfasst den Geschäftskern inkl. der Geschäftspraktiken durch die Repräsentation der Geschäftsprozesse und definiert somit die primären Anforderungen an die *Information Architecture*. Die *Business Architecture* liefert das Grundgerüst, um die IT auf die Geschäftsaktivitäten abbilden zu können. Speziell diese Architekturbetrachtung dient der Beantwortung folgender Fragen: *Was wird gemacht? Wer macht es? Welche Informationen werden behandelt? Wo wird es gemacht?*
2. Die *Information Architecture* spezifiziert die Schlüsselelemente der Informationssysteme des Unternehmens, welche in der Ausführung der Geschäftsprozesse Anwendung finden. Diese Elemente umfassen die Informationen selbst und die Anwendungen, um die Informationen zu nutzen und schließlich die Geschäftsprozesse zu ermöglichen. Somit gibt die *Information Architecture* in Bezug auf die *Business Architecture* an, welche Bereiche der Geschäftsprozesse durch die jeweiligen Anwendungen unterstützt und wo entsprechende Datentypen gespeichert und verwaltet werden. Die *Information Architecture* umfasst drei Subarchitekturen:
   (a) Die *Data Architecture* beinhaltet Modelle (*Enterprise Conceptual Data Model – CDM*) fürs Datenmanagement und liefert somit Lösungen für Identifizierung, Zugriff und Verteilung von Daten.
   (b) Die *Integration Architecture* beinhaltet jene Modelle (*Application Integration Model*), welche die Anwendungsintegration hinsichtlich durchgehender

(end-to-end) Geschäftsprozesse und -operationen identifiziert. So wird bspw. dargestellt, wie Anwendungen oder Systeme integriert sind, um Informationen gemeinsam zu nutzen. Das NIH beschäftigt sich seit 2005 mit der Ausrichtung der *Integration Architecture* nach den Ansätzen *Serviceorientierter Architekturen* (*SOA*).

(c) Die *Application Architecture* repräsentiert das Anwendungsportfolio (*Application Boundary Map*), um so jene Geschäftssysteme zu identifizieren, welche die Ausführung der Geschäftsprozesse ermöglichen.

3. Die *Technology Architecture* beschreibt die aktuelle und zukünftige technische Infrastruktur und spezifiziert Hard- und Software-Technologien, welche die IS im Unternehmen unterstützen. Dabei liefert sie die Anleitung und Prinzipien für die Implementierung von Technologien, die sich in der Zusammenarbeit mit existierenden oder geplanten Technologien bewährt haben. Die *Technology Architecture* umfasst folgende Komponenten:
   (a) *Applications Technology.* Diese Komponente identifiziert die IT-Tools (Hard- und Software), welche die Entwicklung von Anwendungen (zur Automatisierung von bestimmten Geschäftsaufgaben) ermöglichen.
   (b) *Collaboration* beinhaltet Technologien und Tools, um einen ortsunabhängigen Zugriff auf existenzielle Informationsressourcen zu ermöglichen sowie zur Realisierung der Informationsverteilung und einer effizienten Kommunikation zwischen den Beteiligten.
   (c) *Data Technology* identifiziert jene technischen Tools (Software), die die Informationsspeicherung, -abfrage, -verwaltung und -analyse ermöglichen. Typischerweise wird dies in Datenbank Management Systemen realisiert.
   (d) *Integration Technology* identifiziert Technologien und Produkte, die die Kommunikation zwischen Anwendungen ermöglichen. Dies erfolgt unter Berücksichtigung von Informations- und Datenintegrität.
   (e) *Networks* beinhaltet erforderliche technische Komponenten, um die Daten- und Internetkommunikation innerhalb des Unternehmens und zu externen Partnern ortsunabhängig zu realisieren.
   (f) *Platforms* identifiziert die zugrunde liegende Hard- und Software, welche die Tätigkeiten, Funktionalitäten und Spezialisierung eines IS festlegen.
   (g) *Security* beschreibt die einzuhaltenden Standards und Produkte, um Sicherheitslösungen zu entwickeln. Diese Lösungen müssen Diskretion, Integrität und Verfügbarkeit von Unternehmensinformationen und IS gewährleisten.
   (h) *Systems Management* identifiziert technische Tools für die Überwachung und Sammlung von Daten der Systemperformance eines Unternehmens, um eine bessere Verfügbarkeit, Performance und Zuverlässigkeit der IT-Umgebung zu gewährleisten.

Für die Modellierung der Geschäftsarchitektur sind Ausführungen in der *Business Architecture Modeling Methodology* beschrieben. Dieser Ansatz zur Modellierung einer Geschäftsarchitektur konzentriert sich auf die Verbesserung der Verständigung zwischen Geschäftsleitung, den Mitarbeitern des Finanz- und

Rechnungswesens sowie den IT-Mitarbeitern. Dabei werden einfache grafische Modelle und Fragen besprochen, um so den Beteiligten erforderliche Informationen zu „entlocken".

(1) *What* fragt nach den Aktivitäten, welche ausgeführt werden müssen, um den Zweck des Geschäftsprozesses zu erfüllen. Diese Liste enthält alle notwendigen Elemente – auch jene, die nur gelegentlich von Bedeutung sind. Ähnlich der Arbeitsteilung bei einem Projektplan werden diese Elemente hierarchisch angeordnet.
(2) *Who* nennt die am Prozess Beteiligten, welche in vier Gruppen eingeteilt werden: Menschen, Rollen, Organisationen und IT-Anwendungen. Das Modell spiegelt die Beziehungen zwischen diesen Elementen und offeriert so die Organisationsstruktur.
(3) *Where* gibt die Standorte der Aktivitäten an. Somit ergibt sich ein Modell der Informationsverteilungen und Informationsübermittlungszeiten.
(4) *When* gibt den zeitlichen Ablauf des Geschäftsprozesses an. Dieses Modell erfasst die zeitlichen Relationen im Geschäftsbetrieb.
(5) *Which* spiegelt die Daten und Fakten wieder, die den Geschäftsbetrieb unterstützen. Dabei werden jene Informationen aufgezeichnet, welche das Geschäft selbst oder deren verschiedene Repräsentations- und Manipulationsformen betreffen.

Die entwickelten Modelle der fünf Dimensionen

- bilden einen Prozessfluss und damit ein *How*-Modell, welches die Sequenz der Aktivitäten beschreibt,
- begründen die Entscheidungen über die zu kontrollierenden Teilbereiche des Prozesses,
- spezifizieren, wer die entsprechenden Elemente umsetzt, welche Teilinformationen genutzt werden und wann die Umsetzung erfolgen soll.

	JA	NEIN	BEMERKUNGEN
Stakeholder-Berücksichtigung	•		Es wird ein NIH Enterprise Architecture Team angeführt, welches aus dem Chief IT Architect und verschiedenen Verantwortungsträgern sowie aus Nutzern besteht.
Zertifizierungen		•	
Abb. der Geschäftsprozesse	•		
Berücksichtigung von Entitäten	•		

KOMPLEXITÄTSREDUZIERUNG			
Sichtweisen	>1		Das NIH EAF führt mehrere Architekturausprägungen mit entsprechenden Ebenen sowie Sichtweisen auf diese an.
Ebenentrennung	•		
Ebenenbeziehungen	•		

BRÜCKSICHTIGUNG VON ANWENDUNGSSYSTEMEN			
rechnerbasierte	•		
konventionelle		•	
Kommunikationsbeziehung zw. Anwendungssystemen	•		

BRÜCKSICHTIGUNG VON PHYSISCHEN IS-KOMPONENTEN			
rechnerbasierte	•		
konventionelle		•	
Mensch als IS-Komponente		•	

4.1.26 PERA – Purdue Enterprise Reference Architecture

PERA definiert ein auf sieben Schritten basierendes Vorgehens-Referenzmodell zur Integrationsentwicklung von EDV in Fertigungsprozessen (CIM).

Deckblatt des „PERA Master Planning Handbook“ ►

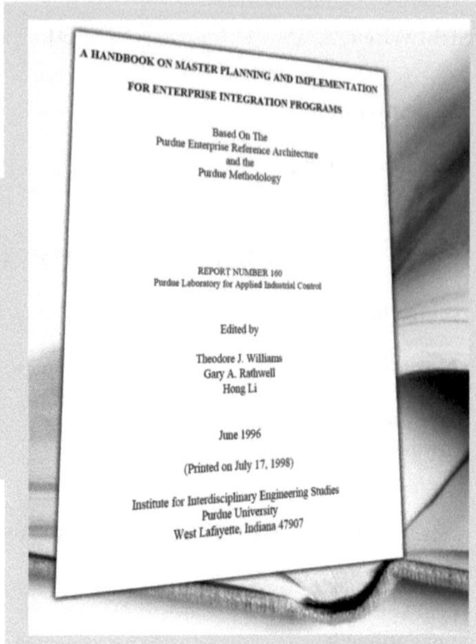

Entwickler: Die Entwicklung erfolgte durch ein Industriekonsortium unter Beteiligung der Purdue University im Bundesstaat Indiana der USA. Federführend seitens der Universität war der dortige Professor Dr. Theodore J. Williams an der PERA beteiligt.

Historie: 1989–1992 begann das Industry-Purdue University Consortium for Computer Integrated Manufacturing (CIM) mit der Entwicklung eines *Implementation Procedures Manual for Developing Master Plans for Computer Integrated Manufacturing*. Das Konsortium ist ein Zusammenschluss von Industriefirmen und dem *Purdue Laboratory for Applied Industrial Control* (*PLAIC*).

Parallel hierzu initiierte man die Entwicklung der *Purdue Enterprise Reference Architecture* (*PERA*). [WILLIAMS 1992 S. 2]

Versionsverlauf: Am 08. Juni 1992 erfolgte die Veröffentlichung der PERA.

Die **Art** des Rahmenwerkes ist operationell.

Das Rahmenwerk **orientiert** sich auf technische Architekturen – speziell auf *Manufacturing Equipment Architecture*.

Verfügbarkeit: Das ursprüngliche Konzept war als Buch (346 Seiten) erwerbbar und im Internet als Download unter dem Titel *„PERA and GERAM – Enterprise Reference Architectures in Enterprise Integration“* verfügbar. Aktuell kann die Konzeptbeschreibung im 60 Seiten starken *„PERA Master Planning Handbook“* von Williams nachgelesen werden. Dieses Handbuch steht im Internet (www.pera.net) kostenfrei zum Download als PDF-Datei zur Verfügung.

Ein unterstützendes **Tool** ist mit dem ARIS Toolset des Herstellers IDS Scheer gegeben.

Support ist in Form von Beratung und Schulung seitens der Hochschule Purdue und durch externe Partner und Firmen möglich. Hierfür bietet die Hochschule auch die Vermittlung an.

METAMODELL

PERA ist ein Rahmenwerk zur Analyse, zum Entwurf und zur Entwicklung eines *Enterprise Integration Project.* Das Ziel bildet die Integration von EDV in den Produktionsprozess – also CIM. Basis ist eine grafische Referenzarchitektur. Um die einzelnen Entwicklungsschritte und deren Zusammenhänge zu beschreiben, legt sich das Konzept eine Unternehmensstruktur aus dem produzierenden Gewerbe zu Grunde. Entsprechend konzentriert sich das Konzept auch auf die Komponenten *Physical Manufacturing* und *Information* (inkl. IS). Zwischen diesen agiert die dritte Komponente *Human and Organizational.*

Der Ansatz beschreibt einen Prozesslebenszyklus mit Bezug auf die drei Komponenten und deren Relationen zueinander in Top-Down-Lesart. Die drei Komponenten bilden ihr eigenes funktionales Netzwerk und damit ihre eigene Architektur, welche die Subarchitekturen der *Purdue Enterprise Reference Architecture* (*PERA*) darstellen:

- *Information System Architecture* mit den Computern, der Software, Datenbanken usw.
- *Manufacturing Equipment Architecture* zur Erfüllung aller Aufgaben, die durch die Fabrik-/Betriebsausstattung unterstützt werden.
- *Human and Organizational Architecture* zur Realisierung von Aufgaben in Bezug auf die anderen beiden Architekturen.

Die PERA beschreibt ein Vorgehens-Referenzmodell, welches aus sieben Schritten besteht: [WILLIAMS 1992 S. 18]

1. Schritt: Die *Concept Layer* bestimmt die *Enterprise Business Entity* (*EBE*) inkl. dem vom Management definierten Zweck des Vorhabens und der Vision sowie der Handlungs- und Umsetzungsprinzipien. Mit Blick auf das zu entwickelnde IS erfolgt die Definition der Geschäftsprozesse, der Prinzipien bzgl. Informationen, Personal usw. Hinsichtlich der Produktion werden Produktions- und Bedienungsrichtlinien definiert.

2. Schritt: Die *Definition Layer* definiert Anforderungen, bildet Module und verbindet diese zu Netzwerken.

- Auf der Seite des IS werden Anforderungen des Managements hinsichtlich Planung, zeitlicher Einteilung, Kontrolle und der Daten definiert, Aufgaben und Funktionsmodule gebildet und diese zu einem Informationsnetzwerk verbunden.
- Auf der Seite der Produktion werden physische Produktions- und Bedienungsvoraussetzungen definiert, modularisiert und zum funktionellen Produktionsnetzwerk verbunden.

	Enterprise Business Entity (EBE) Mission, Vision, ...		
1. CONCEPT LAYER	➢ Business Process ➢ Personnel and Information Principles		➢ concept Production Entity ➢ Product and Operational Principles
2. DEFINITION LAYER	➢ Requirements for physical Production and Operations ➢ Building functional Modules ➢ Manufacturing functional Networks		➢ Requirements regarding Planning, Scheduling, Control and Data Management ➢ Building task and functional Modules ➢ Information functional Networks
3. FUNCTIONAL DESIGN OR SPECIFICATION	**Information System Architecture**	**Human and Organizational Architecture** differentiate automatic and manual	**Manufacturing Equipment Architecture**
4. DETAILED DESIGN	➢ Equipment Selection ➢ System Layout	➢ Development Personnel Skills and Training Plans ➢ Organisational Planning	➢ Detailed Design of Plant Facilities and Equipment
5. CONSTRUCTION AND COMMISSIONING OR MANIFESTATION	➢ Procurement or Programming ➢ Equipment Installation ➢ Test ➢ Commissioning	➢ Staffing ➢ Training	➢ Construction ➢ Plant Testing ➢ Commissioning
6. OPERATIONS	➢ continuing Development and Maintenance	➢ continuing Organizational Development, Skill and Human Relations Training	➢ continuing Development and Maintenance
7. RECYCLE OR DISPOSAL	➢ Preparation for new Mission ➢ Recycle or Disposal unneeded Equipment	➢ Retraining and Preparation	➢ Preparation for new Mission ➢ Recycle or Disposal unneeded Equipment

Abb. 4.29 Prozesslebenszyklus und Auswirkungen auf die Architekturen [Eigene Darstellung nach WILLIAMS 1992]

3. Schritt: Auf dieser Ebene für *Functional Design or Specification* ist nach der Netzwerkausbildung von Schritt 2 erstmalig von den drei Subarchitekturen (*Information System, Manufacturing Equipment* und *Human and Organizational Architecture*) der PERA die Rede. Aufgabe dieser Ebene ist die Bestimmung jener Tätigkeiten, die mit oder ohne menschliche Hilfe realisiert werden.

4. Schritt: Die Ebene *Detailed Design* führt die Entwicklung der Subarchitekturen detaillierter aus.

- Für die *Information System Architecture* (*ISA*) wird entsprechendes Equipment ausgewählt und die Systemanordnung definiert.
- Bzgl. der *Manufacturing Equipment Architecture* (*MEA*) erfolgt der detaillierte Entwurf des Equipments und der Fabrik-/Betriebsausstattung.
- Die *Human and Organizational Architecture* (*HOA*) beschreibt die Definition von notwendigen Kenntnissen der Mitarbeiter, der Schaffung von Ausbildungsprogrammen und der Entwicklung der Organisationsplanung.

5. Schritt: Die Ebene *Construction and Commissioning or Manifestation* wirkt auf die Subarchitekturen wie folgt:

- Bzgl. der *ISA* erfolgen die Auftragsvergabe zum Einkauf bzw. zur eigenen Programmierung, die Installation des Equipments, der Test und die Inbetriebnahme. Als Ergebnis dieser Phase entsteht somit das physisch vorhandene IS.
- Auf Seite der *MEA* erfolgen die Montage, der Probelauf und schließlich die Inbetriebnahme der Produktion.

- Gleichzeitig zu den Aktivitäten in den anderen Architekturen erfolgen bei der *HOA* die Stellenbesetzung und das Anlernen der Mitarbeiter.

6. Schritt: Die *Operations-Phase* beinhaltet die kontinuierliche Weiterentwicklung sowie Wartung des Equipments der *ISA* und *MEA*. Bzgl. der *HOA* findet eine kontinuierliche Organisationsplanung und Schulung statt.

7. Schritt: Die letzte Phase *Recycle or Disposal* beinhaltet die Vorbereitung des Equipments und IS der *ISA* und *MEA* bzgl. neuer Vorhaben des Managements sowie die Wiederaufbereitung oder den Austausch von Equipment. Bzgl. *HOA* erfolgt die Schulung der Mitarbeiter für neue Aufgaben und Produktionen.

	JA	NEIN	BEMERKUNGEN
Stakeholder-Berücksichtigung	•		
Zertifizierungen		•	
Abb. der Geschäftsprozesse	•		
Berücksichtigung von Entitäten	•		
KOMPLEXITÄTSREDUZIERUNG			
Sichtweisen	3		
Ebenentrennung		•	
BRÜCKSICHTIGUNG VON ANWENDUNGSSYSTEMEN			
rechnerbasierte	•		
konventionelle	•		
Kommunikationsbeziehung zw. Anwendungssystemen		•	
BRÜCKSICHTIGUNG VON PHYSISCHEN IS-KOMPONENTEN			
rechnerbasierte	•		
konventionelle	•		
Mensch als IS-Komponente	•		

4.1.27 POSIX OSE RM (ISO/IEC/IEEE 9945)

POSIX OSE RM ist die Abkürzung von *Portable Operating System Interface Open System Environment Reference Model.*

Das RM hilf bei der Ordnung von Zuständigkeiten hinsichtlich der Anwendungssoftware, der Anwendungsplattform und der externen Umgebung. Schnittstellen und Dienste werden gruppiert und zur Verfügung gestellt.

[IEEE Std 1003.0-1995] ►

Entwickler: POSIX ist eine gemeinsame Entwicklung von *IEEE*[14] und *The Open Group.*

Historie: POSIX OSE RM ist Bestandteil der beiden identischen Standards *ISO/IEC TR 14252* und *IEEE Std 1003.0-1995.* [VAN HAREN 2007 S. 477] Das RM definiert dabei Systemelemente und Schlüsselschnittstellen zwischen verknüpften Anwendungen, um Interoperabilität und Portabilität zu gewährleisten. [IEEE Std 1003.0-1995 S. 23] POSIX stammt aus dem Bereich der Softwareentwicklung und findet hauptsächlich bei der Spezifikation von Benutzer- und Software-Schnittstellen von Offenen Systemen[15] (diversen Betriebssystemen) Anwendung.

Versionsverlauf: Die Projektanfänge gehen auf 1985 zurück. Es erfolgten diverse Veröffentlichungen. POSIX beinhaltet mehrere Standards, die formell als IEEE 1003 bezeichnet werden. Der internationale Standardname ist ISO/IEC 9945. Mit ISO/IEC 9945:2003 wurde die Version 3 veröffentlicht, die mit ISO/IEC/IEEE 9945:2009 eine Überarbeitung erfuhr.

---

[14] Abkürzung für *Institute of Electrical and Electronics Engineers* (meist als *„i triple e“* [ai tripl i] gesprochen). IEEE ist ein weltweiter Berufsverband (mehr als 380.000 Mitglieder aus über 150 Ländern) von Ingenieuren aus der Elektrotechnik und Informatik. [IEEE.org]

[15] Ein *Offenes System* ist auf der Basis von hinreichend frei zugänglichen Spezifikationen oder Standards für Schnittstellen, Dienste und Formate implementiert. [IEEE Std 1003.0-1995 S. 17]

Literatur: Die beiden identischen Standards ISO/IEC TR 14252 und IEEE Std 1003.0-1995 sind mit dem Titel „Guide to the POSIX Open System Environment (OSE)“ publiziert.

Vererbung: Diese Standards stellen die ursprüngliche Basis für TAFIM und somit für eine Reihe von daraus abgeleiteten Rahmenwerken (DoD TRM, TOGAF) dar. [MINOLI 2008 S. 70] So beschreibt das Konzept von *TAFIM Volume 2 – Technical Reference Model* die Struktur und Schnittstellen von IS-Diensten auf Grundlage des POSIX OSE RM.

Die **Art** des Rahmenwerkes ist konzeptuell.

Das Rahmenwerk **orientiert** sich auf technische Architekturen.

METAMODELL

Das POSIX OSE RM stellt eine Strukturbasis für softwareorientierte Informationssysteme inkl. Benennung von entsprechenden Schnittstellen und Diensten dar. Die hier erfolgte Beschreibung basiert auf [IEEE Std 1003.0-1995]. Das RM bildet die Grundlage für ein gemeinsames Verständnis zwischen IS-Anwendern und IS-Dienstleistern, um Anwendungsportabilität und Systeminteroperabilität zu gewährleisten.

POSIX OSE RM identifiziert die drei Entitäten *Application Software, Application Platform* und *External Environment* sowie die beiden Schnittstellen *Application Program Interface* (*API*) und *External Environment Interface* (*EEI*). Weiterhin werden für den Schnittstellenbetrieb notwendige Dienste und unterstützende Formate angeführt. [IEEE Std 1003.0-1995 S. 27]

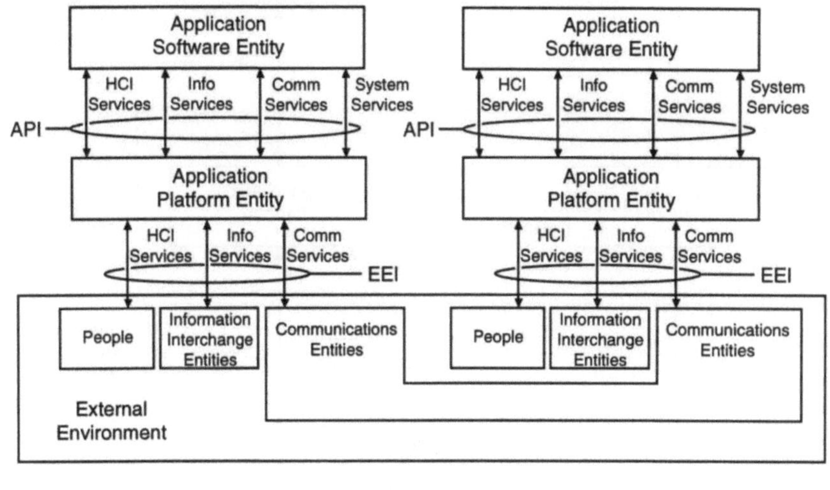

Abb. 4.30 POSIX OSE RM – Distributed Systems [IEEE Std 1003.0-1995 S. 35]

Die mittlere *Application Platform* liefert Dienste über beide Schnittstellen (*API* und *EEI*).

Typische EEI-Schnittstellen sind *Communications Services Interface* (*CSI*) für *Communications Services, Information Services Interface* (*ISI*) für *Information Services* und *Human/Computer Interaction Interface* (*HCI*) für *Human/Computer Interaction Services*. Die *HCI* stellt als Grenze die physische Interaktion zwischen menschlichen Nutzern und der *Application Platform* dar. Beispiele derartiger Schnittstellen beinhalten Monitore, Eingabegeräte usw. Die *ISI* definiert eine Grenze zu externen, persistenten Speicherdiensten, bei denen nur Format und Syntax zu spezifizieren sind. Die *CSI* liefert den Zugriff auf Dienste für die Interaktion zwischen internen *Application-Software*-Entitäten und der *Application Platform* sowie zwischen der *Application Platform* und externen Geräten. [IEEE Std 1003.0-1995 S. 32]

API beschreibt eine Menge an Diensten an der Schnittstelle zwischen *Application Software* und der darunter liegenden *Application Platform*. *System Services* bieten den Zugang zu internen Ressourcen der *Application Platform*. Die anderen drei *API*-Dienstkategorien *Communications Services, Information Services* (Datenbankdienste, Datenaustauschdienste und Verarbeitungsdienste für Datenübertragungen) und *Human/Computer Interaction Services* (bspw. Dienste für die Befehlseingaben des Nutzers, zur grafischen Darstellung und zur Unterstützung der Entwicklung von Anwendungssoftware) sind mit Ausprägungen (Menschen, Kommunikationstechnik usw.) des *External Environment* verknüpft. [IEEE Std 1003.0-1995 S. 33]

Die Beziehungen zwischen den zur Verfügung stehenden Diensten an der *API* und den ähnlich benannten Diensten an der *EEI* stellen keine 1:1-Relationen dar.

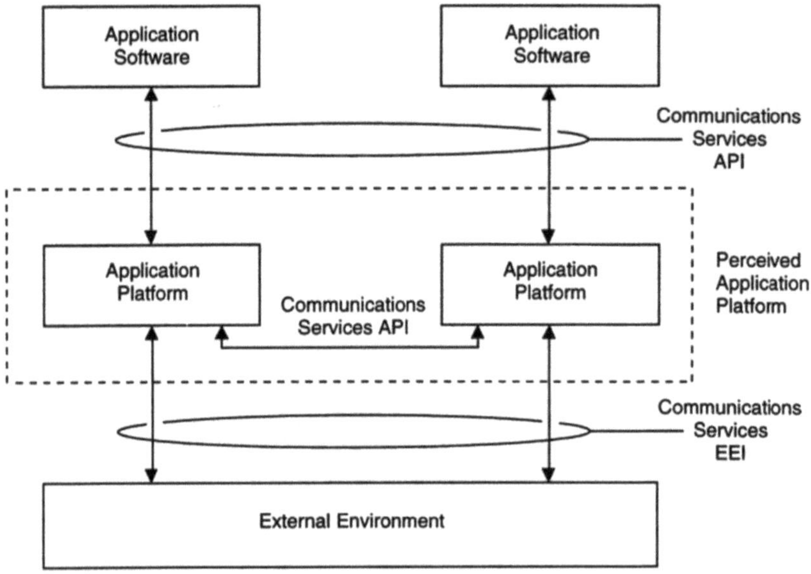

Abb. 4.31 Distributed Application Platform Implementation [IEEE Std 1003.0-1995 S. 36]

Eine gegebene Implementierung auf der *Application Platform* wird die ähnlich lautenden Dienste der *API* und *EEI* auf unterschiedliche Weise definieren. Beispiel: Eine Anwendung stellt eine Anfrage auf eine entfernte Datei. Die Schnittstelle eines Datenspeicherungsdienstes stellt hierfür einen transparenten Zugriff über entsprechende Netzwerkdienste zur Verfügung. In diesem Fall ist die Durchführung des Datenspeicherungsdienstes abhängig von der *EEI* und deren *Communications Services*. Die Bearbeitung dieser Anfrage wird von der *API* und *EEI* verschieden abgearbeitet. [IEEE Std 1003.0-1995 S. 34]

	JA	NEIN	BEMERKUNGEN
Zertifizierungen	•		Das RM ist Bestandteil der beiden identischen Standards ISO/IEC TR 14252 und IEEE Std 1003.0-1995. IEEE und The Open Group bieten ein Zertifizierungsprogramm an, welches Softwareentwicklungen nach deren Konformität gegenüber POSIX einstuft.

4.1.28 TAFIM – Technical AF for Information Management

TAFIM wurde vom United States Department of Defence entwickelt. Es ist die Abkürzung für *Technical Architectural Framework for Information Management.*

Das Rahmenwerk unterstützte mit einem Architektur-Referenzmodell und einer Entwicklungsmethode die Beschreibung und Entwicklung von technischen Architekturen.

Deckblatt des TAFIM Volume 1, Version 3.0 von 1996 ►

Versionsverlauf: 1991 erfolgte die Veröffentlichung von TAFIM 1.0, im Mai 1992 die Version 1.2 und im Dezember 1992 die Version 1.3, bevor 1994 TAFIM 2.0 veröffentlich wurde. Am 30. April 1996 erfolgte die Veröffentlichung von TAFIM 3.0 und deren acht Abhandlungen – alias *Volumes*.

Historie: Spezielle TAFIM 3.0 Themengebiete fanden im C4ISR AF 2.0, JTA 3.0 und DoD TRM 1.0 Ersatz. Das Rahmenwerk wurde durch verschiedene andere Rahmenwerke ersetzt. Am 07. Januar 2000 erklärte das Department of Defence TAFIM offiziell als beendet. [VAN HAREN 2007 S. 477]

Vererbung: TAFIM selbst ist von ISO/IEC TR 14252 „Guide to the POSIX Open System Environment“ abgeleitet. [VAN HAREN 2007 S. 477]

TAFIM 2.0 von 1994 ist die Basis der TOGAF Version 1.0 von 1995. Insbesondere das TOGAF TRM ist vom TAFIM 2.0 abgeleitet. Die TOGAF ADM basierte ursprünglich auf Teilen des Rahmenwerks TAFIM.

Marktanteil: Nach [SCHEKKERMAN 2005 S. 28] weist TAFIM einen Marktanteil von 2 % auf.

METAMODELL

Mithilfe der acht *Volumes* unterstützt TAFIM bei der Entwicklung einer technischen Architektur.

Volume 1: Overview (72 Seiten) vermittelt einen TAFIM-Überblick.

Volume 2: Technical Reference Model (54 Seiten) beinhaltet das Konzeptmodell über Dienste eines Informationssystems und deren Schnittstellen. Das TRM basiert auf der Grundlage des POSIX OSE Reference Model und spezialisiert dessen Gedanken über ein softwareorientiertes Informationssystem.

Volume 3: Architecture Concepts & Design Guidance (78 Seiten) beinhaltet Konzepte und Anleitungen, die für Entwicklungsunterstützung von technischen Architekturen gebraucht werden.

Volume 4: DoD SBA Planning Guide (378 Seiten) beinhaltet eine auf Standards basierende Architektur-Planungsmethode, die bei der Entwicklung von Informationssystemen mit Schwerpunkt Missions-, Funktions- und Anwendungsgebiet-Anforderungen ausgelegt ist. Die Methode unterstützt die Umsetzung der funktionalen Anforderungen auf ausgewählte Dienste, Standards, Komponenten, Konfigurationen, deren Synchronisation und Bereitstellung von Produkten für deren Implementierung.

Volume 5: Program Manager's Guide for Open Systems (118 Seiten) beschreibt, wie TAFIM für die Akquirierung von IT- und IM-Produkten genutzt werden kann.

Volume 6: DoD Goal Security Architecture adressiert auf allgemeingültige Art und Weise Sicherheitsanforderungen.

*Volume 7: Adopted Information Technology Standar*ds definiert IT-Standards, als Voraussetzung für Akquisitionen und Migrationen von Legacy-Systemen und schließlich bzgl. Gewährleistung von Interoperabilität und Sicherheit sowie Reduzierung von Lifecycle-Kosten.

Volume 8: HCI Style Guide (435 Seiten) beinhaltet ein allgemeines Rahmenwerk bzgl. Entwicklung und Implementierung von Human-Computer-Interface. [TAFIM 1996 S. 2–3]

4.1.29 TEAF – Treasury Enterprise Architecture Framework

TEAF unterstützt die Entwicklung und Überarbeitung von Geschäftsprozessen. Hierfür erfolgt die Bereitstellung einer Anleitung für die Entwicklung und das Management einer Geschäftsarchitektur. Das Rahmenwerk bietet ein einheitliches Konzept, gemeinsame Prinzipien, Technologien und Standards für die IS-Architektur. [CIOC 2001 S. 28]

Entwickler: TEAF wurde vom U.S. Finanzministerium entwickelt.

Historie: Wie die meisten Rahmenwerke aus behördlichen Händen der USA war auch für TEAF das Clinger-Cohen Act die initiierende Kraft.

Vererbung: TEAF ist eine Überarbeitung des 1997 publizierten *Treasury Information System Architecture Framework* (*TISAF*). Es leitet sich vom Federal Enterprise Architecture Framework (FEAF) von 1999 und dem Zachman EA Framework ab. Die Architecture-Products des C4ISR AF sind ebenfalls ins TEAF eingeflossen.[16]

Versionsverlauf: Im Juli 2000 erfolgte die Veröffentlichung des TEAF.

Marktanteil: Laut [SCHEKKERMAN 2005 S. 28] weist das TEAF einen Marktanteil von nicht ganz 1 % auf.

TEAF wird von den **Tools** EA Webmodeler des Herstellers Agilense, der Metis Product Family von Computas, dem System Architect von Telelogic, von Troux Technologies Architect und vom Tool FEAMS der U.S. Regierung unterstützt.

Verfügbarkeit: Die originale Konzeptbeschreibung ist nicht verfügbar.

METAMODELL

Das TEAF liefert Anleitungen für die Strategieentwicklung, die Definition einer Roadmap, die Definition von Rollen und Verantwortlichkeiten der Mitwirkenden,

[16] Die Architecture-Products des C4ISR AF sind bei der Beschreibung des DoDAF ausführlich beschrieben.

für die Entwicklung von Richtlinien für das Konfigurationsmanagement und für die Entwicklung spezifischer Arbeitsmittel. [SCHEKKERMAN 2003 S. 117]

Das TEAF besteht aus drei Hauptkomponenten: (1) Definition des Rahmenwerkes. (2) Eine Reihe von Aktivitäten, die bei der Architekturplanung und Architekturimplementierung anleiten. (3) Eine Menge von Anleitungen für die strategische Planung, das Management und die Implementierung von Geschäftsarchitekturen. [MINOLI 2008 S. 69]

Das TEAF unterscheidet mit Blick auf eine Unternehmensarchitektur vier Sichtweisen: *Infrastructure, Organizational, Information* und *Functional View*. Diese Sichtweisen einer Architektur werden beim TEAF wiederum durch die unterschiedlichen Betrachtungsvoraussetzungen der Nutzer mit deren verschiedenen Perspektiven inhaltlich aufgelöst. So ergibt sich eine Matrix; im Fall des TEAF eine 4×4-Matrix.

	How, Where, When?	*What, How Much, How Frequently?*	*Who and Why?*	*Enabler*	
	Functional View	**Information View**	**Organizational View**	**Infrastructure View**	
PLANNER PERSPECTIVE	Mission; Vision	Information Dictionary	Organization Charts	Technical Reference Model; Standards	**EA Repository, Listings**
OWNER PERSPECTIVE	Activity Model; Security	conceptual Information Exchange Matrix	conceptual Node Connectivity Model	Risk Model; System Interface Description 1	**High Level Modelling**
DESIGNER PERSPECTIVE	Business Process Description; Event Diagrams; State Charts	logical Information Exchange Matrix & Data Model	logical Node Connectivity Model	System Interface Description	**Logical Modelling**
BUILDER PERSPECTIVE	functional System Description	physical Information Exchange Matrix & Data Model	physical Node Connectivity Model	System Interface Description; System Performance	**Physical Modelling**

Abb. 4.32 Das Architekturverständnis des TEAF [Eigene Darstellung auf Basis von CIOC 2001 S. 29]

4.1.30 TISAF – Treasury Information System AF

TISAF ist die Abkürzung für Treasury Information System Architecture Framework.

Das Rahmenwerk führt ein Architektur-Referenzmodell mit Unterscheidung von vier Ebenen an.

Versionsverlauf: Das Rahmenwerk wurde am 03. Januar 1997 vom *Department of the Treasury* – dem Finanzministerium der USA – veröffentlicht.

Vererbung: TISAF stellt den Ursprung für das *Treasury Enterprise Architecture Framework* (*TEAF*) dar. So finden sich viele Merkmale des TISAF im TEAF wieder. Das TEAF hat vom TISAF die Bereitstellung von (1) Anleitungen zur Entwicklung und Evolution von IS-Architekturen, (2) einheitlichen Konzepten und gemeinsamen Prinzipien, Technologien und Standards für IS und (3) Vorlagen für die Entwicklung von Unternehmensarchitekturen geerbt.

METAMODELL

TISAF beschreibt vier Architekturebenen.

(1) Die *Work Architecture* beschreibt die Verteilung der Arbeit auf die Standorte, die Kommunikation und Koordinierung zwischen den Standorten und die Haupttätigkeitsfelder einer Unternehmung.
(2) Die *Functional Architecture* bestimmt, definiert und organisiert die geschäftlichen Funktionen, Prozesse und Aktivitäten zur Erfassung, Bearbeitung und Verwaltung von Informationen, welche die Tätigkeiten der Unternehmung unterstützen. Weiterhin definiert diese Architekturebene die logischen Abhängigkeiten und Zusammenhänge der Unternehmensfunktionen.
(3) Die *Information Architecture* bestimmt, definiert und organisiert alle benötigten Informationen, um die geschäftlichen Tätigkeiten des Unternehmens ausführen zu können.

(4) Der *Business/Infrastructure View* legt die Hardware, Software, Telekommunikationskomponenten, Management Tools, Sicherheitsdienste und Dienste für verteilte Anwendungen fest, welche zur Unterstützung der *Functional* und *Infrastructure Architecture* erforderlich sind.

Eine Unternehmung beinhaltet mehrere Geschäftstätigkeiten. Die *Work, Functional* und *Information Architecture Views* vereinen Modelle für die Organisation dieser Geschäftstätigkeiten. Hierauf stützt sich die Architektur des Unternehmens, während vom Business View die wesentlichen Geschäftsprozesse und Geschäftsprozeduren vorgegeben werden. [THOMAS et al. 2000 S. 9]

4.1.31 TOGAF – The Open Group Architecture Framework

We gratefully acknowledge The Open Group for permission to reproduce diagrams from its copyrighted TOGAF(tm) Version 9. TOGAF is a trademark of The Open Group.

Ein werkzeugunabhängiges Rahmenwerk, um technische Architekturen zu entwickeln. [MASAK 2005 S.20] Neben dem Vorgehens-Referenzmodell TOGAF ADM als Schwerpunkt des Konzeptes ist auch das TOGAF TRM als Architektur-Referenzmodell klar mit der Prämisse Umsetzung und Methodik zu verstehen, weniger als konzeptuelle Darstellung einer Architektur.

[THE OPEN GROUP 2009] ►

Entwickler: TOGAF wurde von Mitgliedern des *The Open Group Architecture Forums* entwickelt. Dieses Forum ist ein IT-Konsortium, das aus Endanwendern, Dienstleistern, Beratungsunternehmen, Bildungsträgern und anderen besteht. Die Mitglieder des Konsortiums kommen zu 50 % aus Nordamerika, zu 25 % aus Europa und zu 25 % aus dem asiatisch-pazifischen Raum.

Historie: 1996 schlossen sich *Open Software Foundation* und *X/Open* zur *Open Group* zusammen. Oberste Prämisse der Open Group ist die Neuentwicklung von Standards – insbesondere für UNIX-Betriebssysteme.

X/Open gründete sich 1984 durch Bull, ICL, Siemens, Olivetti und Nixdorf, später traten Philips und Ericsson bei. Bis 1990 wuchs die Mitgliederanzahl auf 21. X/Open brachte in Open Group unter anderem die Rechte für den Markennamen Unix mit ein.

Open Software Foundation wurde 1988 als Softwarekonsortium von Bull, HP, IBM, DEC und Philips gegründet.

Die erste TOGAF-Version wurde 1995 entwickelt und basierte auf dem *Technical Architecture Framework for Information Management* (*TAFIM*). Der Auftraggeber und damit die initialisierende Kraft hinsichtlich Finanzierung und Anwendung war damals das US-Verteidigungsministerium. Die Anforderung, TAFIM als Basis zu nutzen, resultierte daraus, dass die US-Regierung TAFIM bereits in der Vergangenheit mit einem Millionenetat entwickelte. [VAN HAREN 2007 S. 3]

Versionsverlauf: Im Dezember 1995 wurde TOGAF Version 1 veröffentlicht. Bis 2002 folgte jährlich eine neue Version, Dezember 2002 die TOGAF Version 8 und Dezember 2003 die Version 8.1. Im Februar 2009 wurde die TOGAF Version 9 veröffentlicht.

Vererbung: TOGAF ist die Basis für das SAP Enterprise Architecture Framework. Das CLEAR Framework bediente sich der TOGAF ADM.

Das TOGAF TRM und die ADM stammen vom TAFIM 2.0 (Technical Architecture Framework for Information Management) und deren Methodik ab. [VAN HAREN S. 477]

Literatur: Die originale Konzeptbeschreibung ist in Buchform verfügbar.

Der **Marktanteil** beträgt nach [FEURER 2007 S. 6] 33 % und nach [SCHEKKERMAN 2005 S. 28] 11 %.

Die **Art** des Rahmenwerkes ist operationell.

TOGAF **orientiert** sich auf Gesamtarchitekturen – im Detail auf Geschäftsprozessarchitekturen, technische Architekturen sowie auf Daten- und Anwendungsarchitekturen [VAN HAREN 2007 S. 11]

Verfügbarkeit: Das Konzept steht nach Registrierung als Download (www.opengroup.org) in PDF- oder als HTML-Format zur Verfügung.

Anschaffungskosten: Das Konzept steht gemäß den Nutzungsbedingungen für 90 Tage zum Test zur Verfügung. Danach ist die Nutzung nur für den nichtkommerziellen Einsatz frei. Ansonsten existieren bestimmte Lizenz- und Nutzungsbestimmungen.

Dokumentationsumfang: [THE OPEN GROUP 2009] umfasst 787 Buchseiten.

Unterstützende Tools: Avolution ABACUS, Casewise mit Corporate Modeler, Flashmap Systems IT atlas, Future Tech Systems Inc. Envision® VIP, IDS Scheer mit ARIS IT Architect, Inspired Archi, MEGA International MEGA EA Accelerator for TOGAF, Metastorm mit ProVisionEA, Salamander MOOD, Telelogic mit System Architect, Troux mit Metaverse.

Support: Eine Vielzahl von kommerziellen, teilweise zertifizierten TOGAF-Dienstleistern und TOGAF-Beratungsunternehmen bieten Support an.

METAMODELL

Das TOGAF-Dokument untergliedert sich in sieben Hauptteile. Darunter die Hauptkomponente *Architecture Development Method* (*ADM*) sowie das *Enterprise Continuum* (*EC*).

(1) Architecture Development Method (ADM)

Als Kernkomponente definiert die ADM eine empfohlene Folge von neun Phasen für die Architekturentwicklung. Dieser Prozess ist zyklisch. Seitens des Architekten muss individuell zur Organisation in jedem Schritt und bei jeder Wiederholung neu entschieden werden über (a) die zu definierende Breite, (b) den Level-of-Detail,

(c) das Ausmaß des Zeithorizonts, (d) die Auswirkungen auf andere Zeitfenster sowie (e) das architektonische Material.

Jede Phase wird ausführlich anhand ihrer beabsichtigten *Ziele*, des *Ansatzes* der Phase, ihres *Inputs* als Grundlagen, der *Schritte* zur Durchführung der Phase und der *Outputs/Ergebnisse* beschrieben.

Das ***Requirements Management*** der ADM stellt eine dynamische Menge an unternehmensspezifischen Bedingungen dar und begleitet so den Entwicklungsprozess.

Preliminary phase: In dieser Phase werden die Vorbereitungen und initiierenden Aktivitäten beschrieben, welche bei der Ausrichtung des Unternehmens auf die neue Unternehmensarchitektur erforderlich sind. Dies beinhaltet auch die Definition von Entwicklungsprinzipien sowie eines spezifischen Architekturrahmenwerks für die betreffende Organisation. Dieses Rahmenwerk stellt in der Regel eine Anpassung der ADM an die Organisationsspezifika dar. Die darin definierten Methoden sind bei der Entwicklungsarbeit zu verwenden. So werden Architektur-Grundsätze festgelegt, welche über die Einschränkungen bei der Arbeit informieren. Weitere Ziele dieser Phase sind:

- Überarbeitung des Kontexts (Zusammenhänge und Umstände) für die Schaffung der Unternehmensarchitektur.
- Sicherstellen, dass jeder integriert wird, der einbezogen werden möchte oder einen Vorteil darin sieht und so zum Erfolg des architektonischen Prozesses beiträgt.
- Den *Architecture Footprint* definieren, welcher die Mitwirkenden hinsichtlich ihrer Arbeit und Verantwortung benennt.
- Definition des Spielraumes und der Annahmen.
- Start der EA-Entwicklungsarbeit und ihre Beobachtung.

Letzteres ist normalerweise mit einem Versuchsprojekt verbunden, um die Kondition und den Zweck des für sich definierten Rahmenwerks zu bestätigen. Nötigenfalls ist eine Reihe von Kriterien zu definieren, um zu verwendende Architektur-Werkzeuge zu bewerten.

Phase A – Architecture Vision: Als einleitende Phase der ADM informiert sie über den zu definierenden Umfang, erkannte Stakeholder, die Architekturvision und die erhaltene Projektzustimmung. Folgende Schritte und damit Ziele sind mit dieser Phase verbunden: Etablieren des Projektes und Identifizieren der Schlüsselpersonen mit ihren Zielvorstellungen sowie Projektbedenken, der Unternehmensziele und der Anforderungen an das Architekturprojekt seitens des Unternehmens. Es sind Bedingungen zu definieren, die für das Projekt relevant sind (der zeitliche Rahmen, Termine, verfügbare Ressourcen) bzw. die für das Unternehmen an sich gelten. Darüber hinaus erfolgt eine Bewertung der *Business Capabilities* – Funktionen des Unternehmens auf Makroebene wie Buchhaltung, Personalabteilung usw. Dabei werden jene Funktionsbereiche festgehalten, die zur Erfüllung der Geschäftsziele erforderlich sind. Weiterhin erfolgt in dieser Phase eine Bewertung, inwieweit das Unternehmen für die geplanten Veränderungen bereit ist. Diese Bewertung erfolgt

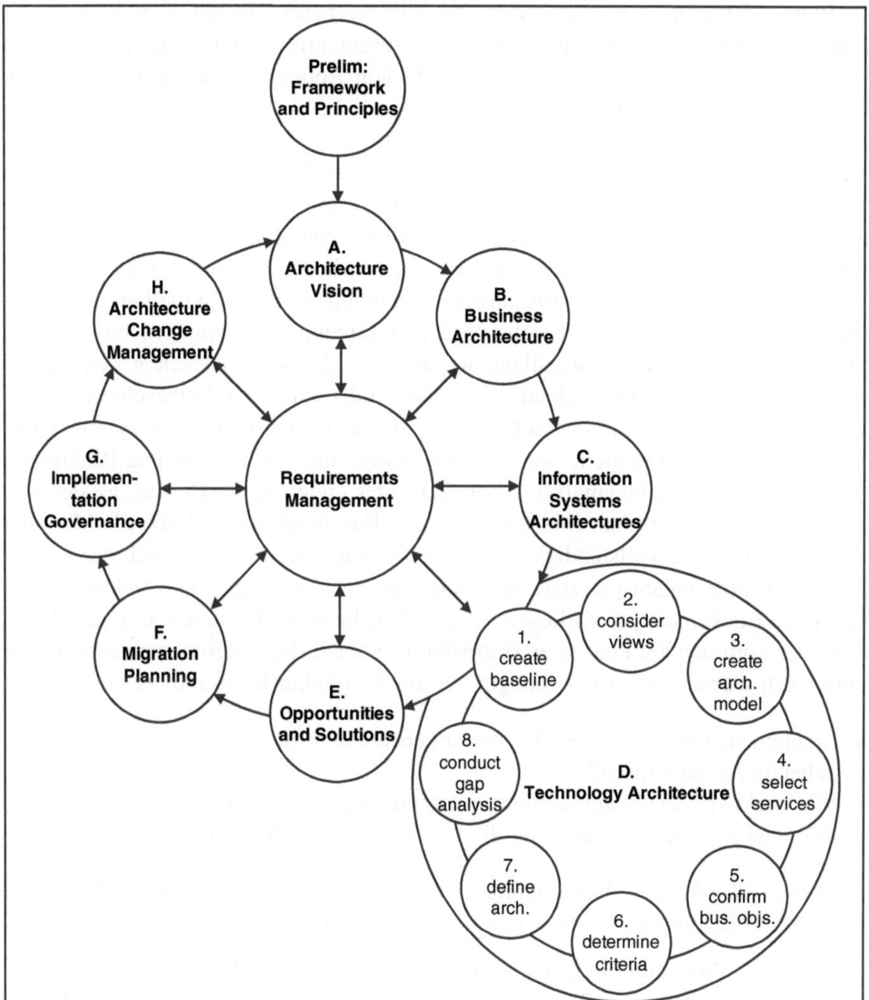

Abb. 4.33 ADM von TOGAF Version 8 in erweiterter Darstellung [Angepasst aus VAN HAREN 2007 S. 21; © The Open Group]

anhand von Bewertungsfaktoren. Der Faktor *IT Capacity to Execute* beschreibt die Fähigkeit der IT-Abteilung, die fürs Projekt erforderlichen Aktivitäten zu realisieren (vorhandene Tools, Kenntnisse, Management usw.). Es wird der Umfang der Aktivitäten für die Architekturentwicklung festgelegt (finanzielle, personelle Beschränkungen, Zielsetzungen und Bedenken, Level-of-Detail, traditionelle Beschränkungen wie die obligatorische Zusammenarbeit mit bestimmten Zulieferern, Kunden und Partnern). Die Architektur-Grundsätze aus der *Preliminary phase* werden überarbeitet. Mit jeder neuen Geschäftsausrichtung sind Risiken verbunden. Diese und mögliche Milderungsaktivitäten sind zu benennen.

Phase B Business Architecture: Diese Phase beschreibt die Entwicklung der Unternehmensarchitektur entsprechend der vereinbarten Architekturvision. Damit sind folgende Schritte verbunden: Auswahl von Referenzmodellen und Mustern, von zu berücksichtigenden Sichtweisen (bspw. die Architekturbeschreibung aus Sicht des Managements, der Finanzen usw.) sowie von Tools und Techniken. Letztere dienen passend zur jeweiligen Sichtweise der Erfassung, Modellierung und Analyse. Dienlich sind hierfür bspw. Aktivitäts- und Use Case Diagramme, aber auch die Strukturanalyse, um Geschäftsfunktionen innerhalb des definierten Architekturumfangs zu identifizieren und den entsprechenden Unternehmensbereichen zuzuordnen. Es wird eine Ausgangsbeschreibung von der aktuellen Unternehmensarchitektur entwickelt, welche der Unterstützung der Zielunternehmensarchitektur dient. Auf dieser Grundlage werden die „Lücken" zwischen den beiden Architekturbeschreibungen identifiziert. Gleichfalls wird eine Zielbeschreibung der Unternehmensarchitektur entwickelt, um so die Architekturvision zu unterstützen. Die Architekturmodelle werden hinsichtlich ihrer Konsistenz und Richtigkeit überprüft. Diese Lückenanalyse beinhaltet unter anderem die Bewertung der Unterstützung der Prinzipien, Zielstellungen und Beschränkungen durch die Modelle. Weiterhin wird die Vollständigkeit der Architekturmodelle hinsichtlich der formulierten Anforderungen getestet. Nachdem nun die Ausgangs- und Zielarchitektur sowie die Lückenanalyse vorliegen, ist eine Roadmap zu definieren, um die Aktivitäten der kommenden Phasen zu priorisieren. Sobald die Unternehmensarchitektur entwickelt wurde, sind Auswirkungen für die Architekturlandschaft zu bestimmen:

- Ergeben sich durch die neue Unternehmensarchitektur Auswirkungen für vorhergehende Architekturen?
- Wie wirkt sich die Unternehmensarchitektur auf andere Projekte aus?
- Wie wirken andere Projekte auf die Unternehmensarchitektur?

Stakeholder-Review durchführen: Überprüfung der ursprünglichen Motivation für das Architekturprojekt sowie des Berichts der Architekturarbeit.

Phase C – Information Systems Architectures: Ziel der Phase C ist die Entwicklung einer Architektur, welche das Daten- und/oder Anwendungssystem abbildet. Diese so zu entwickelnde IS-Architektur konzentriert sich auf die Identifizierung und Definition der Anwendungen und Daten, welche die Unternehmensarchitektur unterstützen. Dies erfolgt bspw. durch die Definition von Sichten bzgl. Informationen, Wissen und Diensten. TOGAF beschreibt die Entwicklung einer IS-Architektur durch die Entwicklung einer Daten- und Anwendungsarchitektur. Entsprechend der Architekturart sind unterschiedliche Entwicklungsschritte angegeben. *Datenarchitektur:* Auswahl von Referenzmodellen, Mustern, Sichtweisen (bspw. nach den Stakeholdern der Daten wie Nutzer, Rechnungsprüfer, Generatoren, nach zeitlichen Dimensionen wie Echtzeit, wiederkehrende Reports, gesteuert durch Ereignisse, nach Standorten oder auch nach Geschäftsprozessen) und Tools sowie Techniken, welche zur Datenerfassung, -modellierung und -analyse verwendet werden. Abhängig von der zu unterstützenden Sichtweise können hierfür Tabellen, Formulare usw. dienen. Wie bei jeder Architekturentwicklung wird auch bei der Entwicklung einer Datenarchitektur eine Ausgangsarchitektur als Abbild der existierenden Strukturen geschaffen, was bei der Entwicklung der Zielarchitektur dienlich ist. Zur Unterstützung der Architekturvision wird eine Zielbeschreibung für die Datenarchitektur definiert. Bei der Lückenanalyse werden die Architekturmodelle hinsichtlich ihrer Konsistenz und Richtigkeit überprüft. Es werden Lücken aufgezeigt, welche zwischen der Ausgangs- und Zielarchitektur existieren. Die Aktivitäten, um die Lücken zu schließen, werden anschließend priorisiert. Sobald die Datenarchitektur entwickelt wurde, sind Auswirkungen für die Architekturlandschaft zu bestimmen:

- Ergeben sich durch die neue Datenarchitektur Auswirkungen für vorhergehende Architekturen?
- Wie wirkt sich die Datenarchitektur auf andere Projekte aus?
- Wie wirken andere Projekte auf die Datenarchitektur?

Nach Klärung dieser Fragen erfolgen der Stakeholder-Review sowie die Vervollständigung und damit der Abschluss der Architekturbeschreibung. Die Entwicklung der *Anwendungsarchitektur* erfolgt analog.

Phase D – Technology Architecture: Bei der Entwicklung der Anwendungsarchitektur wurden Anwendungskomponenten definiert. Diese werden nun auf eine Menge von Technologiekomponenten abgebildet. Die Technologiekomponenten werden durch Hard- und Softwarelösungen repräsentiert. Die Technologiearchitektur definiert die physische Realisierung einer Architekturlösung. Die Schritte zur Entwicklung einer Technologiearchitektur sind analog zu den voran beschriebenen Entwicklungsschritten.

Phase E – Opportunities & Solutions: Die vorangegangenen Phasen dienten der Beschreibung einer Zielarchitektur. Diese Phase dient der Identifizierung von Umsetzungsmöglichkeiten. Ziele und damit Schritte dieser Phase sind:

- Entscheiden, wie die Unternehmensarchitektur so umgesetzt werden kann, dass es für die Unternehmenskultur von Vorteil ist.
- Bedingungen für die Umsetzung festlegen (bspw. die Reihenfolge der Aktivitäten).
- Review und Bewertung der Ergebnisse der Lückenanalysen aus den Phasen B (Unternehmens-), C (IS-) und D (Technologie-Architektur) hinsichtlich von Lösungsmöglichkeiten.

Um die Umsetzung der Zielarchitektur effizient zu gestalten, werden Arbeitsaufträge definiert. Diese lösen die definierten funktionellen Anforderungen, die wiederum Anforderungen an die IT darstellen. Beim Review der Anforderungen an die IT aus der genannten funktionellen Sicht werden Arbeitsaufträge geschrieben. Ziel dieser Konsolidierungsarbeit ist die Minimierung von Projekten und damit des Managements, der Verwaltung und Koordination. Die in den vorhergehenden Phasen identifizierten Interoperabilitätsanforderungen werden hinsichtlich potenzieller Lösungen konsolidiert und zusammengeführt. Dadurch werden Interoperabilitätskonflikte ausgeschlossen. Die einleitend genannten Abhängigkeiten werden hinsichtlich der Beschränkungen auf die Umsetzungs- und Migrationspläne bewertet. Durch die Abhängigkeiten ergeben sich Auflagen. So kann die professionelle Schulung der IT-Abteilung sowie die Definition von Richtlinien zur Entwicklung und Nutzung der IT-Ressourcen eine Folge der Business Dependencies-Betrachtung sein. Andere Abhängigkeiten sind bspw. durch die betrieblichen Prozesse (Workflow Dependencies) und die IT im Unternehmen (IT Dependencies) gegeben. Diese sind ebenfalls zu bewerten. Innerhalb dieser Phase erfolgt weiterhin die Bestätigung der Bereitschaft, die Änderungen und Risiken der Unternehmensneuausrichtung zu tragen. Es wird eine allgemeine Implementierungsstrategie (Parallelbetrieb, Neubeginn usw.) definiert. Entsprechend der Vorarbeit (Lückenanalyse, Lösungsmöglichkeiten, Abhängigkeiten, Strategiedefinition) können Arbeitspakete gebildet werden. Wenn es der Arbeitsumfang erfordert, sind auf dem Weg der Zielarchitektur mehrere Überführungsarchitekturen anzuführen.

Phase F – Migration Planning: In dieser Phase werden die Implementierungs- und Migrationspläne benannt, welche der Realisierung der Überführungsarchitekturen dienen. Der Implementierungs- und Migrationsplan ist mit den vier existierenden *Management Frameworks* zu koordinieren:

- *Business Planning* benennt Ressourcen, welche die Aktivitäten zur Erfüllung konkreter Geschäftsabsichten ermöglichen.
- Die Unternehmensarchitektur strukturiert die Unternehmensaktivitäten.
- Das *Portfolio/Project Management* bildet und koordinier das Geschäftssystem.
- Das *Operations Management* ist für die Integration, den Betrieb und die Wartungen zuständig ist.

Um eine Priorisierung der Arbeitspakete und Projekte anzuführen, erfolgen Bemessung und Bewertung der Projekte und einzelnen Projektstufen. Hierfür werden verschiedene Parameter genutzt. Es werden bspw. kritische Erfolgsfaktoren und Kriterien für Return on Investment definiert. Den einzelnen Projekten werden die notwendigen Ressourcen und entsprechenden Projektzeiten zugeordnet. Eine Kostenabschätzung für die Projekte wird eingeleitet. Dies beinhaltet die Entscheidung über Kosten für die Zielerreichung, den Betrieb, die Wartung usw. Explizit sind dies Kosten für die Softwareanschaffung sowie für zukünftige Updates, für Personal und für die Schaffung der Infrastruktur (Büromiete, möbel usw.). Zuliefer-Konditionen für externe Leistungen sind zu berücksichtigen. Auf Grundlage der durchgeführten Bemessung und Bewertung inklusive der Risikobewertung der Projekte und Projektstufen und der Kosten-/Nutzen-Zuordnung werden die Migrationsprojekte priorisiert. Eine Roadmap für die Umsetzung und der Migrationsplan werden aufgestellt.

Phase G – Implementation Governance: In dieser Phase werden Empfehlungen separat für jedes Implementierungsprojekt und jede Projektaufstellung formuliert.

- Benennung von Entwicklungsmethoden, Dokumentation des Projektumfangs, strategischer Anforderungen, des Änderungsbedarfs (bspw. Unterstützung einer Standardschnittstelle), der Konformitätsbestimmungen und der zeitlichen Anforderungen.

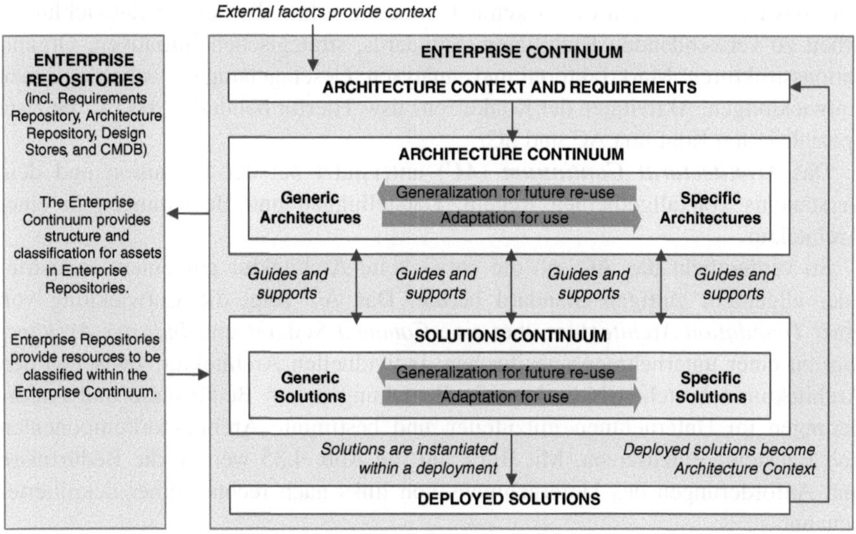

Abb. 4.34 Enterprise Continuum [THE OPEN GROUP 2009 S. 532] © The Open Group

- Unterzeichnung des Vertrages zur Architekturentwicklung.
- Aufstellen des Implementierungsplans.

Durchführung der Implementierungsarbeit: Dienste der IT- und Geschäftsebene dienen der Implementierung. Kenntnisse sammeln. Trainings durchführen. Kontinuierliches Review zur Einhaltung der Implementierungsregeln und Architekturvorgaben. Kommunikation der Dokumentation. Durchführen von Reviews nach der Entwicklungsarbeit. Abschluss von Projekten.

Phase H – Architecture Change Management: In dieser Phase werden Tools und Techniken zur Überwachung installiert. So können Technologie- oder auch Geschäftsänderungen und deren Auswirkungen auf die Architektur erkannt werden. Der Wert einzelner Bereiche für die Geschäftsausrichtung wird kontinuierlich verfolgt. Risiken für die Unternehmensarchitektur werden gemanagt und Empfehlungen hinsichtlich der IT-Strategie formuliert. Analyse des Änderungsmanagements und Entwicklung von Anforderungen an dieses Management. Durchführen von Meetings und Implementierung der Änderungen.

(2) Enterprise Continuum (EC)

Dies ist ein Rahmenwerk innerhalb des TOGAF Rahmenwerkes. Es beinhaltet eine Sammlung von Architekturbeschreibungen, Referenzmodellen und Mustern zur Wiederverwendung.

Es besteht aus drei Kontinua: *Enterprise Continuum (EC), Architectural Continuum (AC)* und *Solutions Continuum (SC)*. Als äußerstes Kontinuum dient das EC nicht der Beschreibung oder Spezifikation von Lösungsansätzen, sondern vielmehr der Klassifikation von Lösungen. Während der Architekturentwicklungsarbeit wird das EC somit nicht direkt genutzt, sondern ordnet die bei der Entwicklungsarbeit zu verwendenden Richtlinien, Standards, strategischen Initiativen, Organisationsstrukturen, Marktfaktoren und -analysen, Gesetzgebungen, technologischen Entwicklungen, Aktivitäten der Konkurrenz usw. Hierfür beinhaltet das EC die zwei spezialisierten Kontinua AC und SC.

Das ***Architectural Continuum*** (*AC*) unterstützt bei der Definition und dem Verständnis von allgemeinen Regeln, Darstellungen und Beziehungen in einer Architektur.

So verdeutlicht das AC, ob die entwickelte Architektur auf einem Industrie- oder allgemein gültigen Standard beruht. Das AC zeigt die Entwicklung von einer *Foundation Architecture* über eine *Common Systems* und *Industry Architecture* zu einer unternehmensspezifischen, individuellen Architektur. Zwischen den Architekturen bestehen bidirektionale Beziehungen, um Bedürfnisse und Anforderungen im Unternehmen mitzuteilen und bestimmte Architekturkomponenten und Bausteine einzusetzen. Mit Blick auf die Abb. 4.35 werden die Bedürfnisse und Anforderungen des Unternehmens von links nach rechts immer detaillierter benannt.

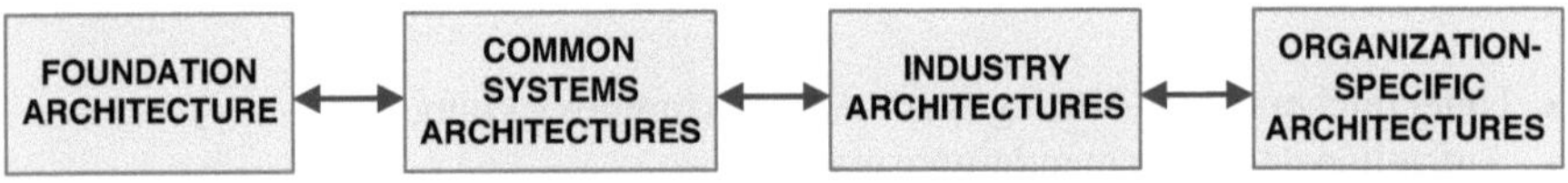

Abb. 4.35 Architecture Continuum [THE OPEN GROUP 2009 S. 534] © The Open Group

- *Foundation Architectures* sind grundlegende Architekturen als Basis für speziellere Architekturen. Sie beinhalten wiederum: *Technical Reference Model* (*TRM*) und *Standards Information Base* (*SIB*).
  - *TRM* besteht aus *Taxonomie* (Klassifizierungslehre) und *TRM Grafik* (visuelle Darstellung). Es verweist auf eine dreistufige Anwendungsintegration mit Schnittstellendefinition zwischen den drei Ebenen *Application-*, *Application Platform-* und *Communication Infrastructure*. Dies gewährleistet Anwendungsportabilität und Interoperabilität. Die Ebenen selbst stellen verschiedene Dienste zur Verfügung.
  - Die *SIB* stellt eine Sammlung von Fakten und Anleitungen über Informationssystemstandards dar.
- *Common Systems Architectures* bilden die Basis für den Bau gängiger Lösungen: Sicherheits-, Management-, Netzwerkarchitektur. Sie stellen eine Anleitung zur Auswahl und Integration spezieller Dienste der *Foundation Architectures* dar. Für einen allgemeinen Problembereich werden die für das Unternehmen spezifischen Anforderungen genannt und als Systembausteine (*building blocks*) definiert. Für die Implementierung der Bausteine werden Geschäfts-, Daten-, Anwendungs- und Technologiestandards angeführt. Dies fördert die Wiederverwendung und reduziert Kosten.

- *Industry Architectures* dienen der Integration der zuvor definierten Bausteine (*common systems components*) in gängige Industrielösungen. Dabei erfolgt die Wiedergabe von Anforderungen und Standards für den betreffenden Industriezweig. Es werden für diesen Bereich spezifische logische Daten- und Prozessmodelle sowie Geschäftsregeln definiert.
- *Organization-Specific Architectures* bilden die Anforderungen des Unternehmens ab. Dieser Architekturtyp beschreibt eine auf die Organisation angepasste Lösung, beinhaltet spezifische Geschäftsmodelle und benennt Daten, Anwendungen und Technologien. Die Implementierung einer auf die Geschäftsanforderungen ausgerichteten Lösung ist möglich. Diese Architekturen liefern Kriterien zur Bemessung und Auswahl von Produkten, Lösungen und Diensten.

Das ***Solution Continuum*** (***SC***) des EC dient der Spezifikation und Konstruktion der Architekturen aus dem *Architecture Continuum*. Die bidirektionale Beziehung zwischen den Solutions wird verwendet, um Bedürfnisse und Anforderungen im Unternehmen mitzuteilen und bisherige Lösungen für Folgelösungen bereitzustellen. Die *Foundation Solutions* bilden die Grundlage für die *Common Systems Solutions*. Dies setzt sich fort, sodass die *Industry Solutions* für die Erzeugung der *Organization-Specific Solutions* verwendet werden.

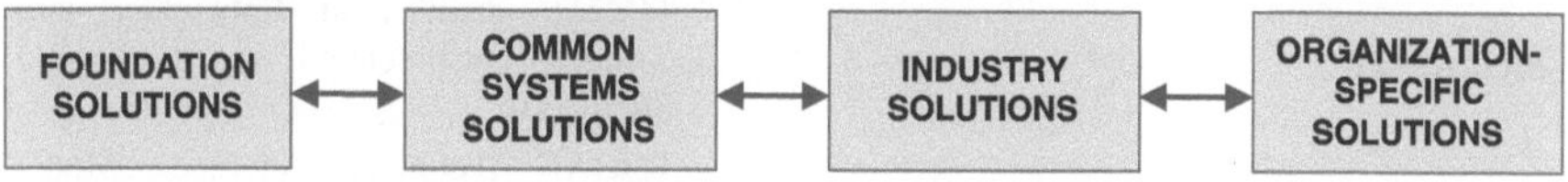

Abb. 4.36 Solutions Continuum [THE OPEN GROUP 2009 S. 537] © The Open Group

- *Foundation Solutions* beinhalten allgemeine Konzepte wie ITIL, Tools, Produktlösungen, Dienste wie Trainings, Beratungsleistungen usw.
- *Common Systems Solutions* stellen eine Implementierung einer *Common Systems Architecture* auf Grundlage von zertifizierten oder markengeschützten Produkten und Diensten dar. Eine derartige Lösung kann bspw. die Inanspruchnahme des Software-Distributions-Modells *Software as a Service* (*SaaS*) sein.
- *Industry Solutions* stellen eine Implementierung einer *Industry Architecture* dar. Dies erfolgt auf Grundlage von Produkten und Diensten, welche für diesen Industriezweig spezifisch oder verwendbar sind.
- *Organization-Specific Solutions* stellen die Implementierung einer *Organization-Specific Architecture* dar. Dadurch werden erforderliche Geschäftsfunktionen bereitgestellt.

	JA	NEIN	BEMERKUNGEN
Stakeholder-Berücksichtigung	•		Bereits in der Einführungsphase wird auf die Gunst aller Beteiligten als Erfolgsgarant hingewiesen. [VAN HAREN 2007 S. 34]
Zertifizierungen	•		Bzgl. TOGAF ist fast alles zertifizierbar. Dementsprechend undurchsichtig der erstmalige Blick auf das Zertifizierungsprogramm von The Open Group: angefangen bei einer normalen Produktzertifizierung, der Zertifizierung zum Certified IT Architect oder Certified IT Spezialist, zertifizierten TOGAF-Schulungen, bis hin zum Certified TOGAF Practitioner.
Abb. der Geschäftsprozesse	•		
Berücksichtigung von Entitäten	•		
KOMPLEXITÄTSREDUZIERUNG			
Sichtweisen	1		TOGAF dient dem Entwickler und definiert entsprechend nur diese eine Sichtweise.
Ebenentrennung	•		TOGAF Technical Reference Model (TRM) unterscheidet drei Ebenen: Application-, Application Platform- und Communication Infrastructure-Ebene. Mit Blick auf die TOGAF ADM werden Business Vision als kontextuelle Ebene, die Business Architecture, Information Systems Architectures und Technology Architecture unterschieden.
Ebenenbeziehungen	•		
BRÜCKSICHTIGUNG VON ANWENDUNGSSYSTEMEN			
rechnerbasierte	•		
konventionelle	•		
Kommunikationsbeziehung zw. Anwendungssystemen	•		

BRÜCKSICHTIGUNG VON PHYSISCHEN IS-KOMPONENTEN			
rechnerbasierte		•	TOGAF konzentriert sich auf die logische Ebene und damit auf die Anwendungsebene zwecks Anwendungsportabilität und Interoperabilität.
konventionelle		•	
Mensch als IS-Komponente		•	

4.1.32 VERAM – Virtual Enterprise Reference A. and M.

VERAM offeriert zur Entwicklung einer VE-Architektur ein Architektur-Referenzmodell. Mit Blick auf die Verknüpfung der einzelnen Organisationen mit ihren organisationsspezifischen Architekturen über einen zentralen VE Server werden die zu berücksichtigenden Aspekte (Komponenten) benannt. Voraussetzung für die Kommunikation sind Anwendungsschnittstellen, welche entsprechend den Nutzeranforderungen durch das angeführte Vorgehens-Referenzmodell modelliert und damit entwickelt werden.

VERAM-Konzeptbeschreibung in [KAZI et al. 2001] ►

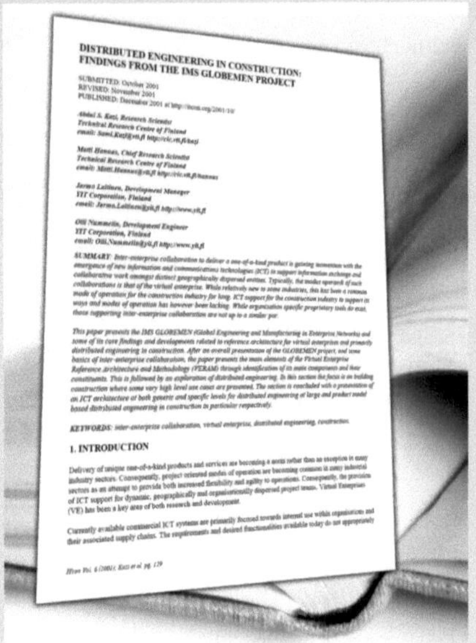
DISTRIBUTED ENGINEERING IN CONSTRUCTION: FINDINGS FROM THE IMS GLOBEMEN PROJECT

1. INTRODUCTION

VERAM ist die Abkürzung für *Virtual Enterprise Reference Architecture and Methodology.*

Entwickler: Das IMS GLOBEMEN-Projekt wurde vom GLOBEMEN-Konsortium (*Global Engineering and Manufacturing in Enterprise Networks*) realisiert. Das Konsortium setzt sich u. a. aus Vertretern der Industrie, des Bildungswesens und aus Systemanbietern zusammen.

Historie: Mit Blick auf die besonderen Anforderungen von virtuellen Unternehmen an eine Architektur bestand das Hauptziel des IMS GLOBEMEN-Projektes in der Bereitstellung einer gemeinsamen, unterstützenden IT-Infrastruktur. Es soll weltweit verteilten Unternehmen ermöglicht werden, an einem gemeinsamen Projekt auf Grundlage dieser gemeinsamen IT-Infrastruktur zu arbeiten. Mit Konzentration auf ausgewählte Geschäftsprozesse des virtuellen Unternehmens wie bspw. Verkauf und Service wurde die unterstützende Informations- und Kommunikationstechnik analysiert. Im Ergebnis des Projektes können u. a. Industrieanforderungen an *Virtual Manufacturing Enterprises*[17] und ein Architektur-Referenzmodell für das virtuelle Unternehmen angeführt werden. [KAZI et al. 2001 S. 129]

[17] Virtual Manufacturing Enterprises sind temporäre Zusammenschlüsse von ursprünglich eigenständigen Unternehmen, die ihre jeweiligen Kompetenzen in eine gemeinsame Produktion einbringen. Entsprechend ist der Blick derartiger virtueller Unternehmen auf Aspekte der Produktion und Herstellung wie Verkauf und Service, Management des Lieferprozesses oder Produkt- bzw. Prozessentwicklung gerichtet.

Versionsverlauf: Die Dauer des GLOBEMEN-Projektes betrug drei Jahre – von Januar 2000 bis Januar 2003. Während dieser Zeit wurden die Projektergebnisse veröffentlicht.

Vererbung: VERAM führt eine Entwicklungsmethode an, mit der Schnittstellen von Anwendungen zu entwickeln sind, um so die Interaktion zwischen Anwendungen zu ermöglichen. Diese VERAM *Modelling Methodology* stützt sich auf das Rahmenwerk GERAM. [KAZI et al. 2001 S. 141]

Die **Art** des Rahmenwerkes ist übergreifend.

VERAM **orientiert** sich insbesondere auf die technische Architektur eines virtuellen Unternehmens.

Verfügbarkeit: Die einzelnen Kapitel des GLOBEMEN Book und damit die Projektergebnisse stehen auf der Projektwebsite unter http://cic.vtt.fi/projects/globemen/public.html als PDF-Dateien kostenfrei zum Download zur Verfügung.

Tools: Diverse UML-Tools können zur Unterstützung der Modelling Methodology verwendet werden.

Support: Ein offizieller Support wird nicht angeboten. Jedoch kann Unterstützung gerade bei den Hochschulen angefragt werden, die das Projekt begleiteten.

METAMODELL

VERAM beschreibt ein Architektur-Referenzmodell, welches die Ebenen der IS-Architektur des virtuellen Unternehmens beschreibt. Wie in der Abb. 4.37

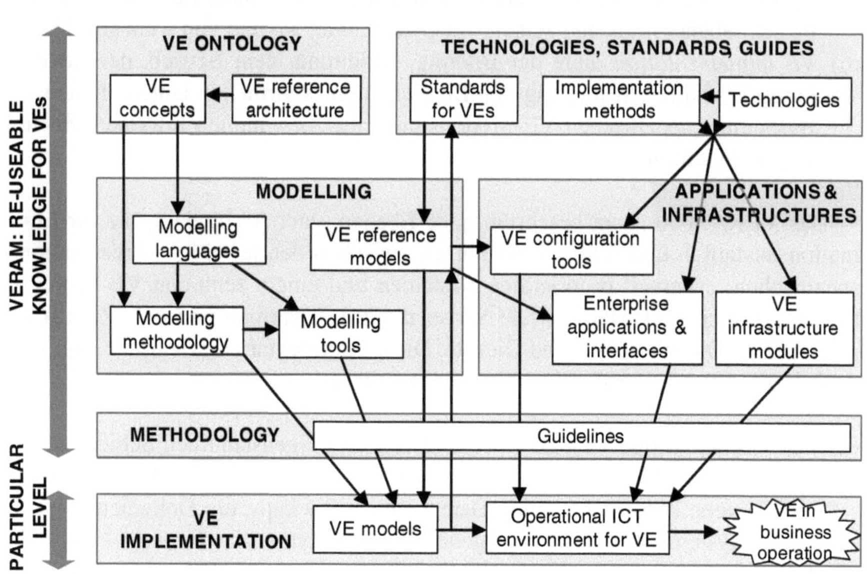

Abb. 4.37 Komponenten von VERAM im Überblick [angepasste Darstellung aus KAZI et al. 2001 S. 136]

dargestellt, setzt sich VERAM aus sechs grundlegenden VE-Komponenten zusammen: [KAZI et al. 2001 S. 136]

(1) *VE ontology* benennt die erkenntnisrelevanten Objekte einer VE-Architektur in Form von VE-Konzepten und einer VE-Referenzarchitektur. Erkenntnisrelevante Objekte können vorhandene Konzepte und Standards, Eigenschaften vor Ort, Fakten, die unabdingbare Objekte in der Architektur darstellen, Regeln und Beziehungen sein.
(2) *Technologies, standards, guides* repräsentieren Standards für VE, Implementierungsmethoden, mögliche Hilfsmittel alias Tools und Technologien. Dies sind jene Faktoren, die die Art des VE-Betriebes bestimmten.
(3) Die Komponente *Modelling* beinhaltet verschiedene Elemente zur Analyse und zum Redesign der Geschäftsprozesse des virtuellen Unternehmens. Während des VE-Architekturaufbaus und des Betriebes werden Erfahrungen gesammelt, welche die Grundlage für die Prozessoptimierung bilden. Beim Verbund von Unternehmen zu einem virtuellen Unternehmen liegt der Fokus auf der Modellierung und damit auf der Unterstützung von Interaktionen zwischen Anwendungen und zwischen Diensten.
(4) *Applications and infrastructures* repräsentieren jene Komponenten, die zur Umsetzung bzw. Unterstützung von Geschäftsprozessen erforderlich sind. Diese wurden in der Komponente *Modelling* identifiziert. Entsprechend der Definitionen von *technologies, standards, guides* erfolgt an dieser Stelle die (technologische) Realisierung der Geschäftsprozesse. Man konzentriert sich auf die Ausführung bzw. Unterstützung von VE-Aufbau und VE-Betrieb.
(5) Die Komponente *Methodology* beinhaltet für alle zuvor genannten Komponenten Richtlinien für deren Umsetzung. Diese umfassen den gesamten Projektlebenszyklus und zeigen, was, wann, wie, wo und von wem geschieht.
(6) *VE implementation* dient der Bildung, Ableitung, dem Betrieb, der Rekonfiguration und der Stilllegung von Bereichen eines virtuellen Unternehmens auf Basis eines spezifischen VE-Modells und einer bestimmten Informations- und Kommunikationstechnik.

Das VERAM-Konzept beschreibt jene Ebenen einer Architektur, die für Informationsaustausch und Informationsnutzen zwischen den jeweiligen organisationsspezifischen, eventuell proprietären Systemen und einem zentralen VE-Server zu berücksichtigen sind. Der zentrale Server dient der Wartung und dem Zugriff auf gemeinsame Datenbestände und Dienste. Diese Architektur ist, wie in der Abb. 4.38 dargestellt, durch folgende Ebenen gekennzeichnet.

(a) Die Ebenengruppe *VE-Server* besteht aus drei eigenständigen Schichten. Die untere Ebene *Storage* alias *persistence layer* beschreibt das Repository des VE-Servers. Zu diesem zählen Datenbanken, Backups, ein Dokumentenmanagementsysteme. Die darüber liegende Ebene *Service* alias *business logic layer* repräsentiert die Dienste des VE-Servers, mit denen verschiedene Aufgaben

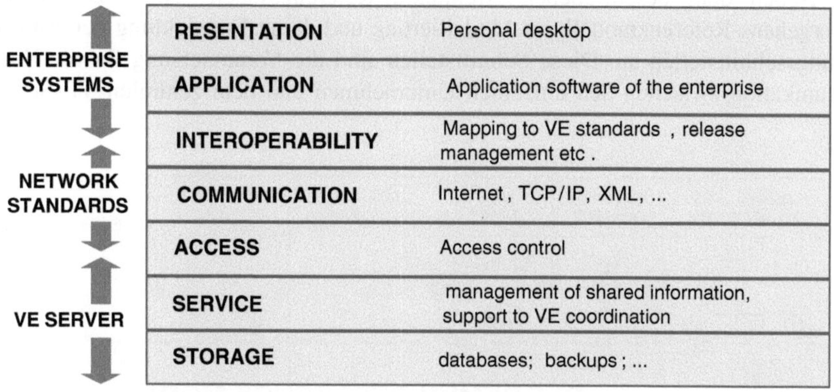

Abb. 4.38 Ebenen einer für die Zusammenarbeit in einem virtuellen Unternehmen geprägten IS-Architektur [angepasste Darstellung aus KAZI et al. 2001 S. 136]

mit den Daten realisiert werden können, zum Beispiel Kalenderdienste, Management von verteilten Informationen oder Zugriffsdienste auf Dokumente. Die Ebene *Access* alias *security layer* beschreibt die unterschiedlichen Formen und Mechanismen der Zugriffssteuerung auf den VE-Server. HTTPS oder einfache Zugriffskontrollen geschrieben in asp und jsp können für diese Ebene beispielhaft angeführt werden.

(b) Die Ebenengruppe *Network Standards* beschreibt jene Verknüpfungen und Mechanismen, um mit dem VE-Server aus einer organisationsspezifischen Anwendung heraus zu interagieren. Durch die Ebene *Communication* werden Protokolle und Methoden angeführt, über die die Kommunikation mit dem VE-Server erfolgt. Entsprechend stellt diese Ebene die Schnittstelle zwischen den organisationsspezifischen Systemen und dem VE-Server dar. Beispiele hierfür sind TCP/IP und das Internet.

(c) Die dritte Gruppe *Enterprise Systems* repräsentiert die Arbeitsumgebung und Systeme der Endnutzer mit deren organisationsspezifischen Anwendungen. Die Ebene *Application* beschreibt diese verschiedenen organisationsspezifischen Anwendungen wie bspw. ein Dokumentenmanagementsystem oder einen E-Mail-Server. Die Ebene *Presentation* beschreibt die verschiedenen Schnittstellen und Mechanismen, durch die ein Nutzer physisch mit einer Anwendung interagieren kann. So können zum Beispiel über einfache Webseiten Daten eingesehen werden. Die Ebene *Interoperability* beschreibt jene Mechanismen und Standards, durch die anwendungsspezifische Informationen nach gemeinsam vereinbarten Standards für Datenformatierungen und Informationsaustausch restrukturiert oder abgebildet werden. Da sich die Semantiken entsprechend der Anwendungen unterscheiden, ist diese Ebene zur Realisierung der Kompatibilität erforderlich.

Neben dem beschriebenen Architektur-Referenzmodell führt VERAM ein Vorgehens-Referenzmodell zur Modellierung und damit Entwicklung der Anwendungsschnittstellen an. Diese Schnittstellen sind die Voraussetzung für die Kommunikation zwischen den einzelnen Unternehmen und dem zentralen VE-Server.

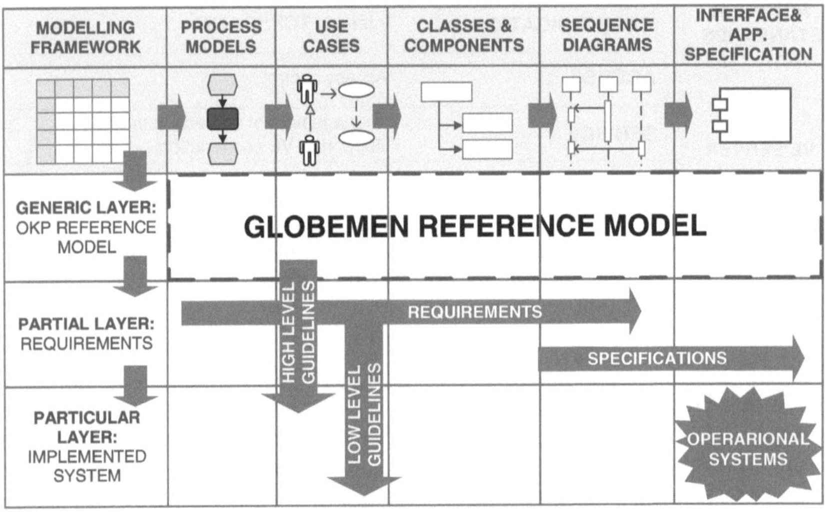

Abb. 4.39 Modelling Methodology [angepasste Darstellung aus KAZI et al. 2001 S. 141]

Ausgehend von einfachen Nutzeranforderungen dient die *Modelling Methodology* der Entwicklung von Anwendungsschnittstellen. Dieses Vorgehen beschreibt dabei verschiedene Modellierungen. Unter Berücksichtigung von drei Abstraktionsebenen werden fünf Schritte angeführt. Die Abstraktionsebenen sind dem Rahmenwerk GERAM entliehen und wie folgt definiert: Die allgemeine Ebene *Generic* beschreibt das gemeinsame Produkt als *one-of-a-kind-product* (*OKP*) *reference model*. Die spezifischere Ebene *Partial* beschreibt die Nutzeranforderungen und die Ebene *Particular* schließlich das implementierte System. Alle drei Abstraktionsebenen werden mit der *Modelling Methodology* entwickelt:

1. *Schritt:* Nutzung des GERAM Modelling Frameworks zur Definition der grundlegenden Sichtweisen (*function, information, organisation, resource modelling view*).
2. *Schritt:* Definition der Zielprozesse als Vorbereitung für die anschließenden Analysen.
3. *Schritt:* Abbildung der definierten Prozesse auf Use Cases.
4. *Schritt:* Beschreibung der Interaktionen zwischen den identifizierten Systemmodulen und den modellierten Nutzer-Sequenzdiagrammen.
5. *Schritt:* Entsprechend der Kenntnis der vorherigen Schritte werden die Schnittstellen und Anwendungen spezifiziert.

	JA	NEIN	BEMERKUNGEN
Stakeholder-Berücksichtigung		•	
Zertifizierungen		•	
Abb. der Geschäftsprozesse	•		
Berücksichtigung von Entitäten	•		
KOMPLEXITÄTSREDUZIERUNG			
Sichtweisen	4		Es werden mindestens die vier Sichtweisen *function, information, organisation* und *resource* auf das Netzwerk, die VE selbst bzw. auf das gemeinsame Produkt berücksichtigt.
Ebenentrennung	•		Es werden sieben Ebenen der IS-Architektur des virtuellen Unternehmens unterschieden.
Ebenenbeziehungen	•		
BRÜCKSICHTIGUNG VON ANWENDUNGSSYSTEMEN			
rechnerbasierte	•		
konventionelle		•	
Kommunikationsbeziehung zw. Anwendungssystemen	•		
BRÜCKSICHTIGUNG VON PHYSISCHEN IS-KOMPONENTEN			
rechnerbasierte	•		
konventionelle		•	
Mensch als IS-Komponente	•		

4.1.33 XAF – eXtreme Enterprise Architecture

XAF soll beim Verstehen von Architekturen unterstützen und den damit verbundenen Aufwand möglichst gering halten. Somit ist das XAF insbesondere fürs Reverse Engineering interessant. Im Mittelpunkt der XAF-Anwendung steht die schnelle Beantwortung von zwei Fragen anhand von 19 Architekturelementen: *„Which elements of the enterprise do I need to be aware of and understand? Which elements am I responsible for and need to manage?"* [GOUT et al. 2006 S. 16]

[GOUT et al. 2006] ►

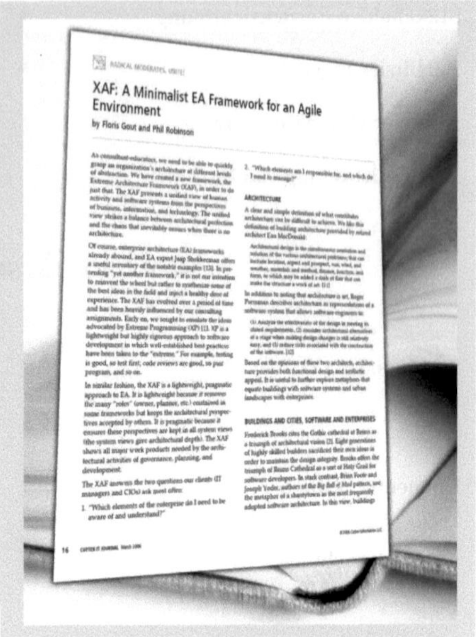

XAF: A Minimalist EA Framework for an Agile Environment

by Floris Gout and Phil Robinson

Entwickler des XAF sind Phil Robinson und Floris Gout aus Australien.

Historie: XAF soll andere Rahmenwerke wie das Zachman EA Framework nicht ersetzen, sondern die verschiedensten Architekturansätze ergänzen. Mit dem Grundgedanke *„A Minimalist EA Framework for an Agile Environment"* bieten die Entwickler ein Rahmenwerk an, dass ein schnelles Verständnis von Architekturen aus verschiedenen Perspektiven erlaubt. Um dies zu erreichen orientierte man sich am Vorgehensmodell Extreme Programming der Agilen Softwareentwicklung. [GOUT et al. 2006 S. 16]

Vererbung: Das *Office of Management and Budget* (*OMB*) berücksichtigt in ihrer Referenzarchitektur lediglich die Technologien, Daten, Anwendungen, Informationen und Aktivitäten eines Unternehmens. Keine Berücksichtigung finden beim OMB die Unternehmenskultur und Unternehmensstrategien. Dieser Einfachheit bedient sich das XAF.

Literatur: Das Konzept ist in dem Buch „Handbook of Enterprise Systems Architecture in Practice" vom Februar 2007 veröffentlicht. Aktuellere Konzeptbeschreibungen sind online abrufbar.

Die **Art** des Rahmenwerkes ist konzeptuell.

Das Rahmenwerk **orientiert** sich auf die Geschäftsprozessarchitektur.

Verfügbarkeit: Das Konzept steht in der jeweils aktuellen Version als PDF-Datei kostenfrei zum Download (www.extremearchitecture.org) zur Verfügung.

Unterstützende Tools: Die Architekturelemente können mit gängigen UML-Modellierungswerkzeugen umgesetzt werden.

Support und Schulungen werden seitens der Entwickler angeboten.

METAMODELL

Beim Zachman EA Framework sind die Spalten mit Fragewörtern (What, How, Where, Who, When, Why) überschrieben. Nach Ansicht der XAF-Entwickler kann es bei Übersetzungen zu Missverständnissen kommen. Die Spalten der XAF-Matrix beschreiben eine bestimmte Sicht. Dabei werden *Activity, Information, Software, Data* und *Technology* unterschieden.

Im Gegensatz zum Zachman EA Framework beschreibt das XAF mit den Matrix-Zeilen keine Rollen. Anstelle *von Planner, Owner, Designer, Builder* und *Subcontractor* werden Systeme (menschliche Handlungsträger, Anwendungen) angeführt. Im Gegensatz zu Rollen können Systeme besser abgegrenzt werden. Verantwortlichkeiten werden den Systemen und den Schnittstellen dazwischen zugeordnet. Letzteres trägt zur Verbesserung der Interoperabilität bei. Eine Betrachtung ausgehend von Rollen ist immer subjektiv geprägt. Die Systembetrachtung erlaubt ein Höchstmaß an Objektivität. Die Unterteilung von Systemen in Komponenten unterstützen Aspekte der Objekt- und Serviceorientierung. [ROBINSON 2008 S. 4]

In der XAF-Version von 2008 werden 19 Architekturelemente in den Zellen angeordnet. Die Beantwortung der Elemente beschreibt die Aktivitäten und Softwareanwendungen des Unternehmens.

- *Activities* beschreibt die innerhalb eines Bereichs, Unternehmens oder Prozesses umgesetzten Geschäftsaktivitäten.
- *Workflows* beschreibt den Austausch von Informationen und physischen Objekten zwischen Geschäftsaktivitäten.
- *Subject Areas* gruppiert Informationen nach allgemeinen Themen.
- *Information* identifiziert und beschreibt jene Informationen, die für eine Aktivität erforderlich sind oder während dieser entstehen.
- *Functional Areas* gruppiert Features nach allgemeinen Themen.
- *Facts* definiert Konzepte zu Ereignissen, Änderungsvorgehen, zeitliche Fenster, Verträgen, Zuständigen, Stakeholdern.
- *Features* beschreibt Use Cases und Softwareanforderungen (Schnittstellenanforderungen, funktionelle und nichtfunktionelle Anforderungen) informell.
- *Use Cases* beschreibt die Interaktion zwischen einer Anwendung und einem *Aktor.*
- *Interface Requirements* beschreibt die Schnittstelle zwischen Anwendungen bzw. zu einem Nutzer.
- *Functional Requirements* beschreibt das notwendige Verhalten einer Software.
- *Non-Functional Requirements* beschreibt qualitative Anforderungen (zum Beispiel Sicherheitsanforderungen) und Anwendungsbedingungen (zum Beispiel zur Laufzeitumgebung) an eine Software.
- *Storage Requirements* beschreibt Anforderungen an die Datenspeicherung.
- *User Interfaces* beschreibt die Nutzeroberfläche.
- *Architecture* beinhaltet verschiedene Sichten auf Softwareanwendungen.

- *Code* beinhaltet den lesbaren Quell- und ausführbaren Binärcode einer Software.
- *Schemas* beschreiben die Datenspeicherung und die Beziehungen zwischen den Datensätzen.
- *Networks* beschreibt die Verbindung von Plattformen, um Daten auszutauschen und entfernte Dienste aufzurufen.
- *Platforms* beschreibt für die Ausführung von Software notwendige Hard- und Software (inkl. Firmware, Betriebssysteme und Middleware).
- *Frameworks* beschreibt Standardkomponenten und Referenz-Softwarearchitekturen wir J2EE oder .Net. [ROBINSON et al. 2008 S. 2]

	Activity	Information	Software	Data	Technology
Sector Enterprise Process	Activities Workflow	Subject Areas Information	Functional Areas Features	Facts	Networks Platforms Frameworks
Application	Use Cases	Interface Requirements	Functional Requirements Non-Functional Requirements	Storage Requirements	
Component	User Interface		Architecture Code	Schemas	

Abb. 4.40 XAF-Matrix [ROBINSON et al. 2008 S. 1]

	JA	NEIN	BEMERKUNGEN
Stakeholder-Berücksichtigung	•		
Zertifizierungen		•	
Abb. der Geschäftsprozesse	•		
Berücksichtigung von Entitäten	•		

KOMPLEXITÄTSREDUZIERUNG		
Sichtweisen	5	
Ebenentrennung	•	
Ebenenbeziehungen	•	

BRÜCKSICHTIGUNG VON ANWENDUNGSSYSTEMEN			
rechnerbasierte	•		
konventionelle		•	
Kommunikationsbeziehung zw. Anwendungssystemen	•		

BRÜCKSICHTIGUNG VON PHYSISCHEN IS-KOMPONENTEN			
rechnerbasierte	•		
konventionelle		•	
Mensch als IS-Komponente		•	

4.1.34 Zachman EA Framework

Das *Framework for Information Systems Architecture* wird umgangssprachlich Zachman Framework genannt.

Das Zachman EA Framework bietet eine Matrix, deren Zellen mit diversen Modellen ausgefüllt werden, was im Ergebnis eine Enterprise Architecture beschreibt.

Deckblatt von [ZACHMAN 1987], **der Erstveröffentlichung des Rahmenwerkes.** ▶

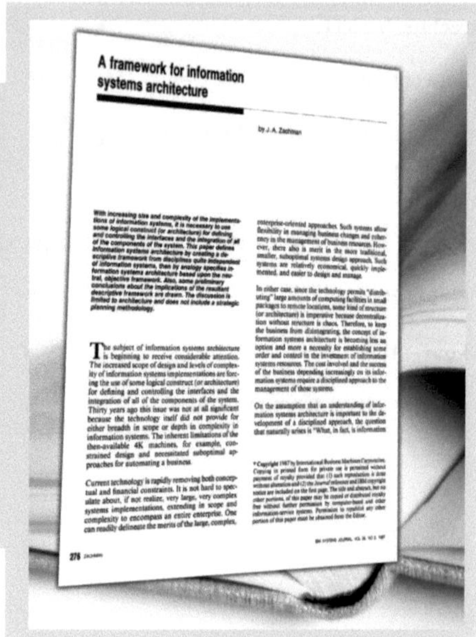

A framework for information systems architecture

by J. A. Zachman

Entwickler: Ursprünglich wurde das Rahmenwerk von John A. Zachman entwickelt. John F. Sowa war Mitverfasser des erweiterten Frameworks von 1992. Samuel B. Holcman ist Präsident des Zachman Institute for Framework (ZIFA) und vermittelt mit Zachman das Konzept.

Historie: Zachman veröffentlichte 1987 im IBM System Journal Nr. 3 seinen ausschlaggebenden Artikel *„A framework for information systems architecture"*. Obwohl Zachman sich 1991 bei IBM zurückzog und seine eigene Schulungs- und Beratungsunternehmung gründete, veröffentlichte er mit seinem IBM-Kollegen John F. Sowa im April 1992 den Artikel *„Extending and formalizing the framework for information systems architecture"*. [SOWA et al. 1992]

Versionsverlauf: In der Version von 1987 umfasste die Matrix die Spalten *Daten*, *Funktionen* und *Standorte* (*network*). [ZACHMAN 1987] Mit der Version von 1992 wird die Matrix um die Spalten *Menschen*, *Zeit* und *Motivation* erweitert. [SOWA et al. 1992]

Vererbung: Zachman EA Framework von 1987 ist die Basis für das Zachman EA Framework von 1992. Die Zeilen Scope und Business Model der Zachman-Matrix bildet die Basis für Spewak's EA Planning von 1992.

Literatur: Nach kostenloser Anmeldung unter www.zifa.com erhält man Zugriff auf alle notwendigen Zachman-Ausführungen im PDF-Format.

www.ZachmanInternational.com bietet als Zachmans Vertriebsplattform unter anderem das Zachman E-Book an.

Marktanteil: Nach [FEURER 2007 S. 6] beträgt der Marktanteil des Zachman EAF 22 %. [SCHEKKERMAN 2005 S. 28] spricht von 25 %.

Die **Art** des Rahmenwerkes ist konzeptuell.

Das Rahmenwerk **orientiert** sich auf die Gesamtarchitektur.

Verfügbarkeit: Das Konzept steht als PDF-Datei kostenfrei zum Download zur Verfügung.

Dokumentationsumfang: Die Konzeptbeschreibung [SOWA et al. 1992] umfasst 27 A4-Seiten. Die Vollversion des Zachman E-Book umfasst über 500 Seiten.

Unterstützende Tools: Corporate Modeler Enterprise Edition con Casewise, EA Webmodeler, Enterprise Framework, Mèga, Metis Product Family, Provision Modeling Suite, Select Enterprise, System Architect Family

Support: Beratungen, Seminare und individuelle Anweisungen werden vom ZIFA kostenpflichtig angeboten.

METAMODELL

Die Teilmodelle einer Unternehmensarchitektur werden in die Spalten *Daten, Funktionen, Standorte, Menschen, Zeit und Motivation* sowie die Zeilen *Betätigungsfeld* (scope) und *Geschäftsmodell* (enterprise model), über *Systemmodell* (system model) und *Technologiemodell* (technology model), bis zu den Zeilen *Komponenten* (components) und *Funktionssystem* (functioning system) eingeordnet. So findet sich in jeder Zelle dieser Matrix ein Modell, welches für die einzelnen Interessengruppen erforderliche Aussagen trifft. [NIEMANN 2005 S. 192]

Ebene *Scope* beschreibt den Anwendungsbereich, die grundsätzliche Funktionalität und die Kosten eines IS.

Ebene *Enterprise Model* stellt Geschäftsobjekte und ihre Interaktion mit den Geschäftsprozessen dar.

Ebene *System Model* enthält Systemmodelle als Grundlage für die Geschäftsmodelle.

Ebene *Technology Model* verfeinert die Systemmodelle auf Basis einer Technologie oder Entwicklungsplattform.

Ebene *Components* setzt die Technologie mittels Programmiersprachen, Datenschemata usw. um.[18]

Ebene *Functioning System* stellt als unterste Ebene das Arbeitsmedium dar. Dies können Daten, Module, Zeitpläne usw. sein.[19] [MALICH 2008 S. 18]

[18]Diese Ebene war ursprünglich in [ZACHMAN 1987 S. 285] als *DETAILED DESCRIPTION* benannt.

[19]Die Ebene *Functioning System* wurde ursprünglich als *ACTUAL SYSTEM* bezeichnet. [ZACHMAN 1987 S. 285]

	What?	*How?*	*Where?*	*Who?*	*When?*	*Why?*	
	DATA	**FUNCTION**	**NETWORK**	**PEOPLE**	**TIME**	**MOTIVATION**	
SCOPE	List of Entities	List of Processes	List of Locations	List of Organizations / Agents	List of Events	List of Goals / Strategy	***Planner***
ENTERPRISE MODEL	Entity Relationship Model	Process Flow Diagram	Logistics Network	Organization Chart	Master Schedule	Business Plan	***Owner***
SYSTEM MODEL	Data Model	Data Flow Diagram	Distributed System Architecture	Human Interface Architecture	Processing Structure	Knowledge Architecture	***Designer***
TECHNOLOGY MODEL	Data Design	Structure Chart	System Architecture	Human / Technology Interface	Control Structure	Knowledge Design	***Builder***
COMPONENTS	Data Schemata	Program	Network Architecture	Security Architecture	Timing Definition	Knowledge Definition	***Sub-contractor***
FUNCTIONING SYSTEM	Database	Function	Network	Organization	Schedule	Strategy	

Abb. 4.41 Matrix nach Zachman [Eigene Darstellung nach SOWA et al. 1992]

	JA	NEIN	BEMERKUNGEN
Stakeholder-Berücksichtigung		•	
Zertifizierungen	•		Seitens des Entwicklers und autorisierter Zertifizierungszentren in verschiedenen Ländern werden kostenpflichtige Zertifizierungsoptionen angeboten. • Ernennung als Zachmanzertifizierter Architekt infolge einer Schulung und eines dreistufigen Tests. • Eine Methodik kann zertifiziert werden, wenn sie auf dem Zachman EA Framework basiert und hierfür diverse Abbildungen trifft. Die Gebühren für die Evaluierung, ggf. Zulassung und Zertifizierung werden pro Zelle erhoben. • In enger Verbindung zu den Methodiken können auch Tools den Status „Zachmanzertifiziert" erhalten.
Abb. der Geschäftsprozesse	•		
Berücksichtigung von Entitäten	•		

KOMPLEXITÄTSREDUZIERUNG			
Sichtweisen	6		
Ebenentrennung	•		
Ebenenbeziehungen	•		
BRÜCKSICHTIGUNG VON ANWENDUNGSSYSTEMEN			
rechnerbasierte	•		
konventionelle	•		
Kommunikationsbeziehung zw. Anwendungssystemen	•		
BRÜCKSICHTIGUNG VON PHYSISCHEN IS-KOMPONENTEN			
rechnerbasierte	•		
konventionelle		•	
Mensch als IS-Komponente	•		

4.2 Tabellarische Gegenüberstellung einzelner Rahmenwerke

Die Tabelle 4.1 fasst einzelne Merkmale aus den detaillierten Beschreibungen des Abschn. 4.1 zusammen.

Ein EAF-Auswahlassistent auf Basis dieser Gegenüberstellung kann unter der Internetadresse www.EAF-Book.de genutzt werden.

Tabelle 4.1 Tabellarische Gegenüberstellung von Rahmenwerken

	ADS	AGATE	ArchiMate	ARIS	C4ISR	CIMOSA	CLEAR	DoDAF
Klasse des Rahmenwerks	Management Framework	Military Framework	Management Framework	Management Framework	Military Framework	Manufacturing-Specific Framework	Management Framework	Military Framework
Art	operationell	übergreifend	übergreifend	übergreifend	übergreifend	operationell	übergreifend	übergreifend
Orientierung	Technische Architektur	Gesamt-architektur	Gesamt-architektur	Geschäfts-prozess-architektur	Gesamtarchitektur	Technische Architektur	Gesamt-architektur	Gesamt-architektur
Jahr der aktuellen Version	1998	2005	2008	1991	1997	1993	*	2009
Sprache	Englisch	Französisch	Englisch	Deutsch & Englisch	Englisch	Englisch	Englisch	Englisch
Verfügbar	Ja	Ja	Ja	Ja	Ja	Ja	Ja	Ja
Kosten	0	0	0	0	0	>0	>0	0
Dokumentations-umfang *(A4-Seiten)*	66	100	110	2.800	231	100	*	386
Zertifizier-ung(en)	Nein	Nein	erfüllt ISO/IEC 42010	Nein	Nein	gilt als CEN ENV 4003	Nein	Nein
Stakeholder-Berücksichtigung	Nein	Ja	Nein	Nein	Nein	Nein	Ja	Ja
VERGLEICHSKRITERIEN IM INTERESSE DES INFORMATIONSMANAGERS								
Abbildung der Geschäfts-prozesse	Ja	Ja	Ja	Ja	Ja	Ja	Ja	Ja
Berücksichtigung von Entitäten	Ja	*	Ja	Ja	Ja	Ja	Ja	Ja
Anzahl der Sichtweisen	1	5	3	6	4	4	1	8
Anzahl der berücksichtigten Ebenen	0	4	3	0	3	-	4	2
Ebenen-beziehungen	-	Ja	Ja	-	Ja	-	Ja	Ja
Berücksichtigung rechnerbasierter Anwendungs-systeme	Ja	Ja	Ja	Ja	Ja	Ja	Ja	Ja
Berücksichtigung konventioneller Anwendungs-systeme	Ja	Nein	Nein	Nein	Ja	Nein	Nein	Ja
Kommunikations-beziehungen zw. Anwendungs-systemen	Ja	Ja	Ja	Ja	Ja	Ja	Ja	Ja
Berücksichtigung rechnerbasierter IS-Komponenten	Ja	Ja	Ja	Ja	Ja	Ja	Ja	Ja
Berücksichtigung konventioneller IS-Komponenten	Nein	Nein	Nein	Nein	Ja	Nein	Nein	Nein
Berücksichtigung des Menschen als IS-Komponente zur DV	Nein	Nein	Ja	Nein	Nein	Ja	Nein	Nein
Vorgehens-Referenzmodell vorhanden	Nein	*	Nein	Ja	Ja	Nein	Ja	Ja
Architektur-Referenzmodell vorhanden	Nein	Ja	Ja	Nein	Nein	Ja	Ja	Nein
Tool(s) verfügbar	marktübliche UML-Tools	marktübliche UML-Tools, MS Visio, Telelogic System Architect; Troux MEGA	MS Visio, Omnigraffle, Casewise Corporate Modeler	ARIS Toolset	ARIS Toolset, Telelogic System Architect, FEAMS der U.S. Regierung, Proforma mit Provision Modeling Suite und Ptech Enterprise Framework	ARIS Collaborative Suite, CIM Tool von RGCP, FirstStep	*keine Tools angegeben*	Casewise Corporate Modeler, EA Webmodeler, Metis Product Family, Telelogic System Architect
Support verfügbar	Ja	Nein	Ja	Ja	Nein	Ja	Ja	Nein

Tabelle 4.1 (Fortsetzung)

	E2AF	EAAF	EAMMF	EAP Spewak	EIF	FEAF	GERAM	GIM
Klasse des Rahmenwerks	Management Framework	Add-On Framework	Add-On Framework	Management Framework	Interoperability Framework	Government and Agency Framework	Management Framework	Manufacturing-Specific Framework
Art	übergreifend	operationell	konzeptuell	operationell	konzeptuell	operationell	operationell	operationell
Orientierung	Gesamt-architektur	Geschäfts-prozess-architektur	Gesamt-architektur	Geschäfts-prozess-architektur	Gesamt-architektur	Geschäftsprozess-architektur	Gesamt-architektur	Technische Architektur
Jahr der aktuellen Version	2006	2009	2010	1992	2008	1999	1999	1992
Sprache	Englisch	Englisch	Englisch	Englisch	Englisch	Englisch	Englisch	Englisch
Verfügbar	Ja	Ja	Ja	Ja	Ja	Ja	Ja	Nein
Kosten	>0	0	0	>0	0	0	0	-
Dokumentations-umfang *(A4-Seiten)*	5	56	93	ca. 200	85	80	31	-
Zertifizier-ung(en)	Nein	Nein	Nein	Nein	Nein	Nein	Quasi-Standard infolge der Berücksichti-gung in ISO 15704:2000	Nein
Stakeholder-Berücksichtigung	Ja	Ja	Ja	Ja	Ja	Ja	Ja	Nein
VERGLEICHSKRITERIEN IM INTERESSE DES INFORMATIONSMANAGERS								
Abbildung der Geschäfts-prozesse	Ja	-	-	Ja	Ja	Ja	Ja	Ja
Berücksichtigung von Entitäten	Ja	-	-	Ja	Ja	Ja	Ja	Ja
Anzahl der Sichtweisen	4	-	-	7	4	3	>1	4
Anzahl der berücksichtigten Ebenen	6	-	-	>2	4	4	0	0
Ebenen-beziehungen	Ja	-	-	Ja	Ja	Ja	-	-
Berücksichtigung rechnerbasierter Anwendungs-systeme	Ja	-	-	Ja	Ja	Ja	Ja	Ja
Berücksichtigung konventioneller Anwendungs-systeme	Nein	-	-	Nein	Nein	Ja	Ja	Ja
Kommunikations-beziehungen zw. Anwendungs-systemen	Ja	-	-	Ja	Ja	Ja	Ja	Ja
Berücksichtigung rechnerbasierter IS-Komponenten	Ja	-	-	Ja	Ja	Ja	Ja	Ja
Berücksichtigung konventioneller IS-Komponenten	Nein	-	-	Nein	Nein	Nein	Ja	Ja
Berücksichtigung des Menschen als IS-Komponente zur DV	Nein	-	-	Nein	Nein	Nein	Ja	Ja
Vorgehens-Referenzmodell vorhanden	Ja	Ja	Ja	Ja	Nein	Ja	Ja	Ja
Architektur-Referenzmodell vorhanden	Nein	-	-	Nein	Ja	Ja	Nein	Nein
Tool(s) verfügbar	*keine*	*keine*	*keine*	Troux Technologies Architect	*keine*	Agilense EA Webmodeler, Computas Metis Product Family, Casewise Corporate Modeler, Flashline FlashPack, Telelogic System Architect, Troux Technologies Architect, FEAMS der U.S. Regierung	ARIS Toolset	CAGIM (Computer Aided GIM)
Support verfügbar	Ja	Nein	Nein	Ja	Nein	Ja	Nein	Nein

Tabelle 4.1 (Fortsetzung)

	HIF	IAF	IFW	ISO/IEC 42010 / IEEE Std 1471-2000	JTA	MoDAF	NIH EAF
Klasse des Rahmenwerks	Technically oriented Framework	Management Framework	Management Framework	Add-On Framework	Add-On Framework	Military Framework	Government and Agency Framework
Art	konzeptuell	operationell	konzeptuell	konzeptuell	konzeptuell	übergreifend	übergreifend
Orientierung	Technische Architektur	Geschäfts-prozess-architektur	Gesamt-architektur	Technische Architektur	Technische Architektur	Gesamt-architektur	Geschäftsprozess-architektur
Jahr der aktuellen Version	2000	2006	2008	2007	2003	2008	2009
Sprache	Englisch, Französisch	Englisch	Englisch	Englisch, Französisch	Englisch	Englisch	Englisch
Verfügbar	Ja	Ja	Ja	Ja	Ja	Ja	Ja
Kosten	>0	> 0	0	>0	0	0	0
Dokumentations-umfang *(A4-Seiten)*	33	-	50	23	218	256	50
Zertifizier-ung(en)	ist Bestandteil des Standards DIN V ENV 12443:2000-01	Ja	Nein	ist ein internationaler Standard für Architektur-beschreibungen	Nein	Nein	Nein
Stakeholder-Berücksichtigung	Nein	Ja	Nein	Ja	-	Ja	Ja
VERGLEICHSKRITERIEN IM INTERESSE DES INFORMATIONSMANAGERS							
Abbildung der Geschäfts-prozesse	Ja	Ja	Ja	-	-	Ja	Ja
Berücksichtigung von Entitäten	Ja	Ja	Ja	-	-	Ja	Ja
Anzahl der Sichtweisen	3	6	3(10)	-	-	7	>1
Anzahl der berücksichtigten Ebenen	3	4	3(5)	-	-	>3	>3
Ebenen-beziehungen	Ja	Ja	Ja	-	-	Ja	Ja
Berücksichtigung rechnerbasierter Anwendungs-systeme	Ja	Ja	Ja	-	-	Ja	Ja
Berücksichtigung konventioneller Anwendungs-systeme	Ja	*	*	-	-	Ja	Nein
Kommunikations-beziehungen zw. Anwendungs-systemen	Ja	Ja	Ja	-	-	Ja	Ja
Berücksichtigung rechnerbasierter IS-Komponenten	Ja	Ja	Ja	-	-	Ja	Ja
Berücksichtigung konventioneller IS-Komponenten	Ja	*	*	-	-	Nein	Nein
Berücksichtigung des Menschen als IS-Komponente zur DV	Ja	*	Ja	-	-	Ja	Nein
Vorgehens-Referenzmodell vorhanden	Ja	Nein	Nein	Nein	-	Ja	Ja
Architektur-Referenzmodell vorhanden	Ja	Ja	Ja	Nein	-	Ja	Ja
Tool(s) verfügbar	*	*	*	*keine*	*keine*	Artisan Real-time Studio, Casewise Corporate Modeler, Agilense EA WebModeler, IBM Rational Suite, Troux Technologies METIS, Salamander MooD, Proforma, Vega SSE, Telelogic System Architect	Agilense EA Webmodeler; Computas Metis Product Family, Casewise Corporate Modeler, Flashline FlashPack, Telelogic System Architect, Troux Technologies Architect, FEAMS der U.S. Regierung
Support verfügbar	Nein	Ja	Ja	Nein	Nein	Nein	Nein

Tabelle 4.1 (Fortsetzung)

	PERA	POSIX OSE RM	TAFIM	TEAF	TOGAF	VERAM	XAF	Zachman EAF
Klasse des Rahmenwerks	Manufacturing-Specific Framework	Technically oriented Framework	Military Framework	Government and Agency Framework	Management Framework	Management Framework	Management Framework	Management Framework
Art	operationell	konzeptuell	operationell	operationell	operationell	übergreifend	konzeptuell	konzeptuell
Orientierung	Technische Architektur	Technische Architektur	Technische Architektur	Geschäfts-prozess-architektur	Gesamtarchitektur	Technische Architektur	Geschäfts-prozess-architektur	Gesamt-architektur
Jahr der aktuellen Version	1992	2009	1996	2000	2009	2003	2008	1992
Sprache	Englisch	Englisch	Englisch	Englisch	Englisch	Englisch	Englisch	Englisch
Verfügbar	Nein	Ja	Nein	Nein	Ja	Ja	Ja	Ja
Kosten	-	>0	-	-	0 bis >0	0	0	0 bis >0
Dokumentations-umfang *(A4-Seiten)*	-	3.807	>1.100	-	787	> 100	10	27 bis 500
Zertifizier-ung(en)	Nein	ist Bestandteil von ISO/ IEC/ IEEE 9945: 2009 zur Schnittstellenspez ifikation Offener Systeme	Nein	Nein	erfüllt ISO/IEC 42010	Nein	Nein	Ja
Stakeholder-Berücksichtigung	Ja	-	Ja	*	Ja	Nein	Ja	Nein
VERGLEICHSKRITERIEN IM INTERESSE DES INFORMATIONSMANAGERS								
Abbildung der Geschäfts-prozesse	Ja	-	*	*	Ja	Ja	Ja	Ja
Berücksichtigung von Entitäten	Ja	-	*	*	Ja	Ja	Ja	Ja
Anzahl der Sichtweisen	3	-	*	4	1	4	5	6
Anzahl der berücksichtigten Ebenen	0	-	*	4	>3	7	5	6
Ebenen-beziehungen	-	-	Ja	Ja	Ja	Ja	Ja	Ja
Berücksichtigung rechnerbasierter Anwendungs-systeme	Ja	-	*	*	Ja	Ja	Ja	Ja
Berücksichtigung konventioneller Anwendungs-systeme	Ja	-	*	*	Ja	Nein	Nein	Ja
Kommunikations-beziehungen zw. Anwendungs-systemen	Nein	-	*	*	Ja	Ja	Ja	Ja
Berücksichtigung rechnerbasierter IS-Komponenten	Ja	-	Ja	*	Nein	Ja	Ja	Ja
Berücksichtigung konventioneller IS-Komponenten	Ja	-	Nein	*	Nein	Nein	Nein	Nein
Berücksichtigung des Menschen als IS-Komponente zur DV	Ja	-	*	*	Nein	Ja	Nein	Ja
Vorgehens-Referenzmodell vorhanden	Ja	Nein	Ja	Ja	Ja	Ja	Nein	Nein
Architektur-Referenzmodell vorhanden	Nein	Ja	Ja	Ja	Ja	Ja	Ja	Ja
Tool(s) verfügbar	ARIS Toolset	-	*	Agilense EA Webmodeler, Computas Metis Product Family, Telelogic System Architect, Troux Technologies Architect, US Government FEAMS	Avolution ABACUS, Casewise Corporate Modeler, Flashmap Systems IT atlas, Future Tech Systems, Inc. Envision® VIP, ARIS IT Architect, Inspired Archi, MEGA EA Accelerator, Metastorm ProVisionEA, Salamander MOOD, Telelogic System Architect, Troux Metaverse	marktübliche UML-Tools	marktübliche UML-Tools	Casewise Corporate Modeler, EA Webmodeler, Enterprise Framework, Mèga, Metis Product Family, Provision Modeling Suite, Select Enterprise, System Architect Family
Support verfügbar	Nein	-	Nein	*	Ja	Nein	Ja	Ja

**** Konzept konnte zur Beantwortung dieses Merkmals nicht eingesehen werden***

- Beantwortung dieses Merkmals aus Sicht des Frameworks hicht relevant

4.3 Framework Selection Guide

Die folgende Methodik beschreibt eine allgemeingültige Herangehensweise zur Auswahl eines oder mehrerer Rahmenwerke, die sich möglichst gut zur Unterstützung der individuellen Bestrebung eignen. Dabei lehnen sich einige Ansätze an die Ausführungen von [GOIKOETXEA 2007 S. 353] an. Wenn bisher die Abschn. 4.2 abgebildete tabellarische Gegenüberstellung als Ausgangspunkt für die Wahl eines Rahmenwerkes betrachtet wurde, bedarf es bei dieser Herangehensweise der gesamten Erkenntnis des Buches. Vorteil: Bei dieser Herangehensweise werden alle recherchierten Rahmenwerke berücksichtigt; darunter auch Add-On Frameworks. Nachteil: Umfangreiche Kenntnisse zu den recherchierten Rahmenwerken sind erforderlich.

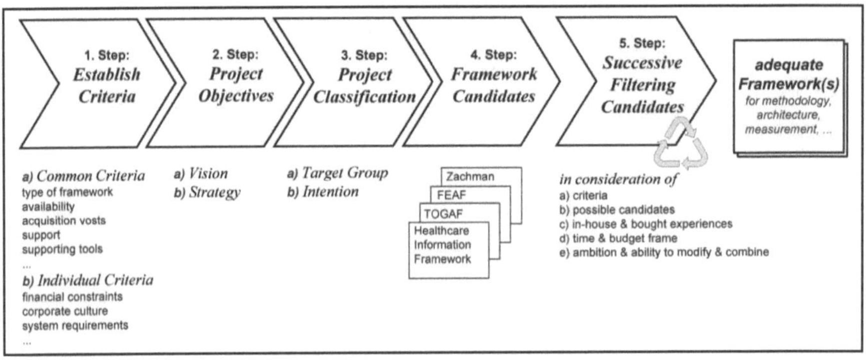

Abb. 4.42 The five-step framework selection guide

1. Schritt: Kriterien definieren (*Establish Criteria*)
Um für eine bestimmte Bestrebung ein passendes Rahmenwerk auszuwählen, sind im Voraus Entscheidungskriterien zu definieren.

(a) allgemeingültige Kriterien (*Common Criteria*)
Die Entscheidungskriterien dieser Gruppe sind unternehmensübergreifend und branchenunabhängig. Sie können mithilfe der tabellarischen Rahmenwerkgegenüberstellung sowie den detaillierten Rahmenwerkbeschreibungen beantwortet werden. Relevante Kriterien für oder gegen ein Rahmenwerk könnten bspw. sein: *Verfügbarkeit des Rahmenwerkes* inkl. möglicher *Supportquellen*, Vorhandensein *unterstützender Tools*, *Repräsentationsmittel*, vom Rahmenwerk *bevorzugte Modellierungsmethoden* oder *Art des Rahmenwerkes* (konzeptuell, operationell, übergreifend).
(b) unternehmensindividuelle Kriterien (*Individual Criteria*)

Diese Art von Kriterien müssen innerhalb des Unternehmens gemäß der geplanten Bestrebung definiert werden. Beispiele hierfür sind:

(i) Finanzielle Beschränkungen (*Financial Constraints*): Die anfallenden Kosten dürfen durch die Verwendung des Rahmenwerkes nicht das vorgesehene Budget übersteigen. Dies ist insbesondere bei Rahmenwerken zu beachten, welche nur in Kombination mit Beratungsdienstleistungen nutzbar sind bzw. bei denen der Support sehr kostenintensiv ist.

(ii) Vereinbarkeit mit der Unternehmenskultur (*Corporate Culture*): Das Rahmenwerk und insbesondere die darin berücksichtigten Vorgehens-Referenzmodelle müssen mit der Art und Weise der täglichen Leistungserfüllung im Unternehmen vereinbar sein. Weiterhin ist zu überprüfen, ob die im Rahmenwerk definierten Zuständigkeiten und Rollen mit der Organisationsstruktur und den gegebenen Hierarchien im Unternehmen kompatibel sind.

(iii) Gewährleistung unternehmensindividueller Systemanforderungen (*System Requirements*): Es sind funktionelle und nichtfunktionelle Anforderungen vom Rahmenwerk zu erfüllen. Sind bspw. die Geschäftsprozesse des Unternehmens mittels *Erweiterten Prozessketten* (*EPK*) modelliert, wird deren Berücksichtigung als Kriterium definiert. Gegebenenfalls verwendete Rahmenwerk-Tools müssen in diesem Fall eine EPK-Importfunktion aufweisen. Weiterhin könnten Import- und Export-Anforderungen hinsichtlich möglicher Kommunikationsstandards (XML) bestehen.

2. Schritt: Projektziele definieren (*Project Objectives*)
Seitens der Verantwortungsträger sollten die Ziele der geplanten Bestrebung definiert und von Entscheidungsträgern befürwortet werden. Dabei ist zu definieren, welche Bedeutung nicht-funktionale Anforderungen (*non-functional Requirements*) wie bspw. *Performance* haben. Es sind *Vision* (definiert den Leistungsumfang und die Grenzen) und *Strategie* zu formulieren.

3. Schritt: Projekteinordnung vornehmen (*Project Classification*)
Die geplante Bestrebung ist in die individuelle Unternehmensumgebung einzuordnen. Dabei ist die Art der Unternehmung und Bestrebung mit Blick auf die vom Rahmenwerk favorisierte Zielgruppe und angegebene Intention entscheidend.

(i) Zielgruppe des Unternehmens? Mögliche Antworten: Verwaltung für Bürgeranliegen, produzierendes Gewerbe, „Softwareschmiede“, virtuelles Unternehmen usw.

(ii) Welche Intention wird mit der Bestrebung verfolgt? Mögliche Antworten: (1) Entwicklung einer Architekturbeschreibung. (2) Ausrichtung der Architektur auf CIM-Anforderungen. (3) Ausrichtung der Architektur zur Erfüllung von Integrationsanforderungen. (4) Optimierung der Geschäftsprozesse inkl. Verknüpfung mit entsprechenden Ressourcen. (5) Technologiewechsel unter Berücksichtigung der Legacy-Anwendungen.

Klassisch wäre die Bestrebung eines Hardwareherstellers, seine Produktion vollständig rechnergesteuert auszurichten. In diesem Fall stimmen Zielgruppe und

Intention des Rahmenwerks PERA mit den Bestrebungen des Unternehmens überein. Ein anderes Beispiel: Das Militär hat Rahmenwerke entwickelt, die durch Schaffung einer einheitlichen Architektur inkl. bestimmter Standards multinationale Militäroperationen ermöglichen. Nun ist das auf ziviler Ebene agierende Unternehmen zwar nicht an multinationalen Militäroperationen interessiert, will aber seine Unternehmensoperationen standortunabhängig durchführen. Auch dieses Rahmenwerk mit abweichender Zielgruppe, aber gleicher Intention sollte also in die Auswahl einbezogen werden.

4. Schritt: Bestimmen der Rahmenwerk-Kandidaten (*Framework Candidates*)
Voraussetzung für die Erfüllung dieses Schrittes ist, dass der IT-Architekt umfassende Kenntnisse über die Intentionen, Stärken und Schwächen möglichst aller am Markt verfügbarer Rahmenwerke besitzt. Dies betrifft nicht nur die Rahmenwerke, die explizit für die geplante Bestrebung entsprechende Vorgehens- und Architektur-Referenzmodelle bieten, sondern auch jene Rahmenwerke, die als „nebenläufige" Werke unterstützend fungieren können. Zum Beispiel sind dies Rahmenwerke, die den Fortschritt der Bestrebung bewerten und so das Change Management (mit Rückkopplungen, Veränderungen usw.) unterstützen. Als Ergebnis dieses Schrittes steht eine Liste mit relevanten Rahmenwerken, gepaart mit Ausführungen zur Art der Unterstützung.

5. Schritt: Kandidatenliste sukzessiv einschränken (*Filtering Candidates*)
Unter Berücksichtigung von

(a) den definierten Kriterien,
(b) den zur Verfügung stehenden Rahmenwerken,
(c) den Inhouse-Kenntnissen bzw. den eingekauften Erfahrungen auf dem Gebiet der Rahmenwerke,
(d) dem definierten Zeit- und Finanz-Rahmen und
(e) den Ambitionen und Fähigkeiten, Modifizierungen und Kombinationen zu realisieren,

erfolgt die Bewertung der Kandidaten. Gegebenenfalls sind einzelne Rahmenwerke vor einem endgültigen Ausschluss aus der Kandidatenliste detaillierter zu analysieren.

Kapitel 5
Exemplarische Umsetzung einzelner Rahmenwerke

5.1 Ausgangssituation

Dipl.-Inf. Max Mustermann ist neuer IT-Architekt der Build-to-order PC-Schmiede GmbH & Co KG. Wie der Name des dynamischen Großhandelsunternehmens bereits verrät, baut und vertreibt diese Firma PC-Systeme genau nach Kundenwünschen. Da dies eher ein imitatives Geschäft darstellt als eine erfolgsversprechende

Strategic Plan 2012-2017

Table of Contents

Background 1

1. Mission, Vision, Slogan, Internal Guiding Values 3

2. Current state of the information system.................... 4

3. Assessment oft the current state of the information system.. 9

4. Future state of the information system 11

4.1 Goal A: Improve service to reseller 15
    Objective A.1: Implement new internet technologies 17
    Objective A.2: Provide more information via the internet 19
    Objective A.3: Realise device data interchange 21

[...]

5. Strategic planning process 56
    Task planning 57
    Time planning 59
    Cost planning 62

Appendix A: SWOT (Strengths, Weaknesses, Opportunities, Threats)
    Analysis 70

Abb. 5.1 Auszug aus dem Inhaltsverzeichnis des Rahmenplans 2012–2017

D. Matthes, *Enterprise Architecture Frameworks Kompendium*, Xpert.press,
DOI 10.1007/978-3-642-12955-1_5, © Springer-Verlag Berlin Heidelberg 2011

Marktlücke, setzt der CEO auf verstärkte Bindung zu den Wiederverkäufern. Der CIO schlägt einen verbesserten After-Sales-Service vor. Die bisher spärliche und wenig funktionale Gerätedatenofferte erfüllt längst nicht mehr die Anforderungen der Reseller.

Ein Projekt innerhalb der After-Sales-Service-Bestrebung ist die Bereitstellung von Webservices. Über diese sollen die Reseller die ohnehin im firmeninternen Datenpool bereits vorhandenen, umfangreichen Gerätedaten abfragen können. Die Gerätedaten umfassen Seriennummern des Computers und dessen Einzelkomponenten, Produktion- und Kaufdatum, Garantieerweiterungen, Vor-Ort-Service-Vertragsdaten, Links zu Treiberangeboten, Zertifizierungen usw.

Dieser Datenbestand könnte darüber hinaus durch die Wiederverkäufer mit Daten zum Endkunden angereichert werden. Bei Systemausfällen wäre so ein besserer Vor-Ort-Service durch die Techniker der PC-Schmiede realisierbar. Werden Kompatibilitätsprobleme bekannt, kann die PC-Schmiede direkt mit dem Endkunden Kontakt aufnehmen.

Herr Mustermann erhält die Anweisung, innerhalb der Erarbeitung des strategischen Rahmenplans 2012–2017 das Projekt „realise device data interchange" vorzubereiten und so in den Plan einzubringen.

5.2 Umsetzung Mithilfe von Rahmenwerken

Herr Mustermann beschließt, die Erfüllung der ihm gestellten Aufgabe mithilfe von Rahmenwerken zu meistern. Zuallererst braucht er eine Anleitung zum richtigen Vorgehen. Er verwendet die Rahmenwerkgegenüberstellung als Ausgangspunkt. So sind für ihn alle Rahmenwerke mit Vorgehens-Referenzmodell ersichtlich. Mustermann reibt sich die Stirn und murmelt vor sich hin: *„Wow, sind das viele! Welches Rahmenwerk nutze ich denn jetzt als Bauanleitung?"* Tatsächlich sind es viele Konzepte, die sich als Anleitung anbieten. Es ist Herrn Mustermann klar, dass eine solche Übersicht ideal zur ersten Orientierung dient. Jedoch ist es zwingend erforderlich, in die detaillierten Beschreibungen potenzieller Rahmenwerke Einblick zu nehmen. Erst dann wird tatsächlich ersichtlich, ob das Vorgehens-Referenzmodell den individuellen Anforderungen vor Ort genügt und entsprechend adaptiert werden kann.

Herr Mustermann entscheidet sich für den simplen „Six-Step Architecture Description Process" des **C4ISR Architecture Framework**, um so die Architekturbeschreibung mit Fokussierung auf das Projekt „realise device data interchange" zu entwickeln.

(1) Im ersten Schritt bestimmt Mustermann den Verwendungszweck der Architektur: (1.1) Zweck (purpose) = Verbesserung der Dienste für die Wiederverkäufer. (1.2) Probleme (critical issues) = Aktuell findet kein Austausch der Gerätedaten zwischen den Partnern statt. Mehrwertdienste können nicht angeboten werden. (1.3) Zielvorgaben (target objectives) = Realisierung eines Gerätedatenaustauschs, um bei Gewährleistungsfällen oder Kompatibilitätsproblemen

effektiver handeln zu können. Dies umfasst Daten zum PC-System, zu den verbauten Einzelkomponenten, zur vertraglichen Gestaltung (Garantieerweiterung, Vor-Ort-Service) und Daten zum Endkunden. (1.4) Kompromisse (key tradeoffs): anfänglich die Bereitstellung von Seriennummern und Kaufdatum.

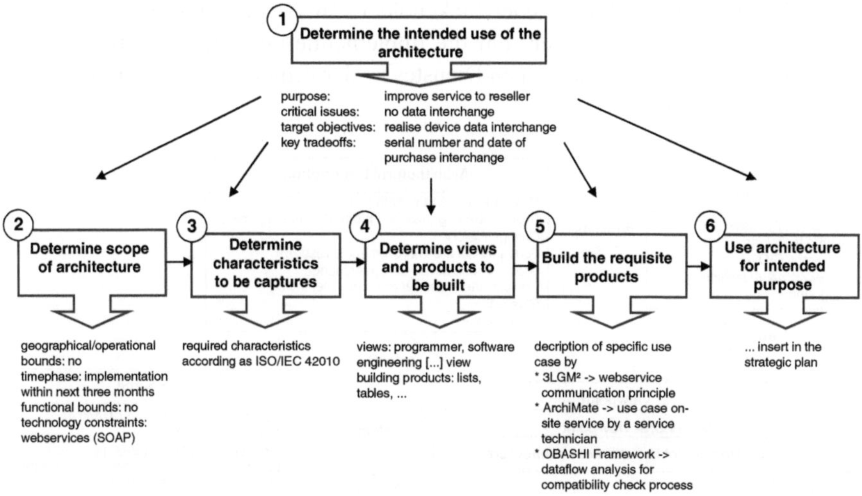

Abb. 5.2 Projektvorgehen nach dem C4ISR AF [Eigene Darstellung auf Basis von AWG 1997 S. 3–5]

(2) Im zweiten Schritt bestimmt Mustermann den Umfang der Architektur: (2.1) Örtliche bzw. betriebliche Begrenzungen (geographical/operational bounds) existieren nicht. Der Dienst soll als Webservice für alle Reseller zur Verfügung stehen. (2.2) Als zeitlicher Rahmen (timephase) sind drei Monate Implementierungszeit angesetzt. Danach soll der Betrieb beginnen. (2.3) Funktionelle Einschränkungen liegen nicht vor. (2.4) Mit Blick auf die Technologie soll der Dienst als Webservice realisiert werden. Auf Basis des Netzwerkprotokolls SOAP sollen Daten zwischen den Partnersystemen ausgetauscht und Remote Procedure Calls (RPC) durchgeführt werden. Dies stützt sich auf weitere Technologien und Standards wie XML für die Datenrepräsentation, HTTP/HTTPS auf Anwendungsebene und TCP auf Transportebene.

(3) Im dritten Schritt definiert Herr Mustermann jene Architekturcharakteristika, die zu einer zufrieden stellenden Beschreibung dieser zweckgebundenen Architektur erforderlich sind. Aus dem Kapitel „Gruppierung der verfügbaren Rahmenwerke gemäß deren Intention“ weiß Herr Mustermann, dass ihm bei diesem Schritt ein ganz bestimmtes Add-On Framework helfen kann: Er orientiert sich am Standard **ISO/IEC 42010 Recommended Practice for Architectural Description**, welcher über die minimalen inhaltlichen Anforderungen an eine Architekturbeschreibung informiert. Mustermann übernimmt jedoch nur die für ihn und sein Projekt relevanten inhaltlichen Forderungen

des Standards. So benennt Mustermann bspw. die Stakeholder, welche auf Nutzerseite der Servicetechniker oder auch die Sekretärin des Resellers sind. Während der Techniker aus Supportgründen den neuen Dienst nutzen kann, liest die Sekretärin bspw. die Seriennummern der gerade produzierten PC-Systeme aus, um Inventaraufkleber vorzubereiten und um die Nummern in die Endkundenrechnung zu übernehmen, oder sie recherchiert Gewährleistungsfällen nach. Der CIO ist jener Stakeholder mit Anweisungsbefugnis für ggf. notwendige Anschaffungen. Für die Implementierung aber auch für die Wartung und den Betrieb des neuen Dienstes ist der firmeneigene Fachinformatiker verantwortlich.

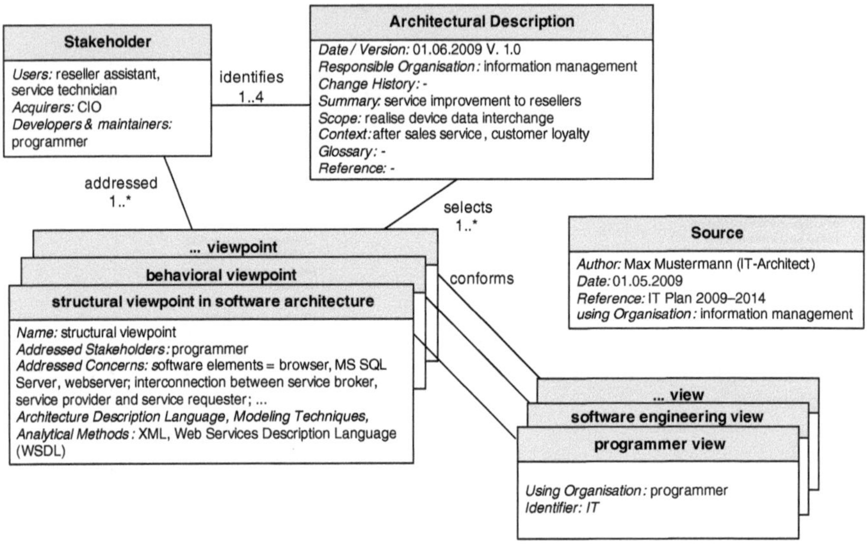

Abb. 5.3 Auszug einer Architekturbeschreibung nach ISO/IEC 42010

(4) Im vierten Schritt bestimmt Mustermann anhand der Charakteristika aus dem dritten Schritt die zu berücksichtigenden Sichtweisen sowie unterstützende Produkte (Listen, Tabellen, Softwareanwendung, um Geschäftsprozesse zu modellieren usw.) für die Umsetzung. Mustermann definiert die Sichtweise „structural viewpoint", welche eine Sicht für den Programmierer bieten soll. Mithilfe dieser Sicht werden die Daten-, Verarbeitungs- und Verbindungselemente der sich ergebenden Softwarearchitektur hervorgehoben. Unter anderem definiert Mustermann auch noch die Sichtweise „behavioral viewpoint", um für die Entwickler das Verhalten mit dem Architekturprodukt „Petri-Netz" zu verdeutlichen.

(5) Im fünften Schritt realisiert Herr Mustermann die erforderlichen Architekturprodukte (Definition eines konkreten Zeitplans, Modellierung der Geschäftsprozesse mit der ARIS-Softwarelösung, Modellierung des Systemverhaltens als Petri-Netz, Modellierung ausgewählter Anwendungsfälle gemäß den Rahmenwerken ArchiMate, OBASHI usw.).

Die Abb. 5.4 basiert auf dem **OBASHI Framework**, mit dessen Hilfe Herr Mustermann den Datenfluss des soeben ausgeführten Anwendungsfalls „Überprüfung der Gerätekonfiguration auf bekannte Kompatibilitätsprobleme“ modelliert.

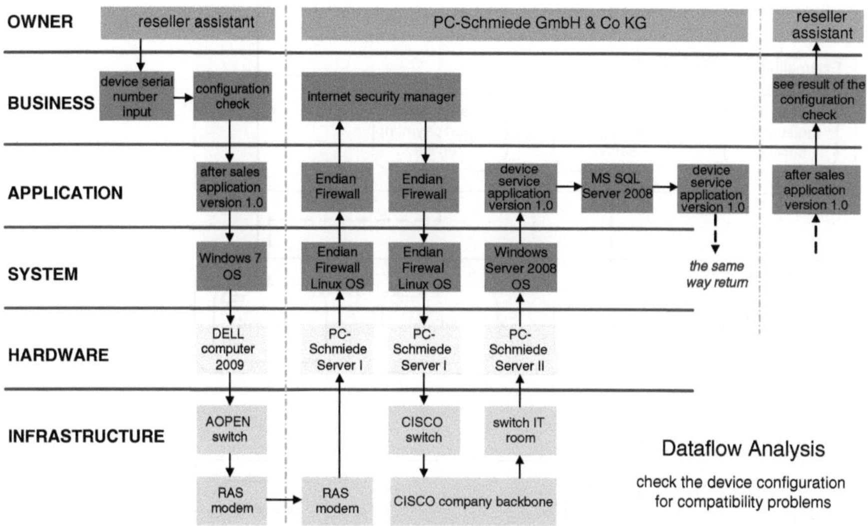

Abb. 5.4 Datenfluss beim Prozess der Kompatibilitätsprüfung

Um etwas detaillierter die Dienste im Projekt „realise device data interchange“ zu spezifizieren, nutzt Herr Mustermann das Rahmenwerk **ArchiMate**. Seine vorgenommene Modellierung stellt neben dem bisher bekannten Dienst „device data information service“ die beiden Dienste „failure registration service“ und „device and support payment service“ dar. Ersterer dient der Auslösung von Vor-Ort-Reparaturaufträgen durch den Reseller für Geräte, welche mit einem Vor-Ort-Servicevertrag versehen sind. Die Reparatur wird daraufhin durch einen Servicetechniker der PC-Schmiede ausgeführt. Der zweite Dienst nützt der Abrechnung von aufgewendeten Ersatzteilen und Dienstleistungen, welche nicht Bestandteile des vertraglichen Vor-Ort-Service waren.

Die nun ausmodellierten Architekturprodukte müssen zu einer Architekturbeschreibung zusammengeführt werden. Ein kurzer Blick in die Rahmenwerkgegenüberstellung verrät alle Rahmenwerke mit Architektur-Referenzmodell. Nach dem genaueren Check der für ihn relevanten Merkmalsausprägungen, entscheidet sich Herr Mustermann für die Matrix des **FEAF**. Wie in der aus Abb. 5.6 ersichtlich, füllen die realisierten Produkte die Zellen der Matrix aus und beschreiben somit den Zielzustand.

(6) Im sechsten und damit letzen Schritt des Vorgehens-Referenzmodells fügt Herr Mustermann die entwickelte Architekturbeschreibung in den Rahmenplan ein.

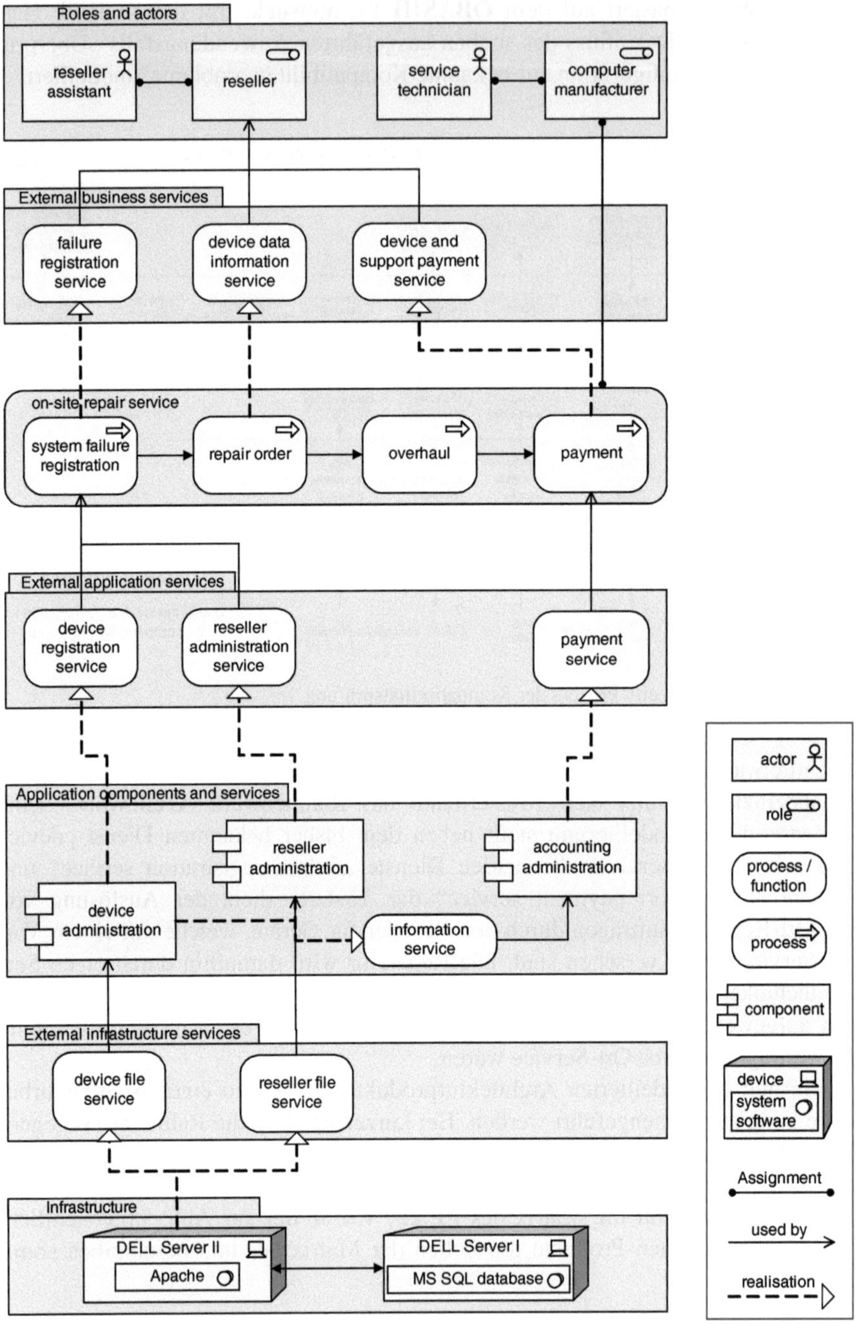

Abb. 5.5 Modellierung einzelner Dienste mittels ArchiMate

FEAF Matrix based on [FEAF 1999 S. 28]	***Entities = What?*** **Data Architecture**	***Activities = How?*** **Applications Architecture**	***Locations = Where?*** **Technology Architecture**
OBJECTIVES / SCOPE ***Planner's View***	**List of Business Objects** Goal A: *Improve service to reseller* o Objective A.1: *Implement new internet technologies* o Objective A.2: Provide more information via the internet o Objective A.3: Realise device data interchange	**List of Business Processes** o provide device serial number o check assurance and agreements of a device o check device configuration for compatibility problems o initiate on-site failure rectification o administrate device data (end-user, payments, ...)	**List of Business Locations** o PC-Schmiede head office location o locations of the resellers 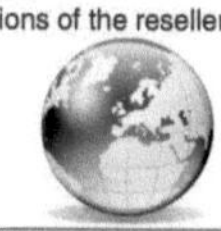
ENTERPRISE MODEL ***Owner's View***	A **Semantic Model** of the actual, significant enterprise objects. 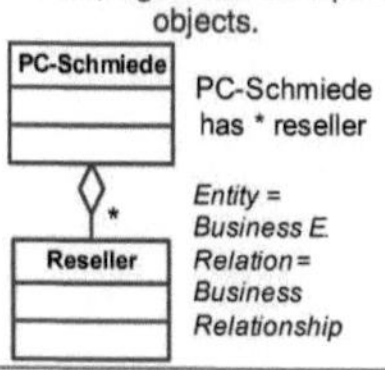	A **Business Process Model** of the actual business processes. 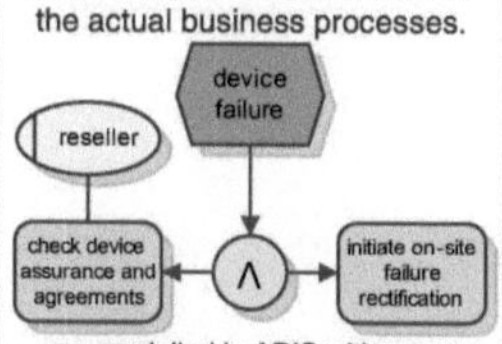 e.g. modelled in ARIS with event-driven process chains	**Business Logistics System.** A model of the enterprise locations and connections. 
INFORMATION SYSTEMS MODEL ***Designer's View***	A **Logical Data Model** of the logical representation of the objects. 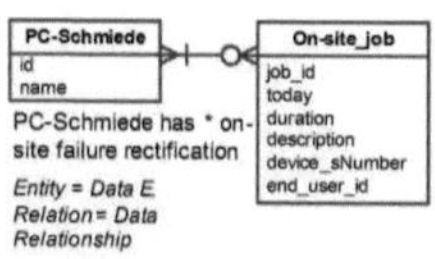	An **Application Architecture Model** of the logical systems implementation supporting the processes. 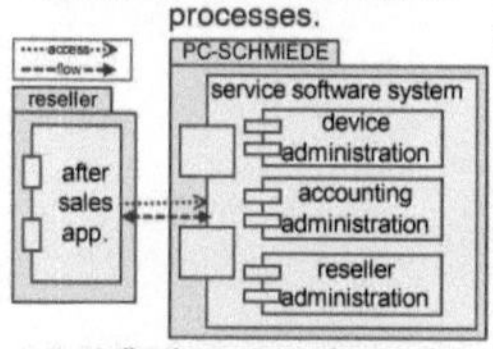 e.g. applications grouped according to locations > modelled with ArchiMate	**System Geographic Deployment Architecture** 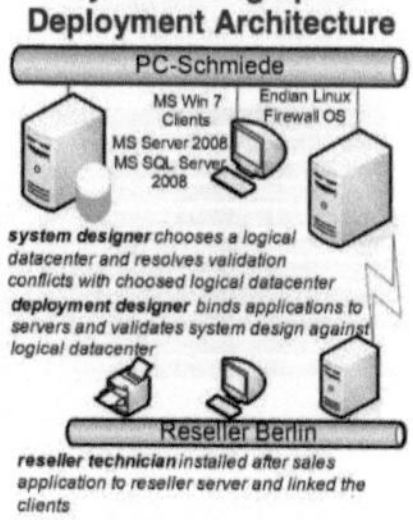
TECHNOLOGY MODEL ***Builder's View***	**Physical Data Model.** A technology constrained / physical representation of the objects. 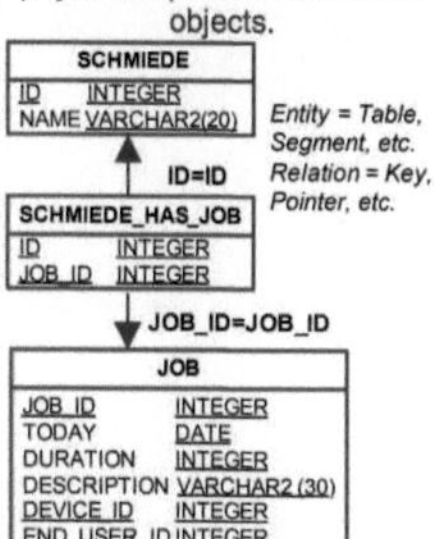	**Systems Design** of the logical systems / application architecture. 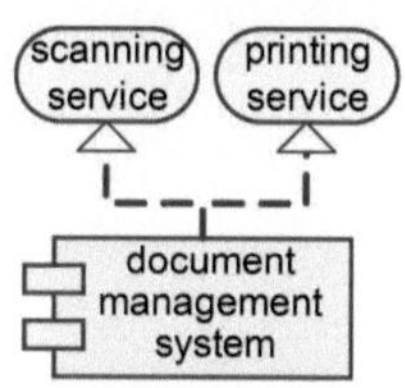 e.g. logical tool layer shows the direction of the communication, modelled with ArchiMate	The **Technology Architecture** shows the technology environment with the software and hardware. 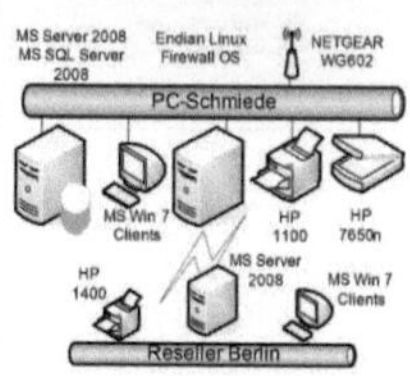
DETAILED SPECIFICATION ***Sub-contractor's View***	**Data Definition** var today = new Date();	**Programs** (Supporting Software Components i.e. Operating Systems) o Windows Server, Windows OS, MS SQL Server, Endian Linux Firewall OS, ...	**Network Architecture** as specific definition of the node addresses and the line identification. o Cisco Switch o ...

Abb. 5.6 In der Matrix des FEAF zusammengeführte Architekturprodukte

Literaturverzeichnis

A

[AMICE 1993] ESPRIT Consortium AMICE (1993): CIMOSA Open System Architecture for CIM. Springer. ISBN 3-540-56256-7

[AWG 1997] C4ISR Architecture Working Group (18. Dezember 1997): C4ISR Architecture Framework Version 2.0

B

[BÄRWOLFF et al. 2006] BÄRWOLFF, HARTMUT, F. VICTOR, V. HÜSKEN (September 2006): IT-Systeme in der Medizin. Wiesbaden: Vieweg Verlag. ISBN 3-528-05904-4

[BERNUS et al. 1996] BERNUS, PETER, L. NEMES, T. J. WILLIAMS (1996): Architectures for Enterprise Integration. Springer. ISBN 0-412-73140-1

[BMI 2008] BUNDESMINISTERIUM DES INNERN (März 2008): SAGA - Standards und Architekturen für E-Government-Anwendungen. Version 4.0

[BROTBY 2009] BROTBY, KRAG (2009): Information Security Governance. John Wiley and Sons, Hoboken, New Jersey. ISBN 0-470-13118-7

[BULLINGER et al. 2003] BULLINGER, HANS-JÖRG, H.-J. WARNECKE, E. WESTKÄMPER (2003): Neue Organisationsformen im Unternehmen: Ein Handbuch für das moderne Management. Springer. ISBN 3-540-67610-4

[BUSCHER 2006] BUSCHER, FREDERIK (26. Oktober 2006): 3. Bericht zur Lage der Krankenhäuser in Deutschland bei Einführung der Fallpauschalen 2006. Bremen: Arbeitsgemeinschaft Krankenhauswesen der Arbeitsgemeinschaft der Obersten Landesgesundheitsbehörden.

[BUSCHER 2008] BUSCHER, FREDERIK (01.2008): 4. Bericht zur Lage der Krankenhäuser in Deutschland bei Einführung der Fallpauschalen. Artikel in der Zeitschrift „Das Krankenhaus 1.2008“. Verlag W. Kohlhammer GmbH. Stuttgart

C

[CAPGEMINI 2007] Capgemini Service SAS: Enterprise, Business and IT Architecture and the Integrated Architecture Framework. PDF-Werbebroschüre von www.capgemini.com

[CHEN et al. 1996] CHEN, D. und DOUMEINGTS, G (1996): The GRAI-GIM reference model, architecture and integration. Beitrag in P. BERNUS, L. NEMES, T. J. WILLIAMS (1996): Architectures for Enterprise Integration. Springer. ISBN 0-412-73140-1

[CIOC 2001] Chief Information Officer Council (February 2001): A Practical Guide to Federal Enterprise Architecture. Springfield

[CROWN 2008] Office of Public Sector Information: MODAF Handbook V.1.2.003. © Crown Copyright/MOD 2008. London www.mod.uk/modaf

D. Matthes, *Enterprise Architecture Frameworks Kompendium*, Xpert.press,
DOI 10.1007/978-3-642-12955-1, © Springer-Verlag Berlin Heidelberg 2011

D

[DGA 2005] Délégation Générale pour l'Armement (5 décembre 2005): Manuel de référence AGATE V3. Online : www.achats.defense.gouv.fr/article33349

[DIN V ENV 12443:2000-01 S. i] DIN Deutsches Institut für Normung e. V. (Januar 2000): Medizinische Informatik - Rahmenkonzept für Informationen im Gesundheitswesen; Englische Fassung ENV 12443:1999; Medical Informatics - Healthcare Information Framework (HIF)

[DIN V ENV 12967-1:1998-04] DIN Deutsches Institut für Normung e. V. (April 1998): Medizinische Informatik - Architektur von Informationssystemen im Gesundheitswesen. Teil 1: Middleware für rechnergestützte Informationssysteme im Gesundheitswesen.

[DKI 2007] DKI - Deutsches Krankenhausinstitut (September 2007): Krankenhaus-Barometer 2007. Düsseldorf

[DKI 2008] DKI - Deutsches Krankenhausinstitut (Oktober 2008): Krankenhaus-Barometer 2008. Düsseldorf

[DoDAF 2007] U.S. Department of Defence: DoD Architecture Framework Version 1.5 - Volume 1 Definitions and Guidelines. Veröffentlichung vom 23. April 2007.

[DoDAF 2009] U.S. Department of Defence: DoD Architecture Framework Version 2.0 - Volume 1: Introduction, Overview, and Concepts. Veröffentlichung vom 28. Mai 2009.

E

[EISLER 1904] EISLER, RUDOLF (1904): Wörterbuch der philosophischen Begriffe, Band 1 der zweiten, völlig neu bearbeiteten Auflage, Berlin.

[EVERNDEN 1996] EVERNDEN, ROGER (01. März 1996): The Information FrameWork. IBM Systems Journal VOL 35, No 1 S. 37 - 68

F

[FEAF 1999] Chief Information Officers Council: Federal Enterprise Architecture Framework Version 1.1.

[FEURER 2007] FEURER, SVEN (April 2007): Enterprise Architecture - An Overview. SAP Deutschland AG & Co. KG.

G

[GAO 2003] United States General Accounting Office (April 2003): Executive Guide. INFORMATION TECHNOLOGY. A Framework for Assessing and Improving Enterprise Architecture Management (Version 1.1). Paper Number GAO-03-584G.

[GAO 2010] United States General Accounting Office (August 2010): ORGANIZATIONAL TRANSFORMATION - A Framework for Assessing and Improving Enterprise Architecture Management (Version 2.0). Paper Number GAO-10-846G.

[GERAM 1999] IFAC-IFIP Task Force on Architectures for Enterprise Integration (March 1999): GERAM - Generalized enterprise reference architecture and methodology, version 1.6.3.

[GOIKOETXEA 2007] GOIKOETXEA, AMBROSE (2007): Enterprise Architectures and Digital Administration: Planning, Design and Assessment. World Scientific. ISBN 9-812-70027-7

[GOUT et al. 2006] F. GOUT und P. ROBINSON (2006): XAF: A Minimalist EA Framework for an Agile Environment. Cutter IT Journal, Vol 19, No 3, March 2006.

[GREEFHORST et al. 2006] D. GREEFHORST, H. KONING, H. VAN VLIET (2006): The many faces of architectural descriptions. Inf Syst Front (2006) 8. Pages 103–113. Springer Science+Business Media, LLC 2006

H

[HAAS 2005] HAAS, PETER (2005): Medizinische Informationssysteme und Elektronische Krankenakten. Berlin: Springer-Verlag. ISBN 3-540-20425-3

[HAMMERSCHALL 2005] HAMMERSCHALL, ULRIKE (2005): Verteilte Systeme und Anwendungen. München: Pearson Studium. ISBN 3-8273-7096-5

[HEINRICH et al. 2004] HEINRICH, LUTZ J., A. HEINZL und F. ROITHMAYR (2004): Wirtschaftsinformatik-Lexikon. München: Oldenburg. ISBN 3-486-27540-2

[HEINRICH et al. 2005] HEINRICH, LUTZ J. und F. LEHNER (2005): Informationsmanagement. München: Oldenburg. ISBN 3-486-57772-7

[HILDEBRAND 2001] HILDEBRAND, KNUT (2001): Informationsmanagement - Wettbewerbsorientierte Informationsverarbeitung mit Standard-Software und Internet. Oldenburg Verlag. ISBN 3-486-25608-4

I

[IDABC 2004] IDABC (2004): European Interoperability Framework for pan-European eGovernment Services - Version 1.0. Office for Official Publications of the European Communities, Luxembourg. ISBN 92-894-8389-X

[IDABC 2008] IDABC (2008): Draft document as basis for EIF 2.0. European Commission.

[IDS 2008] IDS Scheer AG (Dezember 2008): ARIS 7.1 Methodenhandbuch. Saarbrücken.

[IEEE Std 1003.0-1995] Institute of Electrical and Electronics Engineers (1995): IEEE Guide to the POSIX Open System Environment (OSE). IEEE Std 1003.0-1995. ISBN 1-559-37531-0

[ISO/IEC 42010:2007] ISO/IEC International Standard: Systems and software engineering - Recommended practice for architectural description of software-intensive systems. First Edition 2007-07-15. Represents IEEE Std 1471-2000, approved 21 September 2000 (ISBN 0-7381-2518-0).

J

[JTA 2003] Department of Defence (03. Oktober 2003): Joint Technical Architecture - Volume I

K

[KAHAN et al. 1998] KAHAN, ED als Projektleiter und Kollegen (13. August 1998): Architecture Description Standard: Overview. IBM Corporation 1998.

[KAZI et al. 2001] KAZI, ABDUL, MATTI HANNUS, JARMO LAITINEN and OLLI NUMMELIN (2001): Distributed Engineering in Construction: Findings from the IMS GLOBEMEN PROJECT. Published December 2001 at http://itcon.org/2001/10/

[KRALLMANN et al. 2002] KRALLMANN, HERMANN, H. FRANK und N. GRONAU (2002): Systemanalyse im Unternehmen: Vorgehensmodelle, Modellierungsverfahren und Gestaltungsoptionen. Oldenbourg Wissenschaftsverlag. München ISBN 3486272039

[KRCMAR 1990] KRCMAR, HELMUT (Oktober 1990): Bedeutung und Ziele von Informationssystem-Architekturen. Wirtschaftsinformatik. 32. Jahrgang, Heft 5, S. 395-402.

[KRÜGER et al. 2003] KRÜGER, SASCHA und J. SEELMANN-EGGEBERT (2003): IT-Architektur-Engineering. Bonn: Galileo Press GmbH. ISBN 3-898-42327-1

L

[LANKHORST et al. 2004] LANKHORST, MARC & ArchiMate team (2004): ArchiMate Language Primer: Introduction to the ArchiMate Language for Enterprise Architecture. Enschede: Telematica Instituut.

[LANKHORST 2009] LANKHORST, MARC (2009): Enterprise Architecture at Work: Modelling, Communication and Analysis. Berlin: Springer. ISBN 978-3-642-01309-6

[LAPKIN 2005] LAPKIN, ANNE (2005): Gartner's Enterprise Architecture Process and Framework Help Meet 21st Century Challenges. Gartner Research Paper. ID Number: G00133132

M

[MALICH 2008] MALICH, STEFAN (2008): Qualität von Softwaresystemen: Ein Pattern-basiertes Wissensmodell zur Unterstützung des Entwurfs und der Bewertung von Softwarearchitekturen. Gabler Verlag. Wiesbaden ISBN 3-834-91030-9

[MASAK 2005] MASAK, DIETER (2005): Moderne Enterprise Architectures. Berlin: Springer. ISBN 3-540-22946-9

[MINOLI 2008] MINOLI, DANIEL (2008); Enterprise Architecture A to Z: Frameworks, Business Process Modeling, SOA, and Infrastructure Technology. CRC Press. ISBN 0-849-38517-2

N

[NIEMANN 2005] NIEMANN, KLAUS D. (2005): Von der Unternehmensarchitektur zur IT-Governance. Wiesbaden: Vieweg. ISBN: 3-528-05856-0

[NIH 2009] National Institutes of Health: NIH Enterprise Architecture Framework. Offizielle Internetreferenz http://enterprisearchitecture.nih.gov. Letzte Einsicht am 09.01.2009.

O

[OMB 2007] Office of Management and Budget (October 2007): FEA Consolidated Reference Model Document Version 2.3

[OMB 2008] Office of Management and Budget (December 2008): Improving Agency Performance Using Information and Information Technology (Enterprise Architecture Assessment Framework v3.0).

P

[PERISTERAS et al. 2006] PERISTERAS, VASSILIOS und KONSTANTINOS TARABANIS (2006): The Connection, Communication, Consolidation, Collaboration Interoperability Framework (C4IF) For Information Systems Interoperability. IBIS-Journal. Issue 1 (1), 61-72 ISSN 1862-6378

Q

[QGEAF 2009] Queensland Government Chief Information Office (2009): DRAFT Queensland Government Enterprise Architecture Framework 2.0. The State of Queensland (Department of Public Works)

R

[ROBINSON et al. 2008] P. ROBINSON und F. GOUT (2008): eXtreme Architecture Reference Card. Juli 2008

[ROBINSON 2008] ROBINSON, PHIL (2008): eXtreme Architecture Framework Revisited. September 2008

S

[SCHEER 2002] SCHEER, AUGUST-WILHELM (2002): ARIS - Vom Geschäftsprozess zum Anwendungssystem. 4. Auflage. Springer. Berlin ISBN: 3-540-65823-8

[SCHEKKERMAN 2004] SCHEKKERMAN, JAAP (2004): How to Survive in the Jungle of Enterprise Architecture Frameworks. Trafford Publishing. Victoria ISBN: 1-412-01607-X

[SCHEKKERMAN 2005] SCHEKKERMAN, JAAP (2005): Trends in Enterprise Architecture 2005. Veröffentlicht vom Institute For Enterprise Architecture Developments (IFEAD) unter www.enterprise-architecture.info

[SCHMIDT 1999] SCHMIDT, GÜNTER (1999): Informationsmanagement: Modelle, Methoden, Techniken. Springer. ISBN 3-540-66361-4

[SCHWARE 2005] SCHWARE, ROBERT (2005): E-development: from excitement to effectiveness. World Bank Publications. ISBN 0-821-36442-1

[SOWA et al. 1992] SOWA, JOHN F. und JOHN A. ZACHMAN (30. April 1992): Extending and formalizing the framework for information systems architecture. IBM Systems Journal VOL 31, No 3 S. 590 - 616

[SPEWAK et al. 1993] SPEWAK, STEVEN H. und STEVEN C. HILL (1993): Enterprise Architecture Planning - Developing a Blueprint for Data, Applications, and Technology. ISBN 0-471-59985-9

[STANFORD-SMITH et al. 2000] STANDFORD-SMITH, BRIAN und PAUL T. KIDD (2000): E-business: Key Issues, Applications and Technologies. IOS Press. ISBN 1-586-03089-2

[StBA 2010] Statistisches Bundesamt (2010): Grunddaten der Krankenhäuser - Fachserie 12 Reihe 6.1.1 - 2010. Wiesbaden. Artikelnummer 2120611087004

[STOWASSER et al. 2007] STOWASSER, JOSEF M., M. PETSCHENIG und F. SKUTSCH (2007): Lateinisch-Deutsches Schulwörterbuch. Oldenbourg. München ISBN: 3-486-13405-1

[STREEKSTRA 2008] STREEKSTRA, R. (2008): Architecture @ Atos Origin. Atos Enterprise Architecture Academy - Foundation. © Atos Origin

T

[TAFIM 1996] Department of Defence (30.04.1996): Technical Architecture Framework for Information Management VOLUME 1: Overview.

[THE OPEN GROUP 2009] The Open Group (2009): TOGAF Version 9, The Open Group Architecture Framework (TOGAF). ISBN: 978-90-8753-230-7

[THOMAS et al. 2000] THOMAS, ROB, RAYMOND A. BEAMER and PAULA K. SOWELL: Civilian Application of the DOD C4ISR Architecture Framework: A Treasury Department Case Study. Paper of the 5th International Command and Control Research and Technology Symposium (dodccrp.org) 2000.

V

[VAN HAREN 2007] VAN HAREN (2007): TOGAF 2007 Edition: (Incorporating 8.1.1). Van Haren Publishing. LJ Zaltbommel ISBN: 9-087-530-943

W

[WILLIAMS 1992] WILLIAMS, THEODORE J. (1992): The Purdue Enterprise Reference Architecture - A Technical Guide For CIM Planning and Implementation. Instrument Society of America. ISBN 1-556-17265-6

[WINTER et al. 2004] WINTER, ALFRED, E. AMMENWERTH, B. BRIGL und R. HAUX: Krankenhausinformationssysteme, in LEHMANN, T. M. (2004): Handbuch der Medizinischen Informatik. München: Hanser. ISBN 3-446-22701-6

Y

[YOUNGS et al. 1999] YOUNGS, R, D. REDMOND-PYLE, P. SPAAS und E. KAHAN (zur Veröffentlichung akzeptiert am 04.10.1998): A standard for architecture description. Veröffentlicht im IBM Systems Journal Volume 38, Number 1, 32-50, 1999: Enterprise Solutions Structure. ISSN 0018-8670.

Z

[ZACHMAN 1987] ZACHMAN, JOHN A. (1987): A framework for information systems architecture. IBM Systems Journal VOL 26, No 3 S. 276 - 292

[ZACHMAN 1997] ZACHMAN, JOHN A. (Mai 1997): Enterprise Architecture: The Issue of the Century - Artikel im Magazin Database Programming and Design. Miller Freeman, Publisher 415-905-2552.

[ZDROWOMYSLAW et al. 1997] ZDROWOMYSLAW, NORBERT und W. DÜRIG: Gesundheitsökonomie – Einzel- und gesamtwirtschaftliche Einführung. München: R. Oldenbourg Verlag GmbH. ISBN: 3-486-23368-8

[ZWEGERS 1998] ZWEGERS, ARIAN: On Systems Architecting - A study in shop floor control to determine architecting concepts and principles. Dissertation an der Technischen Hochschule Eindhoven. University Press Facilities, Eindhoven. ISBN: 90-386-0699-4

Sachverzeichnis

A
ADL, 160
ADM (TOGAF), 188
ADS (IBM), 43, 60
AGATE, 47, 64
AMICE, 82
Anschaffungskosten, 35
Anwendungssystem, 34
ArchiMate, 43, 68, 225
Architektur, 9
Architekturausprägung, 10
Architekturbeschreibung, 10, 18
Architektur-Referenzmodell, 19, 36
ARIS, 44, 72
AusDAF, 47

B
Benchmarking, 112

C
C4IF, 50
C4ISR, 47, 78, 222
Capgemini, 45, 150
Casewise Framework, 51
CEN/TC251, 140
CIMOSA, 48, 82
CLEAR Framework, 44, 86
Clinger-Cohen Act, 90
CORBA, 50

D
DIN V ENV 12443, 140
DIN V ENV 12967, 141
DNDAF, 47
DoD JTA, 51, 161
DoD TRM, 51, 90
DoDAF, 47, 94
Dokumentationsumfang, 35
DRM - Data Reference Model, 98
Dynamic Enterprises, 16

E
E2AF - Extended Enterprise AF, 44, 100
EAAF, 52, 104
EAF - Gartner Enterprise AF, 44
EAF (Gartner), 110
EAMMF, 52, 112
EAP - EA Planning, 40, 44, 120
Earned Value Management (EVM), 106
Ebenenbeziehungen, 33
Ebenentrennung, 33
eEurope Action Plan, 124
e-GIF, 50
E-Government, 40, 50
EIF, 51, 124
Embedded Systems, 159
Enterprise, 12, 48
Enterprise Architektur, 12
Enterprise Security Architecture, 45, 180
Enterprise Transition Plan (ETP), 107
Entität, 33
ENV 12443, 140
Ereignisgesteuerte Prozesskette, 74
Erfolgspotenzial, 16
ESPRIT, 82, 136
Extended Enterprises, 14

F
FEA - Federal EA, 53
FEAF - Federal EAF, 40, 128, 225
Federal Transition Framework, 107
Framework Selection Guide, 218
Frameworks
  Add-On, 40
  Government and Agency, 39, 40
  Government and Authoritative, 20
  Interoperability, 39

Frameworks (*Fortsetzung*)
Management, 39, 43
Manufacturing-Specific, 39, 48
Military, 39, 47
Miscellaneous, 20
Technically oriented, 39, 49
Vendor-Specific, 20

G
Gartner, 44, 110
Gartner Beratungsunternehmen, 45
General Accounting Office (GAO), 112
GERAM, 44, 132
Gesamtarchitektur, 31
Geschäftsprozessarchitektur, 31
GIM, 48, 136
GLOBEMEN, 46, 200
GRAI, 137

H
HIF, 49, 140
Historie, 29

I
IAF - Integrated AF, 45, 150
IEEE, 178
IEEE Std 1003.0-1995, 178
IEEE Std 1471-2000, 158
IFW, 45, 154
IMS Programm, 46
Informationsmanagement, 16
Informationssystem, 11
Informationssystemarchitektur, 11
Integration, 23, 48
Interoperabilität, 23, 39
Interoperabilitätstypen, 50
IS-Komponente, 34
ISO/IEC 42010, 53, 158, 223
ISO/IEC 9945, 178
ISO/IEC TR 14252, 178
IT City Planning, 45
IuK-System, 12

K
Komplexität, 21

L
Leistungspotenzial, 16
Lifecycle, 74, 84
Performance Improvement LC, 105
System Development LC, 52

M
Marktanteil, 30
MDA Guide, 49
Mensch, 35
Merkmale von Rahmenwerken, 27
Metamodell, 31
Methodik, 35
Middleware, 147
MIKE2.0, 53
MoDAF, 47, 164
Modell, 17

N
NAF - NATO AF, 47
Namensdienst, 148
NIH EAF, 40, 169
NIST, 40

O
OBASHI Framework, 45, 55, 225
Object Request Broker (ORB), 50
Offenes System, 178
OMA, 50
OMB, 104
Open Group, 188
Open Software Foundation, 188
Orange Book, 162
Orientierung, 31

P
PEGS, 124
PERA, 48, 174
Persistenz, 148
POSIX OSE Reference Model, 49, 178
PRM, 98

Q
QGEAF, 43

R
Rahmenplan, 54
Rahmenwerk, 17
Real-Time Enterprises, 15
Referenzmodell, 36
RM-ODP, 50

S
SABSA, 45
SAGA, 51
SAP EAF, 53
Segmentarchitektur, 106
Sicht, 18, 33
Sichtweise, 18, 33
Sitzungsverwaltung, 148
Softwarearchitektur, 13
SRM - Service Reference Model, 98
Stakeholder, 31

Stakeholder-Review, 192
Standardisierung, 22
Stellenwert, 16
Supportquellen, 36
Systemarchitektur, 13

T
TAFIM, 48, 182
TCSEC, 162
TEAF - Treasury EAF, 43, 184
t-eam, 46
Technische Architektur, 31
TISAF - Treasury IS AF, 43, 186
TOGAF, 46, 188
Tool, 36
TRAK, 43
Transaktionsverwaltung, 148
Treibende Kräfte, 31
TRM - Technical Reference Model, 98

V
VERAM, 46, 200
Vererbung, 29
Verfügbarkeit, 35
Versatilität, 22
Versionsverlauf, 29
View, 18, 33
Viewpoint, 18, 33
Virtual Enterprises, 14
Virtual Manufacturing Enterprises, 200
Vorgangskettendiagramm, 74
Vorgehens-Referenzmodell, 19, 36
Vornorm, 140

W
Wasserfallmodell, 78

X
X/Open, 188
xAF, 53
XAF, 46, 206

Z
Zachman EA Framework, 13, 46, 210
Zertifizierung, 32

MIX
Papier aus verantwortungsvollen Quellen
Paper from responsible sources
FSC® C105338

If you have any concerns about our products,
you can contact us on
ProductSafety@springernature.com

In case Publisher is established outside the EU,
the EU authorized representative is:
Springer Nature Customer Service Center GmbH
Europaplatz 3, 69115 Heidelberg, Germany

Printed by Libri Plureos GmbH
in Hamburg, Germany